한국어로 내려온
New Bible

새로운
성 경

제54권 4부 | 총10부

하얀마음

하나님 말씀 중에서

1. 사랑의 하나님

- 세상을 창조하신 하나님은 모두를 사랑하신다. 인간만 특별히 더 사랑하지 않고, 우주 만물을 다 똑같이 사랑하신다. 그러니 하나님이 창조하신 천지 만물과 화친하고, 미물까지도 소중히 대하라.

- 하나님은 특정 종파나 민족만을 더 사랑하지 않으신다. 자기 자신만 구원받겠다는 욕심을 버리고, 자기 종파만 구원받는다는 편협한 교리에서 벗어나야 한다. 종파를 초월해서, 모두를 사랑하라.

- 원수까지 사랑하라 했으니, 이 세상에 사랑하지 못할 자가 누가 있겠는가? 종파가 다르다고 해서 부모 형제와 원수처럼 지내는 자는 인간의 근본을 모르는 자다. 가장 가까운 가족부터 사랑할 때 남도 진심으로 사랑할 수 있다.

- 한 사람을 원수같이 생각하던 마음에서 사랑하는 마음으로 돌리면, 자기 자신의 마음이 가장 기쁘고 행복하다. 하나님께서는 인간의 마음속에 무거움이 없이 기쁘고 행복한 삶을 살기를 바라신다.

- 이웃을 "내 몸처럼" 사랑하라 했으니, 마지막 한 장 남은 천국의 티켓도 이웃에게 양보하라. 자기 중심적인 신앙에서 벗어나서 남을 위해 살아야 한다.

- 독초도, 약초도, 이단도 사탄도 천사도 다 필요하기에 존재한다. 독초일지라도 극소량을 사용해서 생명을 살릴 수 있고, 약초라 하더라도 남용하면 생명을 잃을 수 있다.

- 세상 모든 것을 명약으로 활용하는 것은 인간의 지혜에 달렸다. 어떤 것이든 어떤 사람이든 적재적소에 꼭 필요한 명약으로 승화시키라.

- 사탄도 이단도 천사도 모두 하나님의 주관하에 존재한다. 진정한 하나님의 백성은 사탄과 마귀까지도 감화시켜서 천사로 거듭나게 한다.

2. 기도

- 하나님은 인간의 생각까지 모두를 다 알고 계신다. 우리의 소원도 이미 알고 계시기에, 소원의 기도를 할 필요가 없다. 우리가 받을 자격이 되면 내려 주신다.

- 죄를 짓고 아무리 회개를 해도 용서받지 못한다. 도둑질한 자는 용서해 달라고 기도하고, 도둑맞은 자는 도둑을 잡게 해 달라고 기도하면, 공의의 하나님은 누구의 편에 서시겠는가?

- 자기가 잘못한 것은 그 사람에게 직접 갚고 용서를 구하라. 그가 용서하면 하나님도 용서하신다. 땅에서 매면 하늘에서도 매이고, 땅에서 풀리면 하늘에서도 풀리는 이치다.

- "회당에서 기도하지 말고 골방에서 기도하라" 했다. 눈에 보이는 골방이 아니라, 골방과 같이 고요한 마음이다. 잡념을 버리고 하나님을 향해 마음을 집중하며, 사랑하고 용서하는 아름다운 생각만 나오도록 하라.

- "두드리면 열릴 것이다." 하는 것은 육의 소원을 위해 두드리라는 것이 아니라, 진리의 깨달음을 얻기 위해 두드리라는 것이다.

- 기도하는 방법: 생활 속에서 수시로 기도하는 삶을 살아야 한다.

- "저의 죄를 용서하여 주옵소서." 하는 회개의 기도를 하라.
- 범사에 "하나님! 감사합니다." 하라. 현재 가진 것에 감사하며, 과욕하지 말라. 자기 노력 이상의 것을 더 갖고자 기도하는 것은 도둑놈심보다. 공의의 하나님은 각자 노력한 만큼 주신다.
- "하나님 뜻대로 살아가겠나이다." 하며 마음의 각오를 다지라.

- 기도는 하나님의 말씀을 받아서 "행하는 것"이다. 하나님이 계심을 굳건히 믿고, 하늘을 향하여 한 점 부끄럼 없이 사는 삶 자체가 가장 위대한 기도이며, 삶이 곧 예배다.

3. 지도자

- 똑같이 사랑한다는 말을 해도, 순수하게 하는 말은 천사의 말이지만, 사기 쳐서 재산을 가로채려고 하는 말은 사탄의 말이다.

- 종교 지도자가 아무리 훌륭한 설교를 해도, 신도의 재물을 거둬서 더 큰 교회를 짓고 자기의 부귀영화를 바라며 설교하면 사탄의 가르침이 된다.

- "저희 교회는 만원사례요, 믿음은 다 같으니 이웃의 개척 교회에 가서 예배를 드리시오." 하며, 이웃 교회의 부흥을 먼저 생각하여 제 신도를 보내는 종교 지도자가 있다면 그를 따르라. 그가 하나님의 사랑을 실천하는 자다.

- "부자가 천국에 들어가는 것은 낙타가 바늘구멍을 통과하는 것보다 더 힘들다" 하였거늘, 지금의 교회에서는 부자가 되기만을 기도하고 소원하니, 이는 곧 천국을 포기하고 지옥 행 열차의 티켓을 사는 것과 같다.

- 예수는 빈손이었다. 종교 지도자가 예수보다 더 호화롭고 편안하게 살아간다면 잘못된 것이다. 부귀영화와 명예를 바라는 자는 절대로 갈 수 없는 좁고 협착한 길이 종교 지도자의 길이다.

- 종교 지도자는 유리로 비춰 봐 한 점의 부끄러움이 없이 살아야 한다. 의식주도 직접 일해서 해결하고, 예수의 가르침과 행함을 그대로 따라야 한다.

- 종말은 없다. 지금의 잘못 가는 종교 집단에게만 종말이 있다. 보이지 않는 하나님은 보이는 육의 종말은 관여하지 않으신다. 환경 파괴로 인간이 스스로 멸망을 자초하는 것이다. 종파끼리 싸우기 전에, 무너진 인성을 바로잡고 지구의 몸살을 해결하는 데 뜻을 모으는 게 급선무다.

4. 성전이란

- 이 세상 자체가 하나님께서 만드신 성전이다. 자연보다 더 아름다운 성전이 있는가? 보이는 건물이 성전이 아니라, 성스러운 마음가짐이 성전이다.

- 반석 위에 교회를 지으라 했다. 지상의 단단한 돌은 인간이 쪼갤 수 있으나, 마음속의 굳은 결의는 세상 무엇으로도 쪼갤 수 없다. 바르고 굳건한 믿음으로 성경의 가르침을 실천하는 것이 마음의 반석 위에 교회를 짓는 것이다.

- 손으로 지은 건물의 교회에 모여서 복음을 전하는 것이 아니라, 교회를 개인과 가정에 심어 주어야 한다. 무너지고 부서지는 건물을 짓지 말고, 마음속에 영원히 불변하는 참진리의 교회를 지으라.

5. 십계명

- 십계명은 인간이 죽어서 반드시 통과해야만 하는 열 개의 관문이다.

- 부모를 공경하지 아니한 자는 "네 부모를 공경하라." 하는 제5계명의 관문이 열리지 않으니 구원받을 수 없다.
- 살인, 간음, 거짓, 우상 등의 나머지 계명도 마찬가지다.

- 십계명은 하나님의 친필이다. 모기소리만 한 하나님의 음성이라도 들어 보겠다고 여기저기 찾아 헤매지 말고, 십계명부터 암송하고 지키라.

- 십계명은 영혼을 구원하는 양식이며, 십계명을 지키는 것이 구원을 받는 길이다. 인간이기에 지키고자 노력하고 또 노력한다면 지킬 수 있다.

- 십계명을 지키고 천사처럼 아름답게 살아가는 그 마음 하나면 세상에 이루어지지 않는 것이 없다.

6. 보물

- 하나님은 재물이 아니라 우리의 마음을 받으신다. 사랑을 실천하며 천사처럼 변하는 마음이 하나님께 바치는 보물이다.

- 보이지 않는 하나님께 재물을 바치려 하지 말고, 너희를 길러 준 부모에게 용돈 드리고, 찾아뵙고, 효성을 다하라. 그것이 하나님께 효도하는 것이다.

- 하늘에는 선과 악의 창고가 있다. 자기 창고에 선이 많으면 천국으로 구원을 받고, 악이 많으면 심판받아 지옥으로 간다. 그것이 바로 "선한 일을 행한 자는 생명의 부활로, 악한 일을 행한 자는 심판의 부활로" 나오는 것이다.

- "선악과를 따먹지 말라"는 것은 양심을 지키라는 것이다. 선과 악을 구분할 수 있는 양심을 최초에 인간에게 주셨다. 선한 열매는 취하고, 악한 열매는 버리며, 양심에 비추어 부끄럼 없는 삶을 살아가라.

- 가장 작은 거짓말을 하지 않고, 가장 작은 죄를 짓지 않으며, 가장 작은 선행을 하고, 가장 작은 악행을 멀리하는 것이 율법의 일점 일획도 빠뜨리지 말고 다 지키는 삶을 사는 것이다.

7. 우상

- 박물관에 있는 불상은 하나의 예술품이다. 그 조각품에 대고 제 소원을 빌 때 우상숭배가 된다. 십자가라 하여도 그 앞에서 소원을 빈다면 우상숭배하는 것이며, 하나님께 소원을 빈다면 하나님을 우상으로 전락시키는 것이다.

- 지금 기복신앙에 젖어 있는 모든 사람이 우상 앞에 절을 하고 있다. 조각품을 우상이라며 파괴하지 말고, 네 마음속에 있는 욕심의 우상을 무너트리라.

- 생수를 약초가 먹으면 약을 만들고 독사가 먹으면 독을 만든다. 같은 성경을 봐도 선한 지도자는 신도를 천사로 만드는 데 활용한다. 그러나 욕심이 가득한 지도자는 재물을 거두어들여 제가 부귀영화를 누리는 데 악용한다. 그가 바로 성경을 우상숭배의 도구로 전락시키는 거짓 선지자다.

- 성경을 한 획도 빼거나 더하지 말라는 것은, 그 가르침을 빠트리지 말고 온전히 지키라는 것이다. 성경 속에서 자기에게 유리한 구절만 보는 것은, 자기에게 불리한 구절들을 빼 버리는 것이다. 믿음이 제일이요, 행함은 구원과는 관계없다는 것은 자신에게 유리한 쪽으로 성경을 악용하는 것이다.

- 진정한 종교 지도자는 종파에 관계없이 어떤 종파든 어떤 책이든 접하고 보고 깨우쳐 견문을 넓히도록 인도한다. 참진리를 모르고 자신이 없는 자가 남을 이단이라며 배척하고, 신도들의 눈과 귀를 가린다.

8. 예수

- 예수의 재림은 없다. 예수가 다시 온다 해도, 과연 누가 그를 예수라고 믿겠는가? 예수와 같은 삶의 행함이 곧 예수의 재림이다. 각자 모두가 “재림 예수”가 되는, 차원 높은 믿음으로 가야 한다.

- 예수는 “주여 주여 하지 말고, 아버지의 뜻대로 행하라”고 했다. 예수가 전한 하나님의 뜻이 곧 “길이요, 진리요, 생명”이며, 그 가르침이 예수의 보혈처럼 소중한 것이다. 예수를 믿는 것은, 예수의 가르침을 믿고 따르는 것이다.

- 예수는 낮은 자로서 만백성을 섬기고자 했다. 만나는 모든 사람을 다 하나님이라 생각하라. 돈을 벌수록 겸손하고, 높은 지위를 얻을수록 낮아지라.

▪ 예수는 종파를 만들지 않았다. 인간이 만든 종교와 인간의 교리를 따르지 말고, 예수를 통해 전한 하나님의 참진리를 연구하고 따르라.

▪ 예수가 2천 년 전에 만백성을 위해 죽었으니, 지금 이 땅에는 예수의 가르침대로 사는 천사만 존재해야 한다. 예수가 죽어 가면서 바란 것은 만백성이 천사가 되어 예수의 자리를 채워 주는 것이지, 지금과 같이 재물을 바치면서 중언부언 제 소원만을 비는 백성들을 바란 것이 아니다.

9. 구원

▪ 천사가 사는 천국에는 천사만 갈 수 있으니, 천사 같은 마음을 길러야 한다.

- "천국 열쇠를 네게 주리니 땅에서 무엇이든지 매면 하늘에서도 매일 것이라" 했다. 땅에서 천사같이 사는 자가 하늘에서도 천사가 되어 천국에 들어간다. 모든 사람에게 천사같다는 말을 듣는 삶을 살아야 한다.

▪ 천사의 곱고 아름다운 마음은 부모를 공경하고 어른을 어른으로 대접하는 데에서 출발한다. 효도하는 자는 형제와 화목하게 지내기에 가정이 화목해지고, 이웃과 화목해지고, 국가가 화목해지고, 온 인류가 화목해진다.

- 그러므로 지상의 아름다운 소왕국은 가정에서부터 이루어야 한다.

▪ 선택된 14만 명만 구원받는 것이 아니라, 천사처럼 변하고자 하는 14만 명을 기초로 온 인류가 천사처럼 거듭나는 영적인 개혁이 시작되는 것이다.

▪ 천 년에 걸쳐서 하늘에서 이루어진 것같이 이 세상을 낙원으로 만들어, 만백성이 지상의 천국에서 살다가 죽어서 그대로 하늘의 천국으로 들어가는, 영원한 지상 낙원을 건설하는 것이 하나님의 계획이다.

- **이것이 구약과 신약에 이어 "새로운 성경"으로 역사하시는 하나님의 창조의 완성이다.**

▪ 지금의 믿음으로 구원받을 수 있다면 그 길을 가라. 그러나 자신이 없다면 하나님께서 직접 내리신 160권의 "새로운 성경"을 읽고 구원의 길을 보라!

하나님 머리말씀

이 새로운 성경을 읽는 너희 모두는
이 율법에 따라 행하면 영원히 구원받을 것이니라.

너희 인간이 수년, 수십 년, 평생
성서를 공부하고 기도하는 것은
하늘나라 나의 곁으로 오고 싶은 소망일진대,

몇천 년 전의 너희 인성과 생각이
지금의 너희와는 판이하게 다르니,

꺾여 가고 병들어 가는 너희를 고칠 수 있는 길은,
오늘 내가 선지자에게 내리는 새로운 성경과 같이
너희가 변화되는 것뿐이니라.

나의 예수가 태어난 것처럼
내가 아들 선지자를 선택하여
나의 새로운 성경을 온 세계에 전하고자 하니,

묵은 것은 버리고 새로운 것은 취하여,
너희 모두는
'여호와 하나님! 저의 죄를 용서하여 주옵소서.'
하는 기도문으로 기도하고, 죄를 뉘우치라.

이 새로운 성경은
수천 년간 내려온 성서를 요약한 것이니,
너희는 이 책을 정독하여 쉽게 깨달음을 얻고,
이대로 실천하여 하늘에 오르라.

대역자 머리말

■ 하나님의 율법을 지키는 선지자로 선택을 받도다.

저는 남들처럼 그저 열심히 살아온 평범한 사람이었습니다. 그러나 50대 중반에 사업에 실패하여 많은 부채에 시달렸으며, 건강도 악화되어 눈이 잘 안 보이고, 걷기도 어렵고, 두통이 심해서 잠을 이룰 수 없는 고통의 나날을 보냈습니다. 그때 제가 선택할 수 있는 것은 육의 삶을 끝내는 길뿐이었습니다.

죽기 직전에 그동안에 죄를 지은 이들에게 용서를 빌고 인생을 끝내기로 작정하였습니다. 어려서부터 지은 죄를 빌고 빌다 보니 끝이 없었고, 죽음으로도 그 많은 죄를 용서받을 길이 없다는 생각에 하염없이 눈물이 흘렀습니다. 그 순간 '재래식 화장실의 구더기는 죄를 짓지 않는데, 나는 인간으로서 구더기만도 못한 삶을 살았구나.' 하는 생각이 들면서 괴로움에 몸부림칠 때, 갑자기 하나님의 음성이 들렸습니다.

"나는 여호와 하나님이니라. 너는 십계명을 암송하고 내가 내려 주는 메시지를 받아 책으로 만들어 만백성을 구하라." 하시며, 제 눈을 손으로 문지르게 하시고, 아픈 머리와 다리를 손으로 두드리게 하셨습니다. 그러고 나니 눈도 잘 보이고 걸을 수 있었으며 머리의 통증도 말끔히 낫게 되었습니다. 그때부터 십계명을 암송하고 나면 들려주시는 말씀을 기록하였고, 1999년 8월부터 2004년 7월까지 권당 288쪽, 총 160권을 받아서 "새로운 성경"이라는 책으로 펴내게 되었습니다.

그러한 저에게 죽기보다도 힘든 길이 시작되었습니다. 모든 교인들이 저에게 사탄이요, 이단이요, 악마요, 마지막 시대에 온 거짓 선지자라 하면서 공격하였고, 저를 짐승을 보듯이 대하는가 하면, 편협한 종교 지도자들의 선동으로 신도들이 이 책을 직접 읽어 보고 평가할 기회마저 막아 버렸습니다. 그래서 하나님의 말씀을 세상에 내는 데 많은 어려움을 겪으며, 피를 토하는 심정으로 책을 전하고 있습니다.

그러나 아무리 인간의 힘으로 막으려 해도, 하나님의 뜻이 세상에 전해지는 위대한 역사는 계속될 것입니다. 책으로 전해지는 "하나님의 말씀"은 세상 끝날까지 항상 우리와 함께하실 것입니다. 사람은 죽어도, 책에 기록된 말씀은 영원히 남으니까요.

■ 따뜻한 실천

하나님께서는 어려운 사람들에게 삶의 터전을 마련해 주고, 미래를 열어 주는 것을 기뻐하십니다. 어려운 이웃이 스스로 자립할 수 있도록 이끌어 주는 것이 진정으로 이웃을 돕는 것이라고 말씀하셨습니다. 그래서 일자리가 없는 제자들에게 작은 사업장을 만들어 주는 "달란트 사업"을 하고 있습니다. 식당, 반찬 가게 등을 차려 주고, 기존의 어려운 사업장이 자립할 수 있도록 돕고 있습니다(커피숍, 미용실, 의상실 등).

하나님께서는 교회에 나와서 모든 시간과 재물을 쏟기를 원하지 않으시고, 그 시간과 재물을 교육에 투자하여 스스로 미래를 열어 가기를 원하십니다. 그래서 제때 공부하지 못한 제자들에게 학업을 이어 가도록 하였습니다. 중화요리 주방장을 하며 초등학교 검정고시부터 공부하여 2012년에 방통대를 졸업한 36세 남성, 만학도들의 2년제 중학교에 입학해서 2007년에 명지대학을 졸업한 38세 여성, 중학교 검정고시를 시작으로 숭의여자대학을 졸업한 47세 여성 등이 있습니다. 그밖에도 많은 제자들에게 나이를 초월하여 배우고 깨우쳐서 사회 속의 당당한 일원이 되도록 인도하고 있습니다.

학자금 대출로 힘겨워하는 젊은이들을 위해 "따뜻한 바람 장학회"를 발족하여(2016년 12월) 대출받은 학자금 전액을 매월 갚아 주고 있습니다. 또한, 다문화 가정을 위해 "다문화 가족 랜드"를 조성하여, 각종 시설을 무료로 활용하도록 하고 있습니다.

이러한 따뜻한 실천이 아직은 미약합니다. 그러나 책의 수입이 늘고, 저와 뜻을 같이하는 분들이 늘어나면 계속 확대할 것입니다. 지도자로서 신도의 재물을 헌금으로 거둬들여 착복하는 것이 아니라, 하나님께서 기뻐하시는 일에 사용하도록 중매 역할만 하며 살아가고자 합니다. 이런 제가 과연 사탄이고 이단인가요? 하나님께서 기뻐하시는 일이라면, 저에게 사탄이라 하든 거짓 선지자라 하든 굽히지 않고 실천해 나갈 것입니다.

끝으로, 일상의 삶 속에서 "지금 내가 하는 행동이 과연 하나님께서 기뻐하실까, 슬퍼하실까?" 생각하고, 매사에 하나님께서 기뻐하시는 길을 택하기 바랍니다. 교회에 모여서 집단적으로 예배 드리는 것이 아니라, 개인이나 가정 단위로 새로운 성경을 읽어 스스로 깨우치고 그대로 행하면 충분합니다. 그것이 마음속에 성전을 짓고, 신령과 진정으로 예배 드리는 길입니다. 그러면 천국의 문에 들어서게 됩니다.

2017.2.1.

하나님 말씀 대역자 김용철

차 례

십계명

이 책은 십계명을 암송하고 나면 내려 주시는 "하나님의 음성"을 듣고 그대로 받아쓴 기록입니다. 하나님께서 십계명을 모세에게 내려 주셨지만, 그것은 만백성에게 내려 주신 것입니다. 마찬가지로 이 책의 모든 말씀도 저에게 내려 주셨지만, 만백성 각자에게 들려주시는 말씀입니다. 여러분도 이 책을 접할 때마다 십계명을 암송하고 나서 정독해 주시기 바랍니다.

제일은, 너는 나 외에는 다른 신들을 네게 있게 말지니라.
제이는, 너를 위하여 새긴 우상을 만들지 말고, 또 위로 하늘에 있는 것이나, 아래로 땅에 있는 것이나, 땅 아래 물 속에 있는 것의 아무 형상이든지 만들지 말며, 그것들에게 절하지 말며, 그것들을 섬기지 말라.
제삼은, 너는 너의 하나님 여호와의 이름을 망령되이 일컫지 말라.
제사는, 안식일을 기억하여 거룩히 지키라.
제오는, 네 부모를 공경하라.
제육은, 살인하지 말지니라.
제칠은, 간음하지 말지니라.
제팔은, 도적질하지 말지니라.
제구는, 네 이웃에 대하여 거짓 증거하지 말지니라.
제십은, 네 이웃의 집을 탐내지 말지니라.

나 여호와가 존재함을 믿는 그 자체가 구원의 길에 들어서는 기본이요, 근본이며, 나의 새로운 성경을 가슴에 안고 정독하는 자, 반석 위에 서서 하늘에 오르는 찬란한 빛을 보게 되는 영광을 얻게 됨이니라. 진정 나를 따르고 믿는 자는 감히 사탄이나 마귀도 근접하지 못하느니라.

〈하나님 말씀〉

2002년 11월

3,923 번째 하나님 말씀

2002년 11월 12일 23시 40분

1 사랑하는 나의 아들아!
2 "네, 아버님! 말씀하옵소서."
3 너희들이 작은 질서를 지키며 아름다운 마음으로 살아가고자 노력하여 변해 가는 그 길이 하늘에 오르는 축복을 받는 길이라 내가 너희들에게 깨우쳐 주었음이니라.
4 그러나 지금 세상을 다 덮고 있는 종교 집단이요, 그들로서는 너희들을 바로잡을 수가 없으며 깨우쳐 하늘에 오르는 길을 인도할 수 없음이니라.
5 이제 그리하여 내가 제3의 시대에 나의 법전을 만들어 너희들에게 깨우치고자 하는 것은,
6 높은 자리에 있는 자가 가장 낮은 자의 자세로써 살아가며, 그 자세를 낮추며 살아가는 그와 같은 변화되는 모습이 나의 피조물 만백성을 구원하여 하늘로 오르는 종교 지도자의 자리이며,
7 너희들 또한 그리 사는 자만이 구원을 받을 수 있다는 것을 나의 법전에 기록하여 너희들에게 전함을 알아야 할 것이니라.
8 나에게 선택되는 자요, 진정한 하늘나라에 오르는 길을 위하여 그 통로를 여는 종교 지도자는 대우를 받고자 함이 아니요, 대우를 받음이 아니요,
9 나의 피조물 만백성, 내가 사랑하는 순박하고 정이 있는 그 백성들을 섬기는 마음으로 살아가며, 그들을 섬기는 자세로 살아가며, 진정으로 그들을 섬기며 사는 것이 나로부터 선택받은 종교 지도자임을 알아야 할 것이니라.
10 권력을 누리는 자, 그 또한 가장 낮은 자요, 백성의 뜻을 따라 그들의 어렵고 힘든 것을 바라다보며 가장 낮은 자세로 살아가는가?
11 재물을 많이 가진 자, 부를 누리는 자, 그 부를 가지고 저희들이 인간을 다스리고 향락을 즐기며 사는 것이 아니라,
12 어렵고 힘든 나의 피조물 만백성을 위해 사랑으로 나누어 주며, 그들을 섬기는 마음으로 그들이 주인이라는 생각을 가지고 살아가는 것이 재물을 가진 자가 또한 축복을 받는 길이거늘, 너희들이 과연 어찌 가는가?
13 높은 자, 가진 자가 백성을 섬기는 그와 같은 마음으로 사는 이 사회가 만들어지지 아니하며 그런 이 지상이 되지 아니한다면 너희들은 이루어질 수 없음이니라.
14 바로 나 여호와가 밤과 낮을 가리지 아니하며 나의 아들에게 채찍질을 가하여 너희들에게 내리는 160권의 법전의 내용이 과연 무엇이던가?
15 제3의 시대에 역사를 이루는 것은 바로 내가 위에서 말한 그와 같은 시대를 열고자 함이니라.
16 이 시대의 백성 너희들이 오로지 그

역사를 이룰 수 있는 자들이며, 너희
들이 아닌 다음에는 누구도 이룰 수
없으며,
17 나의 법전을 읽고 깨우치지 아니하면
그 무엇으로도 가르칠 수 없으며, 어
떠한 사람의 힘으로도 인간의 능력으
로써는 가르칠 수 없으며 변화시킬
수 없음이 지금 너희들의 그리 썩어
진 형국이니라.
18 오로지 나의 법전만이 역사를 이룰 수
있음이니, 너희들은 이를 잊지 말아야
할 것이며,
19 나의 아들로부터 직접 강론을 들으며
나의 법전을 읽고 깨우친 너희들이 나
의 피조물 만백성을 구하는 데 너희
몸과 마음과 모두를 다 바쳐야 함을
잊어서는 아니 될 것이며, 너희들이
그리 살아야 함을 잊지 말라.
20 나의 아들 예수의 제자들이 어렵고 힘
든 속에서도 묵묵히 갔듯이, 너희들은
그들보다 백배 천배 나은 오늘의 삶
을 살아가며 그들보다 나은 환경이요,
그들보다 나은 조건 속에서 만백성을
구하는 나의 성령을 책으로 만들어 전
함이니,
21 오늘의 너희들이 그 모두를 영광으로
생각하는 마음에서 모두를 다 바쳐 만
백성을 구하는 데 조금도 소홀히 하지
말며 게을리하지 말아야 할 것을 명
심하도록 그리하라.

3,924 번째 하나님 말씀

2002년 11월 12일 23시 45분

1 사랑하는 나의 아들아!
2 "네, 아버님! 말씀하옵소서."
3 네가 책상머리에 앉아 십계명을 외우
며 나의 성령을 받아 160권의 책을 만
들고자 달려가는 그 모습에 천사도
놀라며 사탄도 놀람이니라.
4 그러나 너는 여기서 또다시 깨우쳐야
할 것이니라.
5 너는 나의 성령이요, 창조주 나의 뜻
을 들으니, 하나의 조각품을 만들기
위하여 돌을 다듬고 깎아 내는 예술가
의 힘들고 어려운 고통보다도, 그 정
성보다도 네가 열배 백배 더 지극한
정성으로써 모든 역사를 이룰 수는
없는가?
6 네가 그보다도 더한 정성으로써 나의
성령을 들으려 해야 하며, 네가 기도
를 해야 하며,
7 네가 나의 뜻을 책으로 만들어 냄에
그보다 열배 백배 더 애절한 마음으로
써 너 자신을 다스려 나가야 할 것이
니라.
8 네가 오늘의 기도함이 힘들고 어렵다
하여, 네 가슴이 아프다 하여 중단해
서는 아니 될 것이니라.
9 돌을 깎고 쇠를 깎아 하나의 작품의
역사를 만들려 심혈을 기울이는, 그
망치질을 하는 예술가요, 작가보다도
네가 열배 백배 더 힘들고 어려워야
할 것이니,
10 그 정성보다도 백배 천배 더 지극한
마음으로 나의 성령을 받아 만백성에
게 전하며 160권을 만드는 데 네가 더
정성을 들여야 함을 잊지 말라.
11 그와 같은 마음의 자세로써 네가 이
룰 때 모두는 이루어질 수 있느니라.

12 천 년에 걸쳐 새로운 백성이요, 새로
운 시대를 여는 것이며, 160권의 법전
으로써 지금과 같이 썩어 가는 백성
들이요, 잘못 가는 그 백성들의 뿌리
를 단절하며 그를 바로 세우는 것이
어찌 쉬운 일이더냐, 나의 아들아!
13 하나의 높고도 높은 외줄을 타며 묘기
를 보이는 곡예사의 그 노력보다도 더
피나는 노력으로써, 그보다 더 많은
고통과 시련을 겪으면서 네가 나의 법
전을 만들어 내겠다는 굳은 결의를
할 때, 이 모든 역사는 이루어짐을 알
라, 사랑하는 나의 아들아!
14 그리하여 내가 이 밤에 다시 너에게
이를 강조하니,
15 어떠한 사람의 노력보다도 네가 더
정성을 들여 법전을 만들고자 노력하
며, 게을리 생각하지 아니하며 고통이
라 생각지 아니하며 즐거운 마음이라
생각할 때, 나의 법전이 바로 세상에
빨리 전해짐을 잊지 말라, 나의 사랑
하는 아들아!

3,925 번째 하나님 말씀

2002년 11월 12일 23시 50분

1 사랑하는 나의 아들아!
2 "네, 아버님! 말씀하옵소서."
3 너희들이 구원을 받으며, 하늘에 오르
며, 너희들이 말하는 천국이요, 천당
이라는 나의 나라에 올 수만 있다면,
너희 생명이라도 바쳐서 그 길을 선택
하고자 할 것이니라.
4 그것이 확실하다면, 또 너희들이 구원
받을 수 있다면 오늘의 삶 모두를 다
저버리고 나에게 올 수 있는 자들이
수없이 있을 것이니라.
5 그러나 너희들이 그리 목숨을 던져서
라도 구원을 받고자 하는 그 구원의
길이 과연 어떠한 것인지 알겠는가?
6 나의 법전을 정독하며 깨우쳐 그대로
행하지 아니하면 너희들은 그 길을 올
수 없으니,
7 너희들이 그리도 애절히 원하는 구원
의 길이 나의 법전을 읽고 정독해 깨
우치는 그 속에 있다 하였거늘, 어찌
하여 너희들은 그리 나의 법전을 보려
하지 아니하는가?
8 너희들이 나의 법전을 보지 아니하며
정독하지 아니하고는 정녕 심판대에
설 수 없다 내가 그리 말하였음이니,
너희들이 그리 목숨을 바쳐서라도 구
원받고자 하는 애절한 그것이 이루어
질 수 없음을 알아야 할 것이니라.
9 목숨을 바쳐서라도 구원을 받고자 하
며 천국에 올 수 있다면 서슴없이 스
스로 목숨을 던질 수 있는 그와 같은
애절한 마음을 가지고 사는 너희들이
정녕 구원을 받고자 한다면, 나의 법
전을 정독하며 이 법전을 세상에 전하
여 만백성을 가르치며 그들을 깨우치
는 자세로 변하는 삶을 살아야 함을
알아야 할 것이니라.
10 사랑하는 나의 아들아!
11 너희들이 구원을 받고자 하며 정녕 천
국에 오르고자 한다면, 나의 법전을
읽고 깨우쳐 내가 그 속에서 가르치는
뜻을 행하도록 그리하라 이르라.
12 너희 자신의 목숨이요, 그 모두를 다
바치는, 그리고 너희 마음과 몸과 모

든 생각과 그 정성을 다 바쳐 이웃을
사랑하는 마음으로 살아갈 때, 그와
같은 역사를 이룰 수 있다 내가 법전
에 기록하였으니,
13 그와 같이 법전을 읽고 깨달아 행하는
자만이 구원을 받을 수 있다는 것을
너희들은 알아야 할 것이니라.
14 너희 자신의 목숨을 바치며 네 마음
과 몸을 다 바치며 네 생각 모두를 다
아낌없이 던져 너희 자신보다도 이웃
을 사랑하는 마음가짐만이 나 여호와
의 뜻이며,
15 그렇기에 일찍 너희들에게 '이웃을 네
몸과 같이 사랑하라.' 한 그 깨우침을
가슴 깊이 새겨들어야 할 것이니라.
16 그러나 너희들은 그를 잊어버리며 지
워 버리고 살아감이니라.
17 그를 잊어버리고 지우고 사는 너희들
이 아무리 성서를 읽고 울고불고 하늘
에 재물을 쌓아 천국에 온다 해도, 그
재물로써는 너희들이 천국에 오는 것
을 살 수 없음을 알라.
18 너희들은 지금 사랑을 다 저버리고 사
느니라.
19 사랑을 실천하며 이웃을 네 몸과 같이
사랑하고 아름다운 마음으로 사는 것
이 구원의 길이라 내가 말하였거늘,
너희들은 그와 같은 실천은 하지 아니
하며 말로써만 구원받았다 함이니,
20 사랑을 저버리고 시기와 질투와 남을
음해하며 저주하는 그와 같은 마음이
너희 가슴에 그득히 채워져 있음이니,
21 그와 같은 백성으로 만든 그 모든 것
은 지금의 잘못 가르치는 종교 지도자
너희들의 죄이며, 너희들이 이 세상에
존재하기 때문이니, 너희들이 악의 근
원이며 마귀의 근본이니라.
22 그리하여 너희들이 지금 나의 피조물
만백성을 지옥으로 이끌어 가며, 그들
이 하늘에 오르는 길인 나의 성령을
읽지도 못하게 함이니,
23 나 여호와가 너희들에게 분개하며, 너
희들이 얼마나 무서운 그 대가를 치러
야 할 것인가를 지금 잘못 가는 종교
지도자, 너희들은 감히 상상도 못할
것이니, 그리 알라.
24 너희들만 아니었더라면, 너희들이 세
상에 존재하지 아니하였더라면, 나의
백성들은 사랑을 하며 나누며 이웃과
더불어 어려움을 나누며 사는 순박하
고 아름다운 마음을 가지고 세상에 나
간 그대로 살아갔을 것을, 너희들이
존재하기 때문에 그들을 그와 같이 지
옥 불로 인도함이니,
25 나의 사랑하는 아들딸을 지옥으로 인
도하는 너희들을 내려다보는 나 여호
와가 너희들을 저주하지 아니할 수 없
으며, 내 마음의 아픔을 너희들은 죽
어 와 대신 그 모두를 다 받아야 할 것
이며, 치른다는 것을 잊지 말라.

3,926 번째 하나님 말씀

2002년 11월 13일 0시 05분

1 사랑하는 나의 아들아!
2 "네, 아버님! 말씀하옵소서."
3 너희들이 내 곁에 오며, 영원히 죽지
아니하며 영원히 존재하는 천국의 내
품에 오는 그 길이 무엇이라 내가 말
하여 가르쳤던가?

4 그리고 너희들이 죽어 와 나로부터 심
판을 받음이라 하였음이니, 그 심판을
받는 기본이요, 근본이 뭐라 말하였더
냐?
5 나의 법전이라 하였음이니라.
6 제3의 시대에 새천년이요, 새 역사를
이루며, 천 년에 걸쳐 착하고 아름다
운 천사와 같은 백성들만 살아가는
세상을 이루는 그것이 내가 이루고자
하는 뜻이며 내가 행하고자 하는 것이
니라.
7 너희들과 같이 이루어지고 행해지는
것은 이 지상에서만 존재하며, 너희들
이 죽어 나에게 왔을 때는 나와는 아
무런 관계가 없다 말하였으며,
8 그곳에는 준비할 것이 없으며, 너희들
이 걱정할 것이 없으며, 너희들이 예
비할 것이 없는 것이 하늘나라에 올라
오는 영광임을 알라 내가 너희들에게
그리 깨우쳐 주지 아니하였던가?
9 너희들이 그와 같은 영광이요, 은혜와
축복을 받으며 그 모든 소원을 이루
는 것은 오로지 나의 법전뿐이라 말하
였음을 명심하여 들으라.
10 나의 법전을 보고 깨우치는 것이 하늘
에 오르는 길이라 하였음이니라.
11 그리하여 나의 법전을 읽고 정독하는
것이 너희들이 구원을 받는 근본이요,
기본이라 내가 일찍이 가르쳤음이니
그리 알아야 할 것이니라.
12 나의 법전을 읽지 아니하는 자는 지
금 구원의 길이라 하여 다니는 그 종
파 속에서 아무리 읽고 깨우쳐도 그
참뜻이요, 참진리를 알 수 없기 때문
이니라.
13 그러나 나의 법전을 정독하는 자, 너
희들이 무엇을 깨닫게 되는가?
14 너희들은 나의 법전을 읽고 깨우쳐
'선'이 무엇이라는 것을 알게 됨이니
라.
15 선함이 무엇이며 선함을 행하는 것까
지도 알게 됨이니,
16 그러나 지금의 종파로써는 너희들이
선이 무엇이며 선을 어찌 행하는 것
인가를 모름이니라.
17 그리고 선의 행함이 얼마나 소중한가
를 모르느니라.
18 너희들은 선한 것이 착한 것이라는 것
은 아나, 선은 행함이 중요하다는 것
을 모르며,
19 그러기에 선을 행하지 아니하고 그저
말로써 구원을 받는다 부르짖는 것이
니, 얼마나 우매하고 어리석은 자들인
가 너희들은 알아야 할 것이니라.
20 그리고 나의 법전을 읽고 깨닫는 자는
죄가 무엇인지 알며, 그 죄를 끊으려
고 발버둥치고 노력하는 것이 지금 나
로부터 선택된 백성들이며, 법전을 접
하는 것이 거기에 기본이 있음이니라.
21 그러나 지금까지 수천 년 동안 하늘에
오르는 길을 가르친다 하며 웅대한 성
전이요, 웅대한 방법이요, 행사요, 설
법으로써 나의 피조물 만백성을 가르
치나, 그들은 죄가 무엇인지 알지 못
함이니라.
22 그리하여 그를 끊으려 하지 아니함이
니라.
23 도리어 그들은 가르치기를, 인간이기
때문에 죄를 짓지 않고 살 수 없음이
니 죄를 짓고 금화와 은화 몇 닢 던지

고 그저 말로 용서를 빌면 나 여호와
가 너희들을 용서한다 그리 가르치고
있으니, 그들이 얼마나 어리석고 불쌍
한 백성이더냐?
24 저희들이 형용할 수 없는 죄를 짓고
금화 몇 닢을 던지며 눈물로써 찬송하
며 저희들의 스트레스를 푸는 그것으
로써 구원을 받으며 하늘에 오른다고
착각하는 것이 그들의 지금의 믿음의
형국이니라.
25 그래서 그것이 나의 법전을 읽은 백성
과의 차별화됨이니라.
26 정녕 그들은 무엇이 죄인가를 알지도
못하는 것뿐만이 아니라, 죄를 인정하
려 하지도 아니하느니라.
27 나의 법전을 읽는 자는 죄가 무엇인
지를 알며, 죄를 인정하며, 그를 고치
려고 노력하며, 그를 고치기 위하여
모두를 다 던져 발버둥치는 것이니라.
28 그러나 나의 법전을 읽지 않는 자는
죄를 인정하지도 아니하려 하며 그를
고치려 하지 아니하느니라.
29 그저 저희들만 특별히 선택된 백성이
요, 저희 손으로 지은 성전에 가 재물
몇 닢만 던지면 나의 아들 예수의 이
름으로 구원받아 천국에 오를 수 있다
하며, 영원히 불변이요, 죽지도 아니
하며 고통도 없으며 생각도 없으며 괴
로움도 없는 그와 같은 세상에 올 수
있다 그리 생각하니,
30 그것이 나의 법전을 읽은 백성과 읽
지 않은 백성과의 차이점임을 알아야
할 것이니라.
31 여기서 하나 더 소중함을 너희들은
알아야 할 것이니라.
32 나의 법전을 읽고 깨우치는 백성은 스
스로 노력하여 나의 가르침을 깨달아
행하고자 하는 것이 다른 점이며,
33 나의 법전을 읽지 아니하는 자는 죄를
짓고도 죄를 지은 것을 알지 못하며
악을 악으로 알지 못하는 자들이니,
스스로 깨우쳐 변하고자 노력을 하지
않는 것이니라.
34 너희들은 모든 죄악이요, 악한 것을
끊으려고 노력하는 그 속에서 변화를
이룰 때 나에게 구원을 받으며 하늘에
오르는 길을 볼 수 있으나,
35 악을 악으로 알지 못하며 죄를 죄로
알지 못하며 또 그를 끊으려고 노력
하지 아니하는 자들은 정녕 하늘에
오를 수 없는 것이 당연한 이치임을
알라.
36 너희들이 하늘에 올 수 있는 것은 그
와 같이 죄를 끊으려고 노력하는 속
에서 마음을 비우는 만큼 나의 성령으
로써 너희 가슴이요, 마음에 그리 채
워짐이니,
37 나의 성령이 채워질 공간이 없어서
채워지지 못하는 자, 구원받지 못함이
니,
38 착한 것으로, 선한 것으로 너희들이
악을 버리며 변하는 그 마음의 변화
된 만큼 성령이 채워짐이니, 그와 같
은 마음을 가지고 사는 자만이 구원을
받는다는 이치를 너희 스스로 듣고 깨
우쳐 이제는 알 때가 되었음을 알아야
할 것이니라.

3,927 번째 하나님 말씀

2002년 11월 13일 0시 14분

1 사랑하는 나의 아들아!
2 나 여호와 창조주가 너희들을 이 세상
에 존재하게 하였으며 너희들의 생명
을 주어 세상에 내보냈음이니, 그리하
여 너희들이 먹고살 수 있는 그 모두
를 다 내가 내려 주었음이니, 너희들
이 얼마나 나로부터 축복받은 선택된
백성이더냐?
3 너희들을 내가 창조하여 세상에 나가
도록 만들었으며, 너희들이 모두를 다
관장할 수 있도록 내가 만들어 놓은
그 모든 만물의 살아가는 특성과, 그
들의 고귀함과, 너희들에게 내려 주는
그들의 은혜와, 너희들이 필요한 것을
취할 수 있도록 그들이 제공해 주는
그와 같은 귀한 것만을 바라보고 그들
의 귀한 특성만을 보고 정녕 살아갈
수는 없는가?
4 너희들은 나로부터 모두를 받은 백성
으로서 아름다운 말, 사랑하는 마음,
선한 행동의 그 마음을 가지고 정녕
살아갈 수가 없단 말이던가?
5 너희들은 지금과 같이 험악한 방법으
로써 형제요, 부모요, 이웃의 사랑을
모르며, 내가 내려 준 생명의 소중함
까지도 저버리고 사는 그와 같은 삶을
정녕 꼭 그리 살아야만 되겠는가?
6 그리 사는 것만이 너희들이 진정한
삶이라 생각하는가?
7 선함을 행하며, 내가 내린 계명에 따
라 그 계명을 지키며, 제3의 시대에
새로운 역사를 이루기 위하여 내가
내려보낸 나의 법전을 읽으며, 그 뜻
을 이해하며, 그와 같이 아름다운 모
습으로써 너희들은 정녕 살아갈 수 없
는가?
8 너희들이 소유하며 지배하고 살아갈
수 있도록 내려보낸 모든 것들의 그
고귀한 특성과 그 소중하고 아름다운
모습만을 보고, 너희들은 그 속에서
깨달으며 정녕 더불어 살아갈 수는
없단 말이던가?
9 너희들은 내가 내려보낸 산소요, 물이
요, 그 모든 아름다움을 다 섭취하며
너희 육신을 지탱하고 살아가지 아니
하는가?
10 그 모두가 얼마나 귀중한 것들인가?
11 그 귀중하고 소중한 것을 너희들이 섭
취하고 살면서 어찌하여 인간 본연의
자세로 살지 못하며,
12 너희들의 말귀도 못 알아들으며 너희
보다 지능이 떨어지며 생각이 모자라
며 그리고 오로지 삶을 위해 살아가
는 짐승만도 못한 그와 같은 삶을 산
다 하면, 이를 어찌 봐야 하겠는가?
13 너희들의 그 행위는 과연 나 여호와
가 어찌 받아들이며 너희들을 이해하
고 사랑할 수 있다 생각하는가?
14 너희들의 입에서 나오는 언어가 아름
답지 못하며, 그 언어가 남이 듣기에
추하며, 남을 시기하고 질투하는 그와
같은 단어로써 너희들이 서슴없이 세
상에 내보냄이니,
15 그게 다 독가스가 되며, 너희들의 생
명을 단축시키며, 세상을 오염시키는
그와 같은 사악한 역사를 이룬다는 것
을 너희들은 알아야 할 것이니라.

16 내가 내려 준 산소요, 물이요, 그 모든
소중한 것을 다 섭취하면서 너희들은
독가스를 세상에 내뿜어 나에게 역행
하는 짓을 하며, 내가 너희들에게 취
하고 살라 하는 그 생명체를 스스로
죽여 감이니,
17 그것이 바로 너희들의 생명을 죽여
가며 너희들의 생명을 단축시키는 그
와 같은 무서운 결과를 초래한다는
그 엄연한 사실을 모르고 살고 있음이
니, 너희들이 얼마나 어리석고 우매한
자들인가?
18 내가 내려 준 것을 너희들이 섭취하고
살면서, 그 귀하고 고귀하고 소중한
것을 모르고 그를 함부로 다루며, 그
들을 저버리는 것이 너희들의 생명을
단축시킨다는 그 자체도 모르고 사는
것이 너희들이니,
19 한 치 앞을 못 보고 사는 것이 당연한
너희들이니라.
20 지상의 역사 속에 살아가는 그 변화
요, 너희 눈으로 보이는 것을 보고도
깨우치지 못하며, 그 두려움과 무서움
을 모르며, 나의 뜻의 그 오묘함을 모
르니,
21 무성했던 이파리가 단풍이 되어 떨어
져 앙상한 가지만 남는 그와 같은 것
을 너희 눈으로 보며 그 변화를 알면
서도, 나 여호와가 존재함을 의식지
못하며, 그 소중함과 고귀함을 너희들
은 모르느니라.
22 무성했던 이파리가 낙엽이 되어 떨어
지며 앙상한 가지가 나오는 것이 다
음에 너희들의 삶을 위하여, 너희 생
명을 지탱하기 위하여, 너희들이 살아
가는 안식처요, 너희들이 존재할 수
있도록 나 여호와가 그와 같은 역사의
변화를 이루는 그 자체도 모르는 것이
너희들 어리석은 자들이니라.
23 붉게 단풍이 들며, 잎이 나와 떨어지
며, 씨앗이 떨어지며, 앙상한 가지가
남으며, 그 가지가 또 부러져 나감이
니, 그저 그 모두가 풍화 작용이요, 세
월에 의해서 자연으로 이루어지나,
24 그 모두는 다 너희들의 생명을 존재하
도록 하기 위하여 이루어지는 역사임
을, 너희들은 그 이치 하나도 모르니,
세상의 뜻이요, 하늘의 뜻을 너희들이
감히 어찌 알겠는가?
25 나의 법전을 읽고 깨우치라.
26 나의 법전을 정독하는 자만이 하늘의
뜻을 알며, 너희들이 깨닫지 못하는
것을 깨닫게 됨이니, 이 뜻을 알아 행
하도록 하라.
27 그리하여 법전만이 너희들을 구할 수
있음을 나 여호와가 가슴이 아프도록
외치니, 이 뜻을 깊이 받아들이도록
그리하라.

3,928 번째 하나님 말씀

2002년 11월 13일 0시 19분

1 사랑하는 나의 아들아!
2 "네, 아버님! 말씀하옵소서."
3 사랑을 실천하며 살라 하지 아니하였
던가?
4 목숨을 바치며 정신을 바치며 모두를
다 바쳐 너희들의 귀중한 생명처럼
이웃을 사랑하며 살아가는 것이 하늘
에 오르는 길이요, 구원을 받는 길이

라 내가 가르쳤음이니라.
5 그리하여 지금의 믿음의 길을 가는
그 집단의 종파요, 종교 지도자들이
요, 그곳에 와 하늘에 오르겠다며 배
우는 자들이 어찌 말하는가?
6 사랑을 실천하는 것이 하늘의 뜻이요,
그것만이 하늘의 구원받는 것이라 너
희들은 알고 있음이니라.
7 그리고 그리 말로 하고 있음이니라.
8 그러나 과연 너희들이 쓰고 입고 먹
고 사는 그 형태는 어떠한가?
9 각종 행사라 하여 남에게 하나를 주면
너희들은 열 개를 취하며, 남에게 한
끼를 대접하면 너희들은 각종 모임에
서 그보다 열배 백배 더 호의호식하며
즐기고 사는 것이 너희들이 지금 하는
것이 아니던가?
10 얼마나 추하고 더러운 너희들의 모습
인지 알겠는가?
11 이를 내려다보는 나 여호와가 그리하
여 다 썩은 자들이 세상을 지배하고
산다 함이니라.
12 말로는 사랑을 베푸는 것이 하늘에 오
르는 길이요, 그리하여 너희들은 사랑
을 위하여 산다 하며, 사랑을 기초로
하여 나에게 기도한다 하는 자들이,
온갖 행사요, 모임이요, 그와 같은 행
사를 하면서 어렵고 힘든 자들을 위
하여 베풀어 줄 수 있도록 그리 전환
하여 역사를 이루며 행하는 것을 생각
해 보았는가?
13 어렵고 힘든 자들을 위하여 너희들의
행사를 줄이며, 너희들이 계획한 것을
줄이며, 너희들이 즐기고자 하는 것을
간소히 줄여서 많은 백성들에게, 구원
의 길을 보고자 하는 그들을 위하여
쓰고자 하는 생각은 과연 하고 사는가?
14 모든 종교 집단이요, 사랑을 베풀어
만백성을 구한다는 자들이 백 개 중
에 하나를 주고 아흔아홉 개는 저희
들이 즐기며 호의호식하며 저희가 쾌
락을 얻는 데 쓰고 있음이니,
15 이 추하고 더러운 것이 너희들이니 사
랑이라는 말을 함부로 쓰지 말며, 그
와 같이 백 개 중에 하나를 주면서 나
여호와의 뜻에 따라 사랑을 하며 사랑
을 실천하며 사는 족속이라 그리 말하
지 말라.
16 그 말이 얼마나 추하고 더러워 하늘을
오염시키는지 너희들은 알고 있는가?
17 저희들의 씀씀이를 줄이며, 저희들이
쓰고자 하는 것을 줄이며, 저희들을
위하여 하는 모든 행사를 줄여서 어렵
고 힘든 자를 돌아다보는 그와 같은
마음의 자세를 가지고 살아가는 자,
과연 얼마나 있는가?
18 나 여호와가 나의 아들을 통하여 이와
같이 너희들에게 기록하여 깨우쳐야
만 되겠는가?
19 지금까지 믿음의 길을 온 자들이 과연
어떠한 길을 왔기에, 나 여호와가 이
깊은 밤 나의 아들을 통하여 이 내용
을 기록하며,
20 너희에게 기초를 깨우쳐 주기 위하여
다시 한 페이지를 장식하는 아픈 마음
을 너희들은 좀 들여다볼 수 없는가?
21 이를 좀 보고 듣고 들여다보도록 그
리하라.

3,929 번째 하나님 말씀

2002년 11월 13일 06시 22분

1 사랑하는 나의 아들아!
2 "네, 아버님! 말씀하옵소서."
3 내가 너희들을 가장 높은 지혜를 가진
나의 피조물 백성으로 만들어 세상을
통제하게 하였음이니, 너희들은 이 세
상에 존재하는 동식물들이 너희를 위
하여 존재하는 것만을 알고 있을 것
이니라.
4 그 모든 동식물이 번식하는 것이며,
그들이 서식하는 것이며, 그와 같은
그들의 작용이요, 살아가는 그 변화와
형태가 다 오로지 너희들을 위하는 것
으로써 그들이 존재하며 그와 같은 변
화와 형태를 갖는다 내가 너희들에게
말하였음이니,
5 내가 너희들에게 새로운 생명이요, 새
로운 것을 내려 주는 그와 같은 나의
은혜에 대하여 너희들은 과연 감사하
는 마음을 갖고 사는가?
6 세상에 나온 것들이 너희들을 취하고
사는 것이 아니요, 그들의 변화되는
모습이요, 생태계의 그 모든 역사가
다 너희들을 존재시키기 위하여 그와
같은 변화의 역사를 이루고 살아간다
하였음이니,
7 너희들이 나의 은혜에 얼마만큼 감사
하는 마음의 기도를 드려야 하는 것
인가를 알아야 할 것이니라.
8 그러나 그 모두를 취하고 사는 너희들
의 마음이 과연 어디에 있는가?
9 내가 너희들을 사랑하기에 내려 준 그
은혜에 보답하는 것이 아니요, 정녕
그 감사함 속에서 살지 아니하며, 그
모두를 저버리고 사는 것이 너희들이
니라.
10 이제 나의 법전에 기록하여 모든 풍화
작용의 변화되는 역사가 다 너희들을
존속시키기 위한 나의 치밀한 계획이
요, 나의 주관하에 이루어진다는 것을
내가 너희들에게 깨우쳐 줌이니, 내가
너희를 얼마나 사랑하고 아끼는가?
11 너희들이 아름다운 모습으로 살다 나
에게 올라올 수 있는 그와 같은 삶을
살게 하고자 하나의 빈틈도 없는 세
상의 변화를 다 만들어 주었음이니라.
12 그를 너희들이 이제 감사하는 마음이
요, 나에게 그 은혜를 갚고자 하는 마
음으로 산다면, 너희들은 감히 입으로
추하고 더러운 말을 할 수 없으며, 너
희 행동이 남으로부터 저주받는 추한
그와 같은 행위는 할 수 없음을 알아
야 할 것이니라.
13 내가 너희들에게 지금 무어라 말하였
느냐?
14 너희들이 사는 세상이 얼마나 험악하
고 추한 세상이라 하였더냐?
15 부부지간에 새로운 생명이 태어나도
록 하는 것은 너희들의 정해진 사람에
의하여 후손이 연결된다 하였으나,
16 너희들이 성이 다르며 씨가 다른 남의
자식을 기르며 남의 자식을 가진 여인
네들이 많은 세상이라 내가 그리 말하
였음이니, 얼마나 이게 추하고 험악한
너희들의 작태더냐?
17 그와 같은 것이 오늘의 너희들이니,
그 씨앗이요, 그 후손이 또한 어찌 변
화되겠는가?

18 내가 그와 같이 무서운 것을 너희들
에게 말하여 주었으니, 너희들이 정녕
그렇지 아니하며, 그러한 변화가 있는
삶을 살지 아니하는가?
19 너희들이 부귀와 영화요, 권력에 치우
쳐 사는 것이 한이 없으며 그 즐거움
에 또한 끝이 없음이니,
20 그와 같은 형국에까지 도취되어 사는
것이 지금 너희들 남녀의 사는 형국
이니, 그것이 나의 아들딸이 살아가는
형태이니라.
21 육의 향락이요, 권력의 향락이요, 부
귀영화의 향락이요, 인간의 즐겁고 즐
거운 그 향락을 너희들이 더 이상 찾
을 곳이 없고 추구할 곳이 없으니,
22 그와 같이 험악한 남녀의 잘못된 행위
까지도 공공연히 행하며, 그와 같은
것을 부끄러운 줄 모르며, 그와 같은
것을 당당한 것이며 행복이요, 인생의
즐거움이라며 부끄러움이 없이 스스
럼없이 서로 이야기하는 너희들의 지
금의 삶의 형태가 되어 있음이니,
23 그 모두를 하늘에서 듣고 그 모든 행
동을 내려다보는 나의 마음이 얼마나
저리고 아픈가를 너희들은 생각해야
할 것이니라.
24 이제 그러한 것이 없는 세상, 그와 같
은 생각이 없는, 그와 같은 행동을 하
지 않고 사는 나의 백성들이 이 세상
에 존재할 수 있는 그 뿌리를 내리기
위하여 내가 지금 법전을 내려보내
세상에 전함이니,
25 너희들은 그와 같은 나의 뜻을 깊이
알아, 행함에 소홀함이 있어서는 아니
될 것이니라.
26 내가 오죽하면 너희들이 가장 감추어
야 할 추한 삶의 모습을 너희들에게
비추겠는가?
27 너희들이 취하고 사는 동식물도 그 규
정을 어기지 아니하며, 내가 그들에게
내린 정해진 계율 속에서 내가 내린
법도를 위배하지 아니하고 사는 것이
말 못하는 짐승들이 살아가는 형태이
거늘,
28 하물며 높은 지혜를 주며 의사소통을
할 수 있으며 자기의 뜻을 밝히며 자
유로운 모습으로 살아갈 수 있는 너희
들이 가장 추하고 더러운 행위를 하며
살아가는 모습을 과연 어찌해야 하겠
는가?
29 그러면서 너희들이 하늘에 오르겠다
며 나에게 기도하지 말라.

3,930 번째 하나님 말씀

2002년 11월 13일 06시 29분

1 사랑하는 나의 아들아!
2 "네, 아버님! 말씀하옵소서."
3 수천 년 동안 그 세월 속에 하늘에 오
르는 길이요, 구원을 받기 위하여 믿
음의 길을 가려고 살아온 나의 백성
들이요, 그리 말로 부르짖으며 찬송으
로 울부짖으며 살아가는 너희들이 정
녕 나 여호와가 존재한다는 것을 믿
는 마음이 과연 그 마음속에 얼마나
깊이 굳어지고 그를 생각하는가?
4 너희들은 나 여호와가 존재한다는 믿
음만을 가지며, 굳건히 그와 같은 믿
음 속에서 생활하고 믿어 간다면, 너
희 스스로 그 깨끗한 믿음 속에서 천

사와 같은 마음으로 변해져서 구원을
받는 길에 너희들이 어렵고 힘듦이
없을 것이니라.
5 그리고 정녕 너희들이 믿음의 가는
길에 나 여호와가 존재한다는 것을
굳건히 믿는 자, 그와 같은 자는 세상
에 못 이룰 것이 없으며, 너희 소원이
이루어지지 아니할 것이 없음이거늘,
6 너희들은 정녕 나 여호와가 존재함을
얼마나 믿고 살며, 너희들이 사는 그
세월 동안에 나를 얼마나 생각하며
사는가?
7 지금의 모든 종교 집단이 이를 믿고
산다 말하며 나 여호와가 존재한다 생
각하나, 너희들은 우선 내가 존재함을
믿지 아니함이니라.
8 그리하여 나의 아들 예수의 보혈로써
구원을 받았으며, 나의 아들을 찾음으
로 인하여, 예수를 중심적으로 부르짖
고 찾음으로 인하여 구원을 받는다 생
각함이니,
9 그것이 벌써 너희들이 빗나간 것이며
줄을 잘못 그은 형태임을 알아야 할
것이니라.
10 나 여호와가 존재함을 믿는 것이 구원
의 길의 기초요, 근본이라 내가 나의
아들에게 십계명 다음에 한 줄을 더
가르쳤거늘,
11 너희들은 지금 나의 아들 예수가 중
심이 되어 그가 모든 역사를 이루는
것처럼 그리 믿고 그곳에서 탈피하지
못하느니라.
12 나 여호와가 존재하며, 창조주가 있으
며, 나의 아들 예수를 보낸 이가 있다
는 것을, 그 보낸 이를 믿는 너희들이
아니니,
13 내가 육신의 형태를 가진 자는 신이
아니라 하였으며, 보이지 않는 나만이
오로지 너희들의 창조주요, 어버이요,
신이라 다시 한 번 그리 말하는 그 깨
우침을 주었음이니,
14 오죽 내가 답답하며 너희들이 알지
못하면 그와 같은 뜻을 말하여 주었겠
는가?
15 그러나 너희들의 믿음의 형태 그 자
체가 한쪽의 마음속에 나를 부정하며,
나를 의식하지 아니하며, 내가 존재함
을 두렵게 생각하지 않는 여유 있는
마음의 형태로 믿음의 길을 가고 있
느니라.
16 너희들이 정녕 나를 믿으며 내가 존
재하는 것을 안다 하면, 그리고 나의
아들이 피 흘려 너희들을 구원하고자
죽은 그 역사를 진실로 안다 하면,
17 너희들은 지금의 부귀영화와 권력을
위하여, 너희 육신을 위하여 금화와
은화를 거둬들이며 떡을 긁어모으는
데 모든 신경을 다 쓰는 그와 같은 역
사의 변화는 가져오지 아니하였을 것
이니라.
18 너희들이 지금 그와 같은 형태로 가는
것은 곧 나 여호와가 존재함을 믿지
아니함임을 알아야 할 것이니라.
19 정녕 내가 존재함을 믿는 자는 그 길
만을 위하여 그를 깨달음의 영광과
축복으로써 가며,
20 금화와 은화를 거둬들이기 위하여 갖
은 수법을 동원하는 추한 모습으로써
나를 향하며 우리 부자의 이름을 파는
그와 같은 믿음으로는 가지 아니하였

을 것이니,
21 이게 바로 너희들이 나 여호와가 존재
함을 진심으로 믿지 못함이 바로 증명
되는 것임을 알아야 할 것이니라.
22 내가 존재함을 믿는다면, 너희는 어떠
한 고통과 시련도 그 모두가 영광이
요, 오늘의 고통을 겪는 것만큼 하늘
에 와 나로부터 축복을 받는다는 것을
알 것이니,
23 너희들이 정녕 나 여호와가 존재함을
모르는 백성에게 나의 법전을 전해 주
며 나의 십계명대로 살아야 한다는
그 강론 하나를 전함으로 인하여, 너
희들이 그와 같이 가는 길이요, 백성
을 인도하는 것이 힘들고 어렵다 하여
도, 그것이 미래에 나로부터 받는 크
나큰 영광이 있음을 느끼고 알 것이
니라.
24 오늘의 고통을 영광으로 생각하지 아
니하고 사는 자는 내가 존재함을 진
심으로 믿지 못하는 자들이며,
25 말로는 믿는 것 같으나, 가슴으로는
믿는 것 같으나, 너희들의 기초적인
원심은 너희 생명을 다 바쳐 나를 따
를 수 있는 그와 같은 마음 자세가 되
지 아니한 자며, 내가 존재한다고 믿
지 못하는 자이니라.
26 내가 존재한다고 믿는 자가 감히 내
가 불로 쓴 십계명을 지킬 수 없다 말
하며, 그를 등한시하며, 그게 너희들
의 구원의 생명이라는 그와 같은 깨달
음을 얻지 못하며, 그를 지키기 위해
모두를 다 던질 수 있는 그와 같은 마
음 자세로 살지 못한다 하면, 이는 곧
내가 존재함을 두려워하지 아니함이
니라.
27 너희들이 거짓 하며 죄를 지으며 이웃
에게 거짓 증거하며 그와 같은 삶을
스스로 살고 있다는 것은 나 여호와가
존재함을 믿지 아니하며, 내가 존재하
기에 심판을 받으며 그 심판이 얼마나
무섭고 두려운가를, 정녕 원초적인 깊
은 마음속에 그 생각을 잊고 사는 것
이며,
28 이것이 너희들이 가는 지금의 믿음의
형국임을 내가 말함이니, 너희들은 여
기서 고개 흔들며 부정하려 하지 말
라.
29 내가 보는 것이 그렇다면 너희 마음이
그러함을 알라.
30 이를 고쳐야 할 것이니라.
31 고치지 아니하며 이를 부정하는 자,
정녕 구원받을 수 없음을 알라.

3,931 번째 하나님 말씀

2002년 11월 13일 06시 33분

1 사랑하는 나의 아들아!
2 "네, 아버님! 말씀하옵소서."
3 오로지 저희들이 가는 길만이 구원을
받는 길이요, 천국에 오른다, 하늘나
라에 오른다며 가는 그들이 나의 법
전을 보고 이단이요, 마귀요, 사탄의
장난이라 하며,
4 네가 나 여호와의 성령인 나의 뜻을
들으며 나의 음성을 들으며 나에게 직
접 명을 받는다 할 때, 감히 그들은 너
를 비웃으며 미친 자라 그리 말할 것
이며, 너를 따르는 제자들 또한 불쌍
하다 말할 것이니라.

5 그리 말하는 자에게 너희들은 전하라.
6 하나님의 성령으로써 기록된, 너희들
을 구원하는 이 법전에 과연 이걸 읽
고 들여다봄으로 인하여 살아가는 데
부끄러운 행동을 하라는 대목이 어디
에 있으며, 너희들에게 그와 같이 부
끄러운 행동이요, 추한 행동을 하며
살아가라는 대목이 어디에 있는가 한
번 그 대목을 찾아보라 그리 이르라.
7 너희들이 나의 법전의 열여섯 권을
다 읽고 나서, 수십 년 동안 바치고 하
늘에 오르고자 그리 믿어 왔던 그 믿
음의 세계에서의 깨우침과, 나의 법전
을 읽고 깨우친 너희들의 느낌이요,
깨달음이 어떠한 것이 더 위대한 것
인가 그를 보고 말하라 그리 이르라.
8 너희들이 살아가면서 남에게 부끄러
워 고개를 들 수 없는 짓, 그와 같은
추한 짓을 가르치는 대목이 어디에
하나 있는가, 나의 법전 속에서 그를
찾아보라 그리 말하라.
9 나의 법전을 읽고 접하는 자, 세상의
이치에 눈을 뜨며,
10 너희들이 그리도 하늘에 오르고자 갈
구하는 뜻이요, 그 길의 통로에 들어
서는 영광을 얻게 됨이거늘,
11 이를 역으로 사탄이요, 이단이요, 마
귀라 그리 말하며 돌아다보지 아니하
는 자, 마귀의 눈에는 천사가 마귀처
럼 보인다 내가 말하였음이니,
12 저희들이 곧 사탄이요, 마귀와 같은
마음으로 변해 있기 때문에 그들이
나의 성령이요, 하늘에 오르는 참진리
를 이단이요, 사탄이요, 사악한 자의
간교한 장난이라 그리 말하여 너희들
을 핍박함이니, 그들을 불쌍히 여겨
너희들이 나의 법전을 전하도록 그리
하라.

3,932 번째 하나님 말씀

2002년 11월 13일 06시 39분

1 사랑하는 나의 아들아!
2 "네, 아버님! 말씀하옵소서."
3 너희들이 사랑이요, 아름다운 모습으
로 살아가는 것이 근본이라 하였음이
니,
4 종교 집단 속에서 사는 너희들이 손으
로 지은 그 성전에 가 기도하고 경배
하는 그 순간에 너희들은 같이 만나는
너희들의 형제·자매 그 앞에서 천사
와 같은 모습으로, 세상에 다시없는
인자한 모습으로 행동하며 말로써 서
로 위로하며 그와 같이 살아가나,
5 성전을 떠나 타인과 더불어 거래하며
살아갈 때, 용서요, 사랑하는 마음이
아니라, 너희 자신의 이익과 너희들의
얻어지는 그것을 위하여 너희들이 사
랑하지 아니하며 믿음이라는 길을 가
지 않는 사람보다 더 무서운 인간으로
변해져 모든 백성과 거래하며 상대하
는 그러한 이중적인 모습으로 살아간
다 하면,
6 너희들은 얼마나 사악한 자들의 형태
이며 너희들이 얼마나 추한 모습인가
를 알겠는가?
7 너희들의 손으로 지은 성전에서 만날
때는 서로 웃으면서 인사하며 온갖
다정한 말로써 천사와 같은 모습으로
말을 하나,

8 그와 같은 곳을 떠나와 세속에서 살
아갈 때는 보통 나의 백성들보다도
더 사악한 모습으로 살아간다면, 너희
들은 얼마나 이중적인 인간이며 가증
한 인간인가?
9 너희들은 무대에서 연극이라는 것을
보여 주는 배우보다도 더 유능한 연극
속에서 살아가는 자들이며, 그 주역
못지않게 모든 악역을 맡은 연극의
배우로서 그를 소화시키는 자들보다
더 너희들만큼 위대하게 소화시키는
자가 없을 것이며,
10 무대에서 보여 주는 그 무대 위의 배
우의 연기도 너희들처럼 위대한 연기
는 정녕 없을 것이니라.
11 그것이 너희들이 살아가는 모습이라
한다 하면, 너희들이 정녕 나로부터
선택된 백성이며 하늘에 오르는 백성
이라 말할 수 있는가?
12 나로부터 선택된 백성이요, 정녕 참진
리를 공부하는 자는 남들이 보든 보
지 아니하든, 너희들이 형제지간에 만
나 생활을 하든, 소위 이방인이라 하
는 믿지 않는 자들과 상대하고 대화
하고 거래하든, 그것이 사랑으로써 변
하지 아니하는 것이며,
13 나의 성전에 와서 공부하고 가르침을
받을 때 너희 마음이 하나가 되듯이,
세상사 나가서 모든 백성을 하나로 보
고 그리 변화되는 것, 이것이 바로 일
반 집단의 가르침 속에서 가는 백성과
너희들과의 차별화이니라.
14 너희들은 오늘의 성전에서의 생활과
나가서 살아가는 그 모습이 같을진대,
그래서 너희들이 나에게 선택된 백성
이며, 나의 법전이 나의 진리요, 나의
뜻이라 함이 여기 있음을 알라.

3,933 번째 하나님 말씀

2002년 11월 13일 06시 53분

1 사랑하는 나의 아들아!
2 "네, 아버님! 말씀하옵소서."
3 내가 모두를 이루는 것은 이 지상에서
이루어지는 것이며, 내가 사랑을 내림
또한 지상에 모두를 다 내림이니,
4 이 지상에서 어떠한 형태로든 너희들
이 천사와 같은 아름다운 모습으로 변
화되는 그와 같은 역사를 이루고자 하
는 것이 창조주 나 여호와의 뜻이라
내가 그리 너희들에게 전하였음이니
라.
5 그러나 믿음의 길을 가는 자들은 지금
어찌 가고 있느냐?
6 너희들이 살아가는 그 형태에서 너희
손으로 만든 두꺼비 집과 같은 죄의
온상인 그 성전이라는 곳에 와 생활하
며 그곳에서 깨우치고 그곳에서 얻어
지며 그 속에서 이루어지는 것만이 나
의 뜻에 의한 것이며 나의 주관하에
이루어지는 것이라 그리 믿고 가르침
이니,
7 나의 백성을 그와 같은 형국으로 너
희들이 끌어가고 있음이니라.
8 너희들이 남에게 한 끼를 대접한다
해도, 너희 손으로 지은 성전에 나와
서 너희 종교 지도자가 가르치는 설
교를 들으며 찬송을 부르며 재물을
많이 바쳐야 구원을 받는다 하여 재물
을 바치는 그와 같은 행동을 평소에

하지 아니하는 자는 남에게 밥 한 그
릇을 대접해 줘도 그를 내가 기억하
지 아니함이며,
9 너희 집단 속에서 생활하는 자가 남
에게 밥 한 그릇을 똑같이 대접할 때
너희들은 하늘의 뜻이며 나 여호와의
뜻에 의하여 이루어지는 것이니 그는
신의 뜻에 의하여 이루어진다 그리
생각하며 그리 가르치고 있음이니라.
10 어찌하여 너희는 주먹만 한 하나의 똑
같은 돌을 볼 때, 너희들의 성전 속에
서 그를 보는 것만이 구원을 얻는 길
이요, 하늘에 오르는 길이라 말하며,
11 너희들이 지은 성전 밖의 내가 지은
이 아름다운 성전에서 그 돌을 보는
것은 그것이 돌이 아니고 잡석이요,
못 쓰는 것이라 그리 가르치고 있는가?
12 지금 모든 종교 집단이 그리 편을 가
르고 있음이니라.
13 그리하여 너희들이 오로지 성전에 와
서 느끼고 깨닫고 거기에서 한마디 듣
는 것은 하나님 나 여호와의 뜻이라
그리 말하면서,
14 밖에서 듣고 밖에서 깨우치는 것은
하늘의 뜻이 아니며 이방인의 짓이며
인간의 머리로써 깨닫는 것이다 그리
말하고 가르치니,
15 그와 같이 차별화를 두어 그리 끌고
가는 것이 너희들의 믿음의 형국이니
라.
16 정녕 그와 같은 형태로써는 세상을 알
수 없으며, 내가 이 지상에서 이루고
자 하는, 천 년에 걸쳐 역사하는 그 낙
원을 너희들의 그와 같은 믿음의 형
국으로써는 이룰 수 없느니라.
17 어찌하여 너희들은 똑같은 물건을 보
며 똑같은 아름다운 일을 할 때, 나의
이 지상의 성전에서 그리 행하는 것
은 내가 기억하지 아니하며,
18 너희 손으로 지은 성전에 와서 그와
같은 행위를 하는 것만이 나의 뜻이
요, 신의 뜻이요, 하늘의 뜻이라 그리
차별화하여 구분하고 가는가?
19 이것이 너희들의 모든 죄의 온상의
시발임을 알아야 할 것이니라.
20 물은 물이요, 산은 산으로 너희들이
똑같이 보는 그 마음을 얻어야 할 것
이니라.
21 수십 년 평생 무엇인가를 깨닫고자
노력하며 토굴 속에서 공부하며 깨달
은 자, 그가 산속에 들어가서 그를 깨
닫고 공부하고 바라보는 물이나, 세상
세속에 어려서부터 살면서 바라보던
물이나 물의 특성이요, 성능은 똑같으
며, 너희들에게 축복을 주는 것도 재
앙을 주는 것도 똑같음이니,
22 그 이치를 깨달은 자 말하기를, '산은
산이요, 물은 물이요, 들은 들이라.' 말
하지 아니하였더냐?
23 그와 같은 이치인 것이니라.
24 너희들이 성전이라 지은 그곳에 와서
마시는 물은 진정한 나의 성수요, 밖
에서 내가 내려 준 물을 마시는 것은
성수가 아니라 일반의 추한 물이라
그리 생각함이니,
25 너희들은 그 물을 과연 누가 만들었
으며 누가 세상에 내려보냈는가 그 원
초적인 기초를 깨달으라.
26 너희는 너희들이 만든 성전에서 마시
는 것만이 내가 주는 물이요, 밖에 있

는 물은 썩고 추하고 더러운 물이라
그리 가르치고 말함이니,
27 그리하여 너희들이 어찌 하나가 되며
사랑을 알 수 있겠는가?
28 내가 내린 산소요, 공기를 마시는 것
도 너희들이 나를 찾으며 마시는 자는
그것이 내가 내린 것이요, 나를 찾지
아니하고 부르지 아니하는 자는 그것
은 공기가 아니요, 산소가 아니라 그
리 말함이니,
29 나는 그를 만들어서 만백성에게 내려
주었음이니 만백성은 누구나 마실 자
격이 있으며, 똑같은 산소요, 물이요,
공기임을 너희들은 깨달아야 할 것이
니라.

3,934 번째 하나님 말씀

2002년 11월 13일 09시 12분

1 사랑하는 나의 아들아!
2 "네, 아버님! 말씀하옵소서."
3 일찍이 너희들이 깨우쳐 알듯이, 세상
사 너희들이 생각하기에 달렸느니라.
4 너희 인간은 남들이 수억, 수십억을
들인 그 건물이요, 시설물을 너희들은
몇천 원, 몇만 원을 내면서 그를 편안
하게 활용하고 이용함이니,
5 그러면서 너희들은 제왕적인 대우를
받고자 하며, 제왕적인 예우를 받고자
하며, 먼저 인사를 받고자 하는 것이
너희들의 심리 상태이니라.
6 그러나 누가 몇억, 몇십억을 들여 너
희들이 이용할 수 있는 그와 같은 편
의 시설을 만들어 놓지 아니하였다면
너희들은 얼마나 불편하고 힘들겠는
가, 그리고 또 어렵겠는가?
7 그리 너희들이 생각하면, 그곳에 그
시설물을 시설해 놓은 그들에게 감사
를 드리며 그 주인에게 감사를 드리며,
8 그 모두는 공동체로서 너희들 것이라
는 생각을 갖고 그를 관리하고 아끼
고 깨끗하게 사용하는 그와 같은 마음
을 가지며, 항상 감사하는 마음으로
살면 될 것이거늘,
9 너희들은 그 큰 몇십억을 들인 시설물
을 몇천 원, 몇만 원을 내고 이용하면
서 너희들이 주인이고자 하는 그와 같
은 심리 상태인 것이니라.
10 바로 지금 내가 이 뜻을 너희들에게
전함은, 이 세상의 모두를 다 너희들
이 취하며 살아갈 수 있도록 이 지상
의 낙원을 내가 만들어 너희에게 내려
보냈거늘,
11 그 속에서 모두를 취하며 모두를 나
의 은혜 속에 너희들이 살아가면서 나
에게 감사함을 모르며,
12 너희들이 착한 마음, 선한 마음으로,
악한 것을 조금 저버리고 선한 쪽으로
행하여 간다 하여 그것을 가지고 나에
게 크게 너희들이 바침이며 나를 위해
너희들이 변화된 양 그와 같은 착각
속에 사는 것이 너희들이니라.
13 이 세상의 모두를 다 준 그 은혜를 받
은 너희들이 그 큰 은혜 속에서 너희
마음 한자리 변하는 것을 이루지 못하
며,
14 또 그 마음 한자리 변하는 것이 너희
들이 나를 위해 엄청나게 내 뜻에 순
종하며 내가 원하는 것에 따라 살아가
는 백성인 양 착각함이니,

15 몇십억을 들여 놓은 시설을 이용하면
서 착각 속에 저희들이 주인인 양 제
왕의 대우를 받으려 하는 자와 지금
의 믿음의 환상에서 깨어나지 못하는
너희들을 견주어 볼 때, 너희들이 더
함을 알아야 할 것이니라.
16 이 세상의 모두를 내가 너희들에게
주었음이니, 그 속에서 너희들이 살아
가면서 내가 원하는 선한 일을 한두
가지 행하였다 하여 너희들이 나에게
생색내고자 하며, 내가 너희들을 기억
하기를 바라며, 너희들을 위하여 내가
무엇인가 구원해 주는 손길을 내리기
를 바람이니
17 얼마나 너희들이 어리석은 자며 욕심
쟁이며 저 자신의 분수를 모르고 살
아가는 자들인가?
18 그와 같은 이치를 깨달았을 때 너희들
이 부끄러움을 알며, 너희들을 위하여
그 시설을 해 놓으며 이루어진 그 역
사를 만든 주인에게 감사하는 마음으
로 공동체의 시설을 이용하고 사용하
는 그와 같은 마음으로 바라보는 마음
자세가 소중함을 알아야 할 것이니라.

3,935 번째 하나님 말씀

2002년 11월 13일 21시 15분

(강론을 마치며)

1 사랑하는 나의 아들아!
2 "네, 아버님! 말씀하옵소서."
3 지금 내가 너에게 무어라 말하였더냐?
4 예수가 세상에 내려왔으니, 그는 황금
과 같은 나의 성령을 가지고 왔으며,
5 세월이 지나면서 그것이 은이요, 구리
요, 동으로 변하고 쇠로 변하여 지금
은 그 쇠가 부식되어 떨어진 오물이
지금과 같은 모든 성전이요, 종교의
집단으로 이루어져 그리 퍼졌다 내가
너희들에게 말하지 아니하였던가?
6 지금 그와 같은 모든 종파가 수없이
이 세상을 지배하며 저희들만이 하늘
에 오르는 길이라 그리 말하니,
7 나의 사랑하는 백성들이 혼선을 빚으
며, 그들이 바른길을 갈 수 없으며, 진
정한 하늘의 길을 찾지 못하여 우왕좌
왕하는 그와 같은 형국이 되어 있음이
니라.
8 그리하여 그들이 진정한 길이 무엇이
며 진정한 믿음이 무엇인지를 모르기
에,
9 그들은 집단의 크고 작음과, 그들의
이웃에 끌고 가는 사람의 그 끄는 정
성과 친분에 따라서, 또는 너희 인간
의 손으로 만든 성전의 크고 작은 그
분위기에 따라서 믿음이라 하여 저
자신을 던져 버리는 그와 같은 형국으
로 가고 있는 것이 지금 너희들의 믿
음임을 알아야 할 것이니라.
10 모든 종파가 쇳가루가 떨어져 오물이
되어 바람에 날려 정착한 것처럼 지
금의 종교 집단이 생겨서,
11 저희들만이 하늘에 오르는 길이요, 천
국의 문을 들어설 수 있다 하여 저희
들이 시기하고 질투하며 서로 경쟁하
는 속에서 지금 그리 이끌어 가고 있
으니,
12 나의 사랑하는 백성들이 진정한 길을
찾지 못하며 방향을 잃고 있는 그와
같은 형국임을 너는 알아야 할 것이

니라.
13 이 세상 많은 백성들이 제가 예수요,
또는 누구라 하여 나로부터 성령을
받았으며 나로부터 깨우침을 받았으
며 나로부터 명을 받았다 하는 자들이
수없이 네 앞에 올 것이니, 그들의 말
을 듣지 말도록 하라.
14 정녕 나로부터 명을 받았으며 나로부
터 뜻을 받은 자라면, 그들이 책으로
써 근거하며 나의 말을 기록하여 글로
써 전하여 그 증거를 제시하도록 너
는 그리 전해야 할 것이니라.
15 지금 각종 종파가 수천수만 개가 생
김으로 인하여 나의 사랑하는 백성들
이 방향을 잃고 헤매는 그와 같은 형
국에 있음이니,
16 그를 바로잡을 수 있는 것은, 어떠한
종파도 그를 진정한 길로 인도하고 깨
우칠 수 있는 것이 없음을 너희들은
알아야 할 것이니라.
17 네가 160권의 대장정의 성서를 기록
하여 그들에게 전하는 것은 증거함이
요, 이는 법전으로써 너희들이 대신하
는 것이며,
18 어떠한 상황에서 너희들이 그 답을 제
시하여야 하며, 기록한 내용을 너는
답을 해야 하는 그 책임이 있는 것이
며, 근거를 대야 함이니라.
19 그와 같이 증거하지 못하며 기록하지
못하며 그를 제시하지 못하는 자가
말하는 것을 너희들은 믿어서도 아니
되며,
20 그 말에 현혹되어 지금까지 깨우친
그 높은 경지에서 추락하는 그와 같은
형국의 길로 가지 아니하도록 너의 제
자들을 다스리고 깨우쳐야 할 것을
잊지 말라.
21 지금 많은 종파 속에서 진정한 믿음이
요, 나의 참진리에 의하여 하늘에 오
르는 것이 아니라, 분위기에 따라서
믿음의 길을 가며 저희 모두를 다 바
치는 불쌍한 나의 백성들을 구하는
것은 나의 법전을 그들의 손에 쥐여
주는 그 역사밖에 없음이니,
22 나의 법전을 손에 쥐여 줄 수 있는 선
택된 백성이 바로 누구더냐?
23 여기에 너희들밖에 없음이니라.
24 이와 같은 너희들의 소중함을 알아야
할 것이며, 너희들이 나에게 귀하게
선택된 백성임을 알아야 할 것이니라.
25 이 세상에 나 여호와의 뜻을 전하는
것은 모세를 통하여 전했으며, 예수를
통하여 전했으며, 지금은 나의 아들
너를 통하여 제3의 시대에 나의 법전
을 세상에 내려보내니, 그 이상 그 이
하도 없음을 알라.
26 그들이 나의 아들에게 와 무어라 하며
너희들에게 와 핍박하고 공격하거든,
너희들은 나의 법전에 기록되어 있는
그 내용에 부끄럽게 살라는 가르침이
있으며 추하고 더러운 모습으로 살라
기록된 내용이 있는가 물어보라.
27 그와 같은 내용이 있거든 나의 법전을
태우고 찢어 버려도 말하지 아니할 것
이나,
28 너희들이 바르고 곱게 사는 삶을 가르
치는 내용이 거기에 기록되어 있다 하
면 너에게 감히 갑론을박하지 말라 그
리 전하도록 하라.
29 어떠한 스승도 이와 같은 법전의 내

용을 가르칠 수 없으며, 어떠한 고고
한 학자요, 박사라 하여도, 어떠한 종
교 집단의 지도자라 하여도 이를 할
수 없으니,
30 내가 나의 아들을 통하여 160권의 대
장정의 성서를 내려보내며 또 나의
성령을 내려보냄이니, 이 속에는 너희
들의 구약과 신약의 성서에 얽히고설
킨 그 매듭을 풀 수 있는 답이 있으며,
31 너희들을 구원하여 하늘에 오르는 길
로 인도하는 것이 법전밖에는 없음을
너희들은 알아야 할 것이니라.
32 160권 이상 나의 뜻을 받아 기록하는
자가 있으며 단 열 권이라도 나의 뜻
을 받아 기록하는 자가 있거든, 그들
의 말을 너희들이 믿고 따라도 될 것
이니라.
33 그러나 그렇지 아니하며 말로써 저희
들이 무엇을 받았으며 역사를 이루었
으며 대명을 받았으며 제가 이 세상
을 지배하는 자같이 말하는 자들의
말을 듣지 말라.
34 그들은 저 자신을 다스리지도 못하며,
의식주를 해결하지도 못하며, 남들 앞
에 당당히 설 수 있는 삶을 살지 못함
이니라.
35 나로부터 선택된 백성이요, 나의 법전
을 전하는 백성은 저희들의 의식주를
먼저 해결하며 바로 설 수 있는 그와
같은 자세로써 살아감이니,
36 그리하지 아니하는 자, 나의 법전을
갑론을박할 자격도 없음이니라.
37 내가 너희들에게 살아갈 수 있도록 세
상의 모두를 다 주었으나, 남보다 뒤
지는 삶을 사는 것은 너희들이 노력하
지 아니하며 연구하지 아니하며 부지
런하지 아니하기 때문이니,
38 잘못 살고 가난하게 사는 자는 나 여
호와에게 죄를 짓는다는 것을 알아야
할 것이니라.
39 먼저 너희 식솔이요, 가족들의 의식주
를 해결할 수 있는 그와 같은 삶을 사
는 자가 내가 내려 준 은혜에 보답하
며 감사하며 사는 그 기초를 지킨 자
임을 알아야 할 것이니,
40 이제 나의 법전을 읽고 깨우치며 나의
아들을 통하여 나의 성령을 듣는 만백
성, 너희들은 가정의 의식주부터 먼저
해결하며, 너희들에게 딸린 그 식솔을
다스릴 수 있는 그 기틀을 먼저 다진
다음에 나의 법전의 뚜껑을 열어도 늦
지 아니할 것이니,
41 저 자신을 다스리지도 못하며 제 분
수를 모르며 제 주변 정리를 하지 못
하면서 세상에 나의 음성을 받았으며
나의 뜻을 받았으며 만백성의 지도자
라 말하는 그 사악한 자들의 말에 현
혹되는 너희들이 되지 말라.
42 오로지 160권의 법전이 나의 뜻이요,
이보다 더 나의 성령을 받아 기록하는
자 세상에 없을 것이니,
43 그 앞에서 달려가는 너희들이 바로 나
에게 선택된 나의 아들이요, 딸임이
니, 너희들의 소중함을 다시 한 번 가
슴 깊이 새기도록 그리하라.

3,936 번째 하나님 말씀

2002년 11월 14일 07시 04분

1 사랑하는 나의 아들아!

2 "네, 아버님! 말씀하옵소서."
3 세상의 모두가 다 변하고 없어진다
해도 나의 참진리의 뜻이요, 나의 성
령을 기록한 이 법전은 존재한다 내가
너에게 그리 깨우쳐 주었으며,
4 누가 영원히 멸하려 해도 멸할 수 없
는 것이 나의 법전이요, 나의 성령으
로써 기록한 책이라 내가 말하였음이
니라.
5 그는 무엇이더냐?
6 이 세상에 지구가 멸망하여 없어지는
그 순간까지 나의 법전이 존재한다는
것은, 이가 곧 나의 참진리이기에 진
정한 승자라는 것이 아니던가?
7 너희들은 두려워 겁먹지 말라.
8 너희들이 지금 어렵고 힘든 이 길을
과연 견디고 이길 수 있을까 하는 그
와 같은 불안과 초조한 마음에서 생활
하고 있음이니, 그 마음을 거두도록
그리하라.
9 영원히 불변인 것보다 소중한 것이 없
으며, 영원히 불변인 것보다 위대한
것이 없으니,
10 영원히 불변하는 나의 법전이요, 나의
이 책이 이 세상 지구가 다 멸망하기
전까지는 존재한다 하였음이니,
11 그보다 더 긴 역사와 그보다 더 위대
한 것은 없음이니, 승자는 너희라는
것을 잊지 말라.
12 이제 3부의 법전이 거의 끝나 가며,
많은 사람을 내가 너희들에게 보내 역
사를 이루고자 할 것이니, 너는 그들
을 잘 관리하고 다스려, 내가 이루고
자 하는 그 역사에 차질을 빚지 말라.
13 네 마음이 곧으며 너 자신이 변화되
며 너의 제자들의 마음이 비워지며 굳
은 자세로 변해 가는 것을, 천사요, 모
든 마귀도 그를 보고 놀라는 그와 같
은 형국이니,
14 여기서 좀 더 전진하고 좀 더 매달려
참진리의 뜻이 얼마나 소중한 것이며,
그를 지키는 것이 얼마나 영광된 것이
며, 그를 가지고 만백성을 구하는 길
이 얼마나 소중한 대업인가를 너희들
은 깊이 새겨, 내가 이루고자 하는 그
뜻을 이루어야 할 것이니라.
15 내가 새로운 역사를 이루고자 하는 이
지상의 낙원을 모세의 시대에도 실패
했으며, 예수의 시대에도 또한 실패하
였으며, 그리하여 제3의 시대에 역사
를 이루고자 함을 너희들은 알아야 할
것이니라.
16 이 지구의 땅덩어리가 존재한 그 후
에 내가 아담과 이브를 세상에 내보낸
것도 또한 너희들이 천사와 같은 자가
이 지상의 낙원에서 하늘과 같이 이
땅에 이루고자 그들을 살게 하였으나
그것 또한 실패하였으니,
17 그때부터 흑백의 세상이 구분되었다
내가 너에게 일렀듯이, 그전에는 검은
세상이요, 아담과 이브가 세상에 태어
난 것은 하얀 세상이요, 밝은 세상이
니,
18 그때서부터 인간인 너희들이 존재해
성령이요, 그리고 생각할 수 있는 것
이요, 판단할 수 있는 능력이요, 이와
같은 지혜를 너희들에게 내가 주어 너
희들이 깨닫고 하늘에 올라와 영광의
축복 속에 사는 세상에 살 수 있도록
너희들을 그리 만들었으나 그것이 실

패작이었음이니,
19 이제 마지막으로 너를 통하여 나의
피조물 만백성을 구원하고자 하는 그
뜻에 너희들이 거부하여 그를 실패의
길로 인도하는 그와 같은 백성으로서
거듭나는 역사가 있어서는 아니 될 것
을 명심하도록 그리하라.

3,937 번째 하나님 말씀

2002년 11월 14일 12시 07분

1 사랑하는 나의 아들아!
2 "네, 아버님! 말씀하옵소서."
3 내가 너희들에게 무어라 말하였느냐?
4 '나 여호와가 존재함을 믿는 그 자체
가 구원의 길에 들어서는 기본이요,
근본이라.' 하였음이니라.
5 천국의 문에 들어서는 기본이요, 근본
이 무엇이던가?
6 너희 육신이 평생 살아가는 동안에 천
국의 문에 들어오기 위해 기도하고
경배하며 그 모두를 바쳐서 사는 것이
너희들의 구원의 그 욕심이 아니더냐?
7 그러나 너희들이 나의 법전을 가슴에
안고 정독하여 반석 위에 서서 하늘
에 오르는 길을 볼 수 있으며, 나 여호
와가 존재함을 믿는 그 자체가 하늘에
오르는 기초요, 그 기틀을 마련함이라
하였음이니,
8 너희들은 내가 나의 아들을 통하여
직접 내리는 창조주 내 음성을 들으
며, 내 뜻을 들으며,
9 내가 구구절절이 내 모두를 태워 나의
피조물 만백성을 구원하기 위하여 '하
늘에 오르는 길'이요, '법전'이라 하여
책을 만들어 세상에 전함이니, 이를
만드는 역사를 하며 이를 보고 정독하
여 깨우치는 너희들이야말로 얼마나
축복되고 영광된 백성인지 알겠는가?
10 그것 하나만 너희들이 알면 그보다
더 소중한 것이 세상에 아무것도 없다
그리 깨닫고 깨우쳐야 할 것이니, 이
게 곧 하늘에서 내려다보는 하늘의 뜻
임을 알라.
11 천사들도 지금 내가 내리는 그 법전
을 갖고자 하며, 사탄과 마귀들은 감
히 그를 잡으려 하나 잡을 수 없으며,
그에 근접하려 하나 근접하지 못하는
것이 나의 법전의 뜨거운 강도의 불길
이니라.
12 그것을 너희들이 손에 쥐고 정독하며
그를 들음이요, 창조주가 이 세상에서
무엇과도 바꿀 수 없는 가장 소중하고
진귀한 것을 너희 손에 가지고 있으며
너희들이 정독하여 읽고 있음이니, 그
무엇을 너희들이 더 원할 수 있겠는
가?
13 세상에 단 하나밖에 없는 가장 소중한
것을 가진 너희들이 무엇을 더 원하
고 무엇을 더 바라는 것이 있겠는가?
14 그러나 인간이요, 너희들은 살아가는
형체의 동물이기에, 외부에서 불어오
는 바람이 차면 찬 것을 느끼며, 더운
바람이 오면 더운 것을 느끼며, 무엇
을 보면 갖고자 하는 욕심이 또한 있
느니라.
15 너희들은 그와 같은 욕심이 일어날 때
마다 그 가지를 가차없이 자르며, 너
희들이 더러운 생각을 하며 질서에 어
긋나는 수천수만 가지 생각을 할 때마

다 그 원뿌리를 가차없이 자르는 그
와 같은 고통의 마음으로 살아가고 있
음이니라.
16 이것이 나로부터 선택된 백성과 선택
되지 아니한 만백성과의 차별화이니
라.
17 아무리 깨달음이 높은 고승이요, 아무
리 높은 종교 지도자 앞에서 듣고 배
운다 하여도, 진정한 나의 진실이요,
가장 소중한 뜻을 그들은 전하고 가르
칠 수가 없음이니라.
18 오로지 너희들만이 듣고 너희들만이
만지고 너희들만이 행할 수 있는 것이
니, 얼마나 너희들이 축복된 백성인가
를 깨우쳐야 할 것이니라.
19 그리하여 너희들보다 더 소중한 것을
가진 자 없으며, 누구도 내가 직접 너
희들에게 가르치는 이 성령의 위대함
보다 아름답고 고귀한 것을 들을 수
없는 것이 나의 피조물 만백성임을 너
희들은 알아야 할 것이니라.
20 너희들은 나의 법전을 읽고 내가 존재
함을 믿었으며, 그리고 나의 법전을
가슴에 안고 정독하여 반석 위에 오를
수 있다는 그 깨달음을 갖고 가는 백
성이니,
21 너희들이 첫째는 이 세상의 가장 소
중한 것을 너희 가슴에 안았다 생각하
고, 지금 사악한 마음들이 너희 가슴
에서 나올 때마다 그를 가차없이 단칼
에 베어 자르는 그와 같은 마음 자세
로 변하여 가고 있으니,
22 내가 너희들을 어찌 버리며, 너희들이
원하는 상을 어찌 내리지 아니하겠는
가?
23 이제는 너희들이 나로부터 이 세상에
가장 소중한 보배를 가졌으며 더 이상
바꿀 수 없는 가장 진귀한 것을 가졌
음이니, 그것으로써 너희들은 단단히
서 있음이니라.
24 이제 그를 취한 너희들에게 작은 가
지는 아무것도 아님을 너희는 어찌
그리도 모르는가?
25 너희들이 무엇을 하나 얻기 위하여 그
목적을 달성했을 때 그 과정의 시련
과, 그리고 너희들이 그 자리를 지키
고자 바로 섰을 때 작은 유혹이요, 작
은 사탄이요, 마귀들의 장난은 다 스
스로 제거할 수 있고 지울 수 있는 것
이 아니던가?
26 이제 너희들에게 바꿀 수 없는 가장
진귀하고 소중한 것을 주었으며, 너희
들이 그것이 가장 진귀하고 소중하다
는 것을 마음으로 느끼기 시작함이니,
그게 곧 내가 존재함을 너희들이 알게
됨이니라.
27 내가 존재함을 가슴속에 깊이 깨우친
나의 백성들을 내가 어찌 버리며, 너
희들이 고통과 시련 속에서 그 역사
속에 흘러가도록 두겠는가?
28 너희들은 여기서 하나 깨우쳐야 할 것
이니라.
29 수십억 만백성 중에서, 너희들과 그들
에게 똑같이 내가 상을 내릴 수 없었
음이니라.
30 그들은 나의 뜻을 알지 못하며 내가
존재함을 알지 못하며 나의 법전이 가
장 소중한 것을 모르나 이제 너희들
은 가장 소중한 것을 잡았으며, 그 소
중한 것이 나의 진정한 뜻이요, 그에

맞춰 살아가려고 너희들이 그들과 차
별화하여 변하는 역사를 이루고 있음
이니,
31 내가 너희들을 도와준들 어찌 만백성
이 나를 공의의 하나님이 아니라 말할
수 있겠는가?
32 이는 천사도 불평할 수 없으며, 사탄
도 마귀도 불평할 수 없을 것이니라.
33 너희 마음속에 무럭무럭 자라고자 하
는 그 사악한 뿌리들을 너희들이 잘라
내며 짓이기는 그와 같은 너희 자신
과의 싸움으로써 살아가니,
34 만백성과 너희들과의 차별화가 여기
서 엄격히 이루어지기 시작함이니라.
35 그 변화의 차이가 벌어질수록 내가 너
희들을 기억하며 그 상을 내린다 한들
나 여호와가 공의의 하나님이 아니라
고 그 누구도 거기에 반발하지 못하며
불평하지 못하며 나를 욕하지 못할 것
이니,
36 이것이 내가 오늘 하늘의 뜻을 너희들
에게 전함이니 그리 알라.

3,938 번째 하나님 말씀

2002년 11월 14일 23시 57분

1 사랑하는 나의 아들아!
2 "네, 아버님! 말씀하옵소서."
3 너희들이 지금 구원의 길을 가고 있
는 그 길이, 믿음이라는 것을 부르짖
으며 저희 손으로 지은 그 성전에 가
기도하고 경배하며 나의 아들 예수의
보혈로써 구원받았다 말로 그리하면
구원을 받으며 모두가 다 이루어지는
것 같은 착각 속에서 가고 있는 그들
에게, 너희들은 행함이 얼마나 소중하
고 중한 것인가를 깨우쳐 줘야 함을
알아야 할 것이니라.
4 며칠씩 굶어 견딜 수 없는 배고픈 자
에게 너희들이 말로써 '구원을 받을
수 있다, 살 수 있다.' 한다면 과연 그
는 살 수 있는 것인가?
5 그에게는 물 한 모금이 필요하며, 음
식이 필요한 것이며, 그 몸을 지탱할
수 있는 양분을 섭취하는 것이 그가
살 수 있고 지탱할 수 있는 것이니라.
6 지금 너희들이 나의 계명을 지키지 아
니하며, 내가 너희들에게 내리는 율법
이요, 내가 제3의 시대에 역사를 이루
고자 하여 내리는 법전에 기록된 내
용대로 살지 아니하며 행함을 소중히
생각하지 아니하고,
7 그저 너희들이 지은 성전에 가 재물과
금화를 바치며 울고불고 찬송하면 구
원을 받는다 그리 생각하며, 너희들이
얼마나 사악한 자들의 생각으로써 가
고, 얼마나 종교 지도자들이 너희들을
사악한 방법으로 이끌어 가는가?
8 믿음 속에 있지 않은 자가 아무리 선
한 것을 해도 그는 내가 기억하지 아
니한다 하며,
9 그러하기에 너희들이 믿음은 말로써
가는 그 믿음이 소중하며, 행하는 것
은 육이기 때문에 육에서 이루어지는
것은 소중한 것이 아니다 그리 가르침
이니,
10 나의 백성이 내가 만든 이 지상의 성
전에서 착하고 선한 일을 하면 그를
내가 기억하고 사랑하거늘, 너희들은
그와 같은 자를 내가 사랑하지 아니한

다 그리 말하며, 너희 손으로 지은 그
성전에 와서 기도하고 경배하는 것만
이 소중하다 하느니라.
11 너희는 그와 같이 경배하고 기도하는
너희 자신이 육으로써 행하는 것은
육과 영이 분리되어 있으며, 믿음과
믿음이 아닌 그 사이는 분리되어 있
으며, 너희들의 믿음의 세계와 믿음의
길을 가지 않는 그 육 자체가 분리되
어 있는 것처럼 그리 말하여,
12 너희들이 육으로 행하는 것은 아무것
도 아니며 중요함이 아니라 말함이니,
13 너희들이 나에게 기도하고 경배하는
것이 너희들의 정신으로써 하는 것이
던가?
14 너희들이 춤추고 경배하고 노래 부르
고 눈물 흘리며 손을 흔들고 하는 것
이 너희들의 육이 하는 행동이 아니
고 정신으로써 하는 행동이던가?
15 믿음이라는 그것으로써 너희들이 지
금 그와 같이 광란의 짓을 하는가, 그
리고 너희들이 축복받았다 말하는가?
16 너희들이 기도하며 손뼉 치며 노래 부
르며 눈물을 흘리는 것도 너희들의 육
신이 움직이며 육신이 행동하는 것이
니,
17 그와 같이 너희들이 믿음을 행할 때
에는 너희 육신의 행동이 필요하며 육
신의 움직임이 필요하며 감정의 눈물
을 흘리는 그 육신이 필요하다 하면서,
18 너희들이 선하고 착한 일을 하는 것에
는 육으로써 하는 것은 관계없다 생
각하니,
19 이것이 얼마나 너희들이 우매한 행동
을 하고 있으며 말도 안 되는 행동을
하고 있는 것인가?
20 이해가 가지 아니하는 행동을 너희들
이 하면서 그것이 구원의 길이요, 구
원을 받는 길이라 그리 생각함이니,
너희들은 이와 같은 이치 하나도 깨닫
지 못하는가?
21 너희들이 하나의 몸으로써 찬송을 부
르며 경배하며 기도하는 그 눈물이요,
너희들이 모든 광란의 짓을 하는 것
은 육이 필요하며,
22 그것은 영혼이 움직이는 것이 아니라
육이 움직이는 것이 아니던가?
23 그러면서 너희들은 착한 일을 하는 것
은, 또 악한 일을 하는 것은 육이 하는
것이기 때문에 관계없다 그리 말하며,
24 너희들이 죄를 짓고 사악한 짓을 하면
서 너희 스스로 너희들을 용서하며 너
희들을 이해하고 양보하며 다스리는
그와 같은 마음으로 살아가는 것이
너희들이 지금 가고 있는 믿음의 형
국이니,
25 이와 같은 이치를 너희들이 깨달아야
할 것이니라.
26 바로 너희들이 육으로써는 행하는 것
이 아니요, 그저 믿음의 정신만 행한
다는 것은, 며칠씩 굶어서 죽어 가는
자에게 '너는 살 수 있다, 그저 살 수
있다, 산소만 들이마시면 살 수 있다.'
그리 말하는 것과 똑같으니라.
27 그들에게는 물이 필요하며, 양분이 필
요하며, 그가 허기진 배를 채울 수 있
는 그 움직임이 필요하며, 그 육의 행
동이 필요한 것이니라.
28 이와 같이 내가 하늘의 이치를 너희
손에 쥐여 주거늘 그 이치를 깨닫지

못하며,
29 그저 너희들이 믿음을 소리 지르고
가는 것만이 구원을 받는다는 그 어리
석은 형태에서 너희들은 구원의 길을
보지도 못하며, 구원의 빛마저도 볼
수 없으며 감히 행할 수도 없으며, 천
국의 문의 그 찬란한 모습도 볼 수도
없는 것이 지금 너희들의 오늘의 삶
이요, 믿음의 길을 가는 자들의 형태
임을 알라.
30 천국의 문을 보지도 못한다 하면, 하
늘에 오르는 빛을 너희들은 보지도 못
하며 밟지도 못하며 따라오지 못한다
하면, 그 반대의 길을 감이니 그것이
무엇이더냐?
31 암흑이요, 죽음의 길이요, 나와는 관
계없는 지옥의 열차를 타고 가는 것이
너희들이니 그리 알라.

3,939 번째 하나님 말씀

2002년 11월 15일 0시 06분

1 사랑하는 나의 아들아!
2 "네, 아버님! 말씀하옵소서."
3 너희들 인간사에 살아가면서 말을 하
느니라.
4 '상전이라는 그 주인이 대우를 받으며
그가 남으로부터 존경을 받을 수 있
는 것은, 그를 따르고 수행하는 종의
자세가 바르고 행동이 바를 때 그 주
인이 그와 같은 대우를 받는 것'이라
말하였음이니라.
5 지금 내가 나의 아들을 통하여 나의
성령을 태워 마지막으로 만백성을 구
하기 위하여 밤과 낮을 가리지 아니하
고 나의 뜻을 세상에 전함이니,
6 그리하여 그를 '하늘에 오르는 길'이
요, 책으로 만들어 만백성의 손에 쥐
여 주는 것이 하늘에 소낙비가 쏟아
지는 그 속에서 내가 내리는 황금 빗
방울 하나를 손으로 받는 것보다도 더
큰 영광이요, 축복이라 말하였음이니,
7 그를 만들고 그를 전하는, 나의 아들
에게 가장 가까이 있는 제자 너희들
의 자세가 어떠해야 하며 너희들의
행동이 바로 어떠해야 하던가?
8 인간 세상에 상전이 대우를 받으려면
그를 수행하는 종의 자세가 발라야
하며, 그의 행동 여하에 따라서 주인
이 평가를 받는다 하였음이니,
9 이 세상에서 나의 아들을 제거하려
하며, 나의 법전을 세상에 나오지 못
하도록 하며, 이 책이라는 것을 찢어
버리고 태우려 하는 그 사악한 자들이
맹수가 짐승을 노리는 것보다도 더 무
서운 눈으로 부라리고 있는 세상에서,
10 그를 따르고 보필하며 같이 가야 할
가장 가까운 제자 너희들의 말 한마
디, 행동 하나가 얼마나 소중하고 위
엄이 있어야 하며 귀중한 것인가를 아
는가?
11 너희들이 밤 가시에 찔려서 그에 놀라
호들갑을 떨며, 그 밤 가시에 찔린 것
을 들고 약국이요, 병원이라는 곳을
달려가는 그와 같은 경망한 행동을 한
다면,
12 과연 나의 법전이요, 나의 선지자요,
만백성을 구하려 하는 나 여호와의 뜻
이 무엇이 되던가?
13 너희들이 그리하는 것은 창조주인 나

여호와를 욕되게 하는 것이며, 나의
얼굴에 재를 뿌리는 그와 같은 행동이
라는 것을 어찌 모르는가?
14 바르고 곱게 앉아 있어야 할 나의 얼
굴에 너희들이 먹물을 뿌리며 재를 뿌
리는 것이니, 내가 이루고자 하는 그
빛을 막는 것이 그와 같은 행동임을
알라.
15 그리하여 너희들에게 바른 행동이요,
남들이 할 수 없는 것을 고치라 했으
니, 너희들의 육에 있는 뼈인들 바로
잡을 수 없겠는가?
16 너희들의 뼈가 휘었다 해도 그 뼈를
바로잡는 그와 같은 경지의 노력이 있
어야 너희들이 나를 따르며 나의 아
들을 따르며 만백성을 구하는 법전을
만드는 선택된 백성이거늘,
17 내가 너희들에게 구부러진 뼈를 바로
잡으라는 것도 아니며, 너희들의 잘못
된 육신을 반듯이 잡으라는 것도 아
니니라.
18 너희들의 마음 하나 다스리면 되는
것을, 그를 못 하며 그를 할 수 없다는
것은 너희들의 변명이며,
19 너희들이 정녕 나 여호와의 존재함을
두렵게 생각하지 아니하며, 나로부터
선택된 것이 크나큰 영광이라는 것을
모르고 사는 것이니,
20 그리하고는 너희들이 어렵고 힘든 그
길을 갈 수 없음이니라.
21 운동 경기를 하기 위하여 그 선수가
얼마나 노력하고 훈련을 받는가? 그
와 같은 훈련과 훈련 속에서 그가 결
과를 얻음이니,
22 그 훈련보다도, 세상에 하나의 기록의
영광을 얻은 자보다도 몇백 배 더 고
통스럽고 힘든 길을 가는 것이 너희들
이 행해야 할 길이며 가야 할 길이거
늘,
23 어찌하여 그와 같은 노력도 하지 아니
하려 하면서 너희들이 무엇인가 변화
된 사람이요, 나로부터 선택된 백성이
라 생각하는가?
24 그는 너희들이 나의 성령을 직접 들으
며 내가 내리는 성령의 강론을 나의
아들로부터 들음으로 인해서 특별한
백성이요, 선택된 백성이요, 구원을
받은 백성이라는 그와 같은 오만과
자만에 젖어 있기 때문이니라.
25 내가 무어라 너희들에게 가르쳤던가?
26 나의 성령을 듣고 배워 너희들이 깨달
음의 경지가 높아 세상을 위에서 내
려다보면 사람들의 살아가는 그 모습
을 다 볼 수 있다 하였으니,
27 세상사에 살아가며 추하고 험악하고
아름다운 그 모습들이 얽히고설켜 살
아가는 것을 다 볼 수 있는 경지에 올
라 있는 너희들이 그를 보고도 깨달
음이 없는 그와 같은 형국이 되어 있
음이니라.
28 그러니 너희들이 과연 어찌 되어 있는
사람들이던가?
29 너희들이 그 이치를 깨달아야 할 것이
니라.
30 모두를 다 내려다보는 경지에 오른 너
희들의 그 행동이 무너짐은 너희 스
스로 모두를 포기하는 그와 같은 삶임
을 알라.
31 어떠한 역경이요, 힘든 고비도 가야
할 너희들이, 너희 자신이 변하는 것

이 힘들고 어려워서 변하지 못한다 하
는 것은,
32 인간은 십계명대로 지키고 살 수 없다
말하며 죄를 짓지 아니하고 살 수 없
다 말하는 그들과 너희들이 한 치의
차이도 없음임을 알라.

3,940 번째 하나님 말씀

2002년 11월 15일 0시 13분

1 사랑하는 나의 아들아!
2 "네, 아버님! 말씀하옵소서."
3 모든 너희들의 참진리요, 깨우침은 세
상 속에 가장 바닥이요, 낮은 곳에 있
다 내가 말하였느니라.
4 너희들은 그 가는 허리요, 나약한 몸
으로써 살아가는 '개미'라는 미물을
보지 아니하는가?
5 그 미물은 하나의 먹이를 위하여 역사
할 때 어떠한 것으로 하던가?
6 그들 전체의 모든 힘을 다 발휘함이
니, 끊어질 것 같은 그 허리 위에다 힘
을 주어 그들이 모두를 다 합쳐서 그
것을 옮겨 저희들의 먹이로 삼는 것이
니라.
7 그와 같은 개미들이 무거운 짐을 옮길
때, 그 일을 역사하는 개미가 저희끼
리 다리를 물며 허리를 물며 그를 물
고 늘어지는 그와 같은 행위를 한다
면, 그 개미들은 먹이를 옮기는 그 역
사를 이룰 수 있겠느냐?
8 결국, 그들은 그 먹이를 옮길 수 없는
것이니라.
9 지금 나의 법전이요, 나의 성령을 들
으며 나의 아들의 제자라 칭하는 너희
들에게 서로 사랑하며 한마음이 되라
내가 그리 말하였음이니,
10 너희끼리 앞에 있는 사람의 잘잘못을
비방하며 그를 탓하며 그를 나무라는
그와 같은 말을 하는 것이 어떠한 형
국인지 알겠느냐?
11 가는 허리로 먹이를 옮기고자 열심히
땀 흘려 일하는 그 개미의 다리를 물
며 허리를 무는 그와 같은 행위를 하
는 자이니라.
12 저는 정녕 너희들이 옮기는 그 음식을
먹지 않을 것이며 그 먹이를 먹지 아
니하고도 살 수 있다 생각하며, 그와
같이 일하는 동료를 물고 뜯는 그와
같은 형국이니, 과연 그들이 그 역사
를 이루겠느냐?
13 너희들이 형제끼리 물고 뜯고 하며 남
을 비방하고 시기하고 질투하는 말을
하는 그 자체가 그런 개미의 행동과
같음을 알라.
14 그 미물이 먹이를 위하여 온 힘을 다
하여 하나의 마음이 되어 그 역사를
이루고자 하여 미래를 준비하는 그들
의 모습이, 과연 그들은 무엇을 위함
인가?
15 너희들처럼 제가 백 년, 천 년을 살기
위해서 그리 일하는가?
16 그렇지 아니함이니라.
17 그저 그와 같이 일을 함으로 인하여
저희들이 살며 또한 저희 후세가 살며
그 동료가 산다는 그 뜻 외에는 아무
것도 바람이 없음이니라.
18 그와 같은 개미의 역사하는 것을 보고
도 너희들이 하나의 마음으로 되지 못
한다 하면, 결국은 너희들이 개미라는

미물만 못한 것이 아니던가?
19 그 역사를 이루는 동료의 다리를 물
고 허리를 무는 그와 같은 개미가 되
어서는 아니 됨이니,
20 이제는 너희들이 동료지간에 비방하
며 시기하고 질투하며 나무라는 말을
나의 성전에서 하지 말라.
21 아무리 어떠한 역사를 이룬다 해도,
가장 낮고 불쌍한 너희 형제를 핍박하
고 탓하는 것은 나의 성전에 너희들이
존재할 자격이 없음임을 알라.
22 내가 너희들에게 무어라 말하였느냐?
23 아무리 크나큰 성전을 짓는다 하여도,
또 지어서 기증하여 많은 사람이 공
부하며 진리를 깨우치는 그와 같은 안
식처를 만든다 해도,
24 그가 오만하고 자만하면 나와 아무런
관계도 없으며, 나와는 인연이 없는
것이라 말하였느니라.
25 하나의 벽돌을 갖다 놓는다 해도 정성
을 다하며 제가 성의를 다했을 때, 하
나의 벽돌을 기증하는 그 공이 더 소
중하며 아름답다 하였음이니,
26 나에게 재물로써 무엇을 사려고 하는
것이 아니라 너희들의 기도하는 마음
이요, 정성이 나에게 소중하다는 이치
가 거기에 있음을 알아야 할 것이니
라.
27 내가 너희들에게 기도하는 마음이 소
중하며, 나를 경배하는 마음이 아름다
운 그 마음의 강도에 따라서 내가 기
쁨과 기쁘지 않음을 얻는다 하였으며,
28 나는 재물이 아니라 나 여호와에게 너
희들이 기도하는 정성이요, 너희들이
지은 죄를 용서 빌며 나의 뜻에 따라
아름답게 살아가고자 기도하는 그것
보다 더 소중한 것이 없다는 뜻이 다
거기에 같이 연류되어 있는 뜻임을 알
라.

3,941 번째 하나님 말씀

2002년 11월 15일 0시 18분

1 사랑하는 나의 아들아!
2 "네, 아버님! 말씀하옵소서."
3 너의 제자들에게 일깨워 전하도록 그
리하라.
4 나의 아들 예수의 그 당시의 백성이
요, 그 제자들이, 나 여호와의 아들이
전하는 것이 나 여호와의 뜻이며 저
희들의 구원의 길이요, 구원을 받는
길이라 그리 생각하여 그 뜻에 따라
변화되며 깨달음을 얻었다 하면,
5 예수는 그와 같이 죽음의 길로써 너희
들에게 깨우쳐 주고자 하는 그 고통의
길을 가지 아니하였을 것임을 알아야
할 것이니라.
6 그리하여 2천 년의 암흑의 세월이 흐
른 다음, 내가 직접 내려와 너희들을
구원하고자 하여 나의 성령을 나의 아
들을 통하여 책으로써 근거하여 너희
들에게 깨우쳐 줌이니,
7 나의 법전을 읽고 깨우치며 강론을 듣
고 깨우치는 나의 아들의 제자요, 그
를 따르는 너희들과 나의 법전을 읽고
깨우친 백성이 그대로 살아가고자 변
화하는 그 소용돌이로 지금의 잘못 간
세상을 다스리지 못한다 하면, 너희들
은 어떠한 일이 결국 또 생긴다 생각
하는가?

8 예수의 시대에 예수를 따랐던 제자들
과 그 강론을 듣고 깨우쳤던 백성들
이 소용돌이요, 회오리보다도 더 무서
운 힘으로써, 이는 정녕 나 여호와의
아들이며 이가 가르치는 것이 하늘에
오르는 진리라 그리하였으면,
9 그 당시 종파를 이끌어 가던 형국의
인간의 집단들이 그와 같이 포악한 행
위로써 그를 단죄하려 했듯이 나의
아들이 십자가에 못 박혀 죽게 그리
하지는 못하였을 것이니라.
10 지금의 나의 아들이 세상에 나가 160
권의 법전을 기록하여 세상에 전함이
니,
11 이것이 불어오는 회오리바람보다도
더 무섭게 만백성에게 전하여져, 그들
이 읽고 깨우치는 그 바람이 불기둥
과 바람 기둥이 되어 세상을 인도하는
그와 같은 역사를 이루지 못할 때, 나
의 아들은 스스로 죽음으로써 이 법
전이 나 여호와의 뜻이며 만백성을 구
하는 길이라 하여 죽음의 길을 선택할
것이니,
12 예수가 죽음의 길을 갔던 것과 지금
의 나의 아들이 죽음으로써 모두를
다 항변하고 전하고자 한다는 그 뜻을
그가 결행하지 아니할 것이라 너희들
은 믿지 말라.
13 그는 그리 결행할 것이니라.
14 '설마' 하고 너희는 그리 생각할 것이
니라.
15 그러하니 너의 제자들이요, 나의 법전
을 읽고 깨우친 너희들이 바로 무서운
불기둥과 바람 기둥이 되어 만백성을
구하는 역사를 이루지 못한다 할 때,
나의 아들은 나로부터 받은 성령이요,
창조주의 뜻을 이루지 못한 그 죄요,
다 이루지 못한 그를 죽음으로써 만백
성에게 전하는 마지막 그 길을 선택할
것이니,
16 너희들은 또 세월이 흐른 다음에 나
의 아들이 너희 죄를 다 안고 그가 스
스로 죽은 자라 하여 나의 아들의 이
름을 찾으며 나의 아들의 형상을 그리
며 나의 아들에게 경배하고 기도하는
그와 같은 사악한 시대가 또 반복되는
역사가 이 지상에서 이루어지지 아니
한다 말할 수 없음이니라.
17 이는 나의 아들을 따르는 제자들이요,
나의 법전을 읽은 너희들이 행해야 할
것이며, 답은 너희들이 가지고 있음을
잊어서는 아니 될 것이니라.
18 너희들이 정녕 변화되지 못하며 만백
성을 깨우치지 못하여, 천 년에 걸쳐
서 천사와 같은 백성이 이 지상에 삶
으로 인하여 하늘에서 이루어진 것같
이 지상에서 이루어지는 역사가 이루
어지지 아니할 때,
19 나의 아들은 예수와 같은 죽음으로써
그 모두를 밝히고 종말을 맞이할 것이
니,
20 너희들은 그를 명심하여 들어 깨우쳐,
너희들이 어찌하여야 할 것인가를, 너
희들이 과연 형제지간에 시시비비하
며 서로 질투하고 시기하며 그와 같
은 자세로써 갈 수 있는 것인가 다시
한 번 가슴에 손을 얹고 반성이요, 깨
우침의 시간을 갖도록 그리하라.

3,942 번째 하나님 말씀

2002년 11월 15일 0시 23분

1 사랑하는 나의 아들아!
2 "네, 아버님! 말씀하옵소서."
3 이제 너희들이 육으로써 행하는 것과
믿음으로써 행하는 것은 분리되어 있
다는 그와 같은 의식을 다 저버려야
할 때가 되었음을 알라.
4 정녕 육과 영은 하나임을 알라.
5 육은 영혼의 집이며, 영혼은 육의 집
에서 모두가 존속하고 성장하는 것이
며,
6 너희들이 심판을 받는 것은 육의 삶에
의한 것이라 말하였음이니라.
7 너희들의 육이 존재하지 아니한 상태
에서는 나 여호와에게 소원할 수 없으
며 너희들이 기도할 수 없으며 죄를
사할 수 있는 그 용서의 기도를 드릴
수 없다 하였음이니라.
8 너희들이 지금 이끌어 가는 종교 집단
은 과연 무엇이더냐?
9 너희들이 십일조요, 헌금이요, 바치는
그 모든 것은 육으로써 거둬들인 것
이며, 육의 노력으로써 얻어진 것이
며, 그리하여 육으로써 너희들이 바치
며 육의 행복과 영광을 위해서 너희들
은 기도하며 바라는 것이 아니던가?
10 너희 자신들의 부귀영화며 너희 자신
들의 명예며 너희 자식에 대한 미래를
위하여 너희들이 기도하고 소원하는
것은 영혼의 믿음을 위해서 하는 것이
던가, 육을 위하여 하는 것이던가?
11 너희들이 종교 지도자의 설법을 들으
며 강론을 들으며, 성서라는 것을 가
지고 공부하며, 한 자도 빼거나 더할
수도 없는 창조주 하나님의 말씀이라
하여 너희들이 공부하는 그 성서도,
육을 가진 종교 지도자가 너희들에게
강론하며 설교하며 교리를 가르치는
것이 아니던가?
12 너희들은 눈과 코와 귀를 가진 인간으
로서, 그들이 가르치는 것을 듣고 배
워 깨달으며 그 속에서 구원을 받으려
하며 너희 스스로 변하고자 하는 것,
선한 일을 행하고자 하는 것이 다 무
엇이던가?
13 육으로부터 시작되는 것이 아니던가?
14 100이라는 숫자에서 너희들의 영혼
은 하나요, 99개가 육으로써 이루어
짐이니,
15 너희들은 믿음의 하나의 길만을 가지
고 구원을 받는 것이요, 99개는 아무
런 관계도 없다 하여 버리며 너희들
과는 아무 관계도 없는 것이라 부르
짖는 것이 지금 믿음의 집단이요, 종
교 집단이 수천 년 동안 흘러온 그 역
사이니라.
16 그리하여 그와 같은 방법으로 너희 후
손들이 또 그리 흘러감이니, 이 세상
은 썩어져 그 썩은 냄새를 내가 도저
히 말을 수 없고 그 역겨움이 말할 수
없다 하였음이니라.
17 그러니 이와 같은 이치를 깨달아, 오
늘 이후 너희 머리에서 믿음만이 구원
을 받는 것이요, 육으로 행하는 것은
관계가 없다는 그와 같은 어리석고
우매한 생각을 모두 버리고 종식시키
라.
18 그와 같은 생각을 가진 자, 정녕 구원

받을 수 없다 내가 말하였음이니, 그
와 같이 구분되었다 생각하는 자, 그
는 지옥에서도 가장 험악하고 무서운
그 대가를 치름을 그들에게 전해 주
라, 사랑하는 나의 아들아!

3,943 번째 하나님 말씀

2002년 11월 15일 0시 28분

1 사랑하는 나의 아들아!
2 "네, 아버님! 말씀하옵소서."
3 너희들이 지금의 수천 년 동안 그 관
습에 젖어 있는 믿음의 길을 가는 자
들과 갑론을박을 하지 말라 하였으며
시시비비를 하지 말라 내가 전하였느
니라.
4 그리하여 너희들이 만백성을 깨우치
는 것은 나의 법전을 전해 주며, '내가
이 법전을 접해 보니 참 좋은 내용이
있기에 선생에게 추천하는 것이며, 나
는 미련하고 어리석어 이 내용을 잘
모르니, 선생이 이를 읽고 깨우쳐 나
에게 가르쳐 주시는 그와 같은 은혜를
받고자 합니다.' 그리 말하며 전하라
하지 아니하였던가?
5 지금의 믿음의 종파가 첫째는, 저희들
만이 구원을 받는 것이며 다른 모든
것은 이단이요, 사탄이라 그리 말하고
있음이니,
6 너희들이 나의 법전을 놓고 그와 같은
자에게 갑론을박하며, 법전의 내용이
어떠하며 창조주인 나 여호와의 뜻이
어떠하며 예수의 행한 것이 어떠하다
이와 같은 것을 그들에게 깨우쳐 주
고자 할 때, 그들은 거부하게 되어 있
음이니라.
7 그 거부하는 이유가 두 번째는 무엇인
지 알겠는가?
8 그들은 평생을 바치며 믿음의 길을
갔으나 참진리요, 하늘의 뜻을 모르고
있음이니, 너희들이 저희보다 더 먼저
알며 많이 알며 깨우침이 높으며 깨달
음이 깊기에 시기와 질투하는 마음으
로써 이 책을 벌레같이 생각하는 마
음이 스스로 그 가슴속에 일어남이니,
9 그것이 인간들의 지금 가지고 있는 마
음임을 너희들은 알아야 할 것이니라.
10 그리하여 너희들이 무엇인가를 아는
것처럼, 깨달은 자처럼 시시비비를 하
지 말며 법전을 전하라 하였음이니라.
11 너희들이 어떠한 사람을 앉혀 놓고,
법전을 놓고 너희들은 여기에 선택된
자요, 구원받은 자요, 그리고 너희 이
름이 에덴동산에 기록된 자요, 이 법
전을 읽고 깨우치는 자가 심판의 대
상이 되며 구원의 길에 오를 수 있다
그리 말한다 하면, 그들은 그를 보지
아니함이니라.
12 너희들에게 뒤진 것이 분하며, 저희보
다 더 많이 아는 것이 분하며,
13 그들보다 많이 높이 깨우쳐 있는 그
경지를 들을 때, 그것이 저희들의 양
식이요, 저희들을 구원하는 빛이라 그
리 보지 아니하느니라.
14 왕사탄이 세상에 나와 저희를 현혹시
키며, 저희를 사탄으로 무너트리며,
지옥으로 저희를 인도하기 위한 왕사
탄이 하는 말이라 그들이 그리 말함이
니,
15 그리하여 그들은 끓는 물에 손을 댔

다가 놀라는 것처럼 그와 같은 형국으로 도망가게 되어 있음이니라.

16 이제 내가 너희들에게 그 깊은 뜻을 깨우쳐 전해 주었으니, 이 뜻을 알고 깨달았다면 그와 같은 것을 너희들이 행하지 말도록 그리하여 만백성을 구하는 데 열과 성의를 다하여야 할 것이니라.

17 너희들이 그들보다 더 많이 알며 더 경지가 높은 그와 같은 것을 그들은 받아들일 수가 없으며, 너희들에게 고개 숙여 배우고자 하는 마음이 없음이니라.

18 그러하니 너희들이 법전을 전할 때 내가 너희들에게 전한 이 뜻을 깊이 깨우쳐 행하도록 그리하라.

3,944 번째 하나님 말씀

2002년 11월 15일 0시 34분

1 사랑하는 나의 아들아!

2 "네, 아버님! 말씀하옵소서."

3 너희들 인간사 살아가는 세상 속에서 사진이라는 것을 찍어 너희 모습을 보며, 또한 너희들은 초상화라는 것을 그려서 너희 형태를 보고자 하는 것이 너희들의 마음이니라.

4 그러나 인간 너희들이 초상화를 그릴 때, 자기 자신의 생긴 모습과 자기의 형태를 아는 자, 자기의 모습보다 더 아름답고 곱게 그려 주기를 바라며 그리 그리고 싶어 하는 것이 너희들의 마음이니라.

5 제가 생긴 형태와 그 초상화가 닮아서 똑같은 형태로 나오는 것이 정녕 초상화의 의미가 아니더냐?

6 그러나 인간 너희들은 자신을 돌아다 보기 전에, 더 예쁘고 아름다운 모습으로 그려 주기를 바라며, 또한 그와 같이 초상화가 나와 주기를 바라는 것이 너희들의 마음이니라.

7 그것이 바로 너희들의 심리이니, 원리와 원칙이요, 근본을 위배하고 살고자 하는 것이며, 순리를 역행하고 살아가는 것이 너희들의 타고난 근성이 아니던가?

8 너희들은 지금의 믿음의 형국이 그리 되어 있음이니라.

9 나의 아들 예수를 통하여 또한 구약의 시대부터 너희들에게 지키라 하는 것은 어렵고 힘든 길이니, 그것이 얼마나 어렵고 힘든 것이더냐?

10 너희들이 그 길을 지키는 것이 하늘에 오르는 길이요, 나로부터 축복받으며 천국의 문을 들어오는 것이거늘,

11 그러나 너희들은 그 어렵고 힘든 것을 그대로 행하지 아니하며 변질시키고 또 바꾸고 고쳐, 너희들이 즐겁고 기쁜 마음으로 행할 수 있으며 너희 육의 삶이 편안함을 얻는 방법으로 그 모두를 변질시켜 고쳤음이니라.

12 그리하여 그들이 그와 같이 그를 고치지 아니하였으며 처음에 내가 내렸던 그 뜻대로 그대로 내려왔으니, 성서의 가르침이요, 저희들이 가르치는 것이 조금도 변화된 것이 없다 그리 말하며,

13 지금 제3의 시대에 나의 법전을 내려 만백성을 구하는 너희들이 우매한 자며 사탄이요, 사악한 자라 말하거든,

14 '당신은 당신의 초상화를 그릴 때 좀
더 아름답게 그리고 싶어 하며, 사진
이라는 그 기계가 당신 얼굴을 만들어
낼 때, 좀 더 손질을 하여 아름답게 만
들어 주는 것을 싫어하며 그를 원하지
아니하는가?
15 당신의 마음속에 그런 생각이 있다 하
면, 바로 믿음의 변화도 그와 같은 심
성 때문에 지금같이 변질되고 변화되
어 다듬고 다듬어서 지금의 사악한
시대요, 인간의 생명까지도 재물이라
는 것으로 그저 바꾸며 거래하는 이와
같이 무섭고도 무서운 세상이 되었
다.' 그리 전하라.
16 하늘에서 내가 내려다보기를, 나의 피
조물 만백성 너희들이 그리도 사악하
고 그리도 잔인하며 그리도 무서운 것
인가를 내가 놀라고 있으며, 감히 천
사도 거기에 입을 열지 못하는 이와
같이 험악한 세상이 되어 있음이니,
17 이와 같은 마음이 지금의 모든 집단
을 이끌어 가는 너희들이 잘못 가르친
죄가 거기에 있음을 알라 그리 전하라.

3,945 번째 하나님 말씀

2002년 11월 15일 0시 44분

1 사랑하는 나의 아들아!
2 "네, 아버님! 말씀하옵소서."
3 너희들이 마음 한자리 잡으며 마음
하나 고치면 세상 것이 다 너희들 것
이라 내가 말하지 아니하였더냐?
4 너희들은 살아가면서 어찌하는가?
5 너희들은 남의 흉을 한 사람이 옆 사
람에게 전할 때, 그 사람이 듣고 다음
사람에게 전하면서 또 하나의 나쁜
것을 더 얹어서 전함이니,
6 그리하여 열 사람이 전하면 한 가지
잘못한 것이 나중에는 열 가지를 잘
못한 사람처럼 그리 전해짐이니라.
7 그것이 너희들의 심성이니라.
8 남이 악한 짓을 하면 너희는 두 개의
악한 짓을 하여야만 직성이 풀리며,
9 남이 두 개를 했으면 너희는 세 개를
하는 그와 같은 악한 짓을 하는 것이
더 위대하고 똑똑한 자며 남으로부터
뒤지지 아니하고 사는 삶이라 그리 생
각하고 사는 것이 너희들의 행함이니
라.
10 너희들은 아니라 그리 말하여도, 너희
들이 남에게 지지 아니하려 하며 양보
하지 아니하려 하는 그 마음이 무엇이
던가?
11 바로 너희들이 그와 같은 마음이 아니
라면, 너희들이 남의 욕을 전할 때 하
나를 들어서 옆 사람에게 전하면서
제 속으로 또 하나를 붙여서 전하며,
12 그리하여 열 사람이 전할 때는 하나
잘못한 것을 열 개 잘못한 아주 흉악
한 사람으로 그리 둔갑시키는 것이 너
희들의 심성이고 마음의 자세가 아니
던가?
13 그렇지 않은 자 있거든 아니라 그리
말해 보라.
14 너희들은 그와 같은 마음으로 어찌
사는가?
15 악한 것은 악한 것을 자꾸 만들어서
전함이니 그게 무엇이더냐?
16 악한 것을 남에게 질 수 없어 남이 하
나를 하면 저는 두 개요, 남이 세 개를

하면 저는 네 개를 하는 것이 너희들
의 삶이니, 여기서 너희들이 한번 마
음자리를 돌려 생각해 볼 수는 없겠는
가?
17 너희들이 남의 아름다운 미담을 들었
을 때 거기에 미담을 하나 더 보태서
전하며, 또 다음 사람이 하나를 더 보
태서 전하면 열 사람을 거쳤을 때 그
열 사람의 미담이 아름다운 일을 하
도록 하게 되어 있음이니, 그것은 너
희들이 그 열 가지를 한 것에 대해서
배우고 깨우쳐서 그를 듣고 너희들이
행할 수 있는 변하는 마음을 가질 수
있는 것이 아니던가?
18 그와 같이 너희들이 마음 한자리를 바
꾸면 세상을 다 얻는 것이니라.
19 남이 흉보는 것을 듣고 거기에다가
또 제가 붙여서 전하는 것은 그게 바
로 지옥으로 가는 것이요, 선하고 아
름다운 행함을 한 사람에게 또 선하
고 아름다운 것을 하나 더 붙여서 그
를 높이 칭찬할 때, 천국으로 가는 것
이 너희들의 마음이니라.
20 그러나 여기서 너희들의 마음이 어떠
하던가?
21 남의 선하고 착한 것은 너희들이 그
를 더 전하는 것도 중단하며 전하지를
아니함이니라.
22 너희 입으로 그를 논하지 아니하느니
라.
23 거기에다 너희들이 선한 일을 하나 더
붙여서 그를 칭찬하고 격려해 주는
그와 같은 것은 접어 두고라도 그것마
저도 숨기려 함이니라.
24 제가 하지 못하는 것을 남이 남들로부
터 칭송을 받는 것이 마음이 쓰리고
아프기 때문이니, 그와 같은 심성을
가지고 사는 너희들이 어찌하여 하늘
의 천국의 문을 올 수 있겠느냐?
25 천사만 사는 세상에 올 수 없음이니
라.
26 그와 같이 마음 한자리 변하는 것이
세상을 다 얻는 이치라 말함이니, 이
제 너의 제자들은 남의 선한 것을 보
면 너희들이 또 두 개를 붙이고 세 개
를 붙여서 그를 그리 칭찬하고 전하는
그와 같은 마음자리로 변하여야 할
것이니, 그 고비를 넘기가 그리도 어
렵고 힘들던가?
27 그 문턱의 고비를 넘으면 너희들은 세
상사를 다 볼 수 있느니라.
28 제발 그 하나의 문턱을 용기 있게 넘
을 수 있는 너희들이 되라.
29 남의 선한 것을 보면 그를 칭찬하며
거기에다 또 선한 것을 아름답게 붙여
서 전할 수 있는 그 문턱 하나만 넘으
면 너희들이 천국에 오는 길을 볼 수
있으며 천국의 문을 들어설 수 있는
것을,
30 너희들이 그와 같이 칭송하고 칭찬한
다 하여 너희 재물이 날아가며 너희
인격이 손상되며 너희들이 잃는 게
무엇이 있는가?
31 그러하니 너희들이 악한 것은 전하기
를 즐겨 하며 선한 것은 전하지 않는
그 마음을 역으로 돌릴 수 있는 그와
같은 삶을 사는 백성으로 변해 주기
를 나 여호와가 간곡히 너희들에게 다
시 전함이니,
32 나의 뜻을 들어 너희들이 그와 같은

역사를 이루어 주기를 바라느니라.

3,946 번째 하나님 말씀

2002년 11월 15일 0시 51분

1 사랑하는 나의 아들아!

2 "네, 아버님! 말씀하옵소서."

3 너희들 말에 전하기를, '청개구리'라 그리 말하지 않느냐?

4 그는 산으로 가라 하면 들로 가고, 들로 가라 하면 산으로 가는 개구리라 하였음이니,

5 너희들은 그것을 개구리를 지칭하여 그리 말하는 줄로 지금까지 믿고 있으나, 그와 같은 말은 인간 너희들을 위해서 너희들을 지칭한 말임을 알아야 할 것이며, 그와 같은 말을 하는 자, 부끄러움을 알아야 할 것이니라.

6 지금 그 심성으로 살아가는 대표적인 것이 인간 너희들이니라.

7 남의 아름다움을 보면 칭찬할 줄 모르며 그와 같이 살아가는 지금의 그 심성이 바로 모두가 다 청개구리와 같은 마음의 너희들임이니,

8 너희 인간을 평하여 말한 것이 청개구리이니라.

9 그러나 너희들은 남에게 청개구리와 같은 사람이라 말하면서 저는 그와 같은 인생이 아니며 그런 인간이 아닌 것처럼 사람들을 나무라고 지칭하며 그와 같이 살라 말하는 것은, 바로 너희들이 청개구리가 되어 있기 때문에 그러니라.

10 너희들에게 선한 일을 하라 하는 것을 남이 지시하고 가르치는 것은 듣지 아니하며 그와 같은 형국으로 살아가는 것이 바로 인간 너희들이니,

11 너희를 위하여 청개구리를 예를 들어서 말한 것이며, 청개구리가 그와 같은 것이 아니라는 것을 너희도 잘 알 것이니라.

12 그와 같은 말을 하며 그와 같은 말을 듣는 나의 백성, 너희들이 얼마나 부끄러우며 수치스러운 것인가 그 의미를 모르고 너희들은 그리 말하느니라.

13 그리고 저는 그와 같지 아니한 듯, 이웃에 있는 형제요, 이웃에 있는 백성에게 그는 청개구리 같은 인간이라 그리 말하며 그와 같이 말을 전하며 살아가는 것이 지금 너희들이 아니던가?

14 너희들은 그 의미가 얼마나 부끄럽고, 그 미물에 비유하여 너희들을 깨우치고자 하였다는 것이 얼마나 너희들에게 수치스럽고 부끄러운 것인가를 알아야 할 것이니라.

15 인간 너희들의 그 마음이 청개구리임이니라.

16 한 사람도 청개구리가 아님이 없음이니라.

17 너희들이 근엄한 체하는 자, 모두를 인도하는 지도자, 종교 지도자 그 모두가 다 그와 같은 마음임을 알아야 할 것이니라.

18 오죽 너희들 인간의 마음을 표현할 수 없으면 나 여호와가 너희들에게 '사촌이 땅을 사면 배가 아프다.' 그리 말하였겠느냐?

19 형제가 땅을 사도 배가 아픈 것이 너희들이 아니던가?

20 형제를 시기하고 음해하면 지옥 불로

간다 하였으니, 형제가 잘되고 잘 역
사를 이루는 것을 배 아파할 정도인
것이 너희들 인간이니, 그 마음이 청
개구리만도 못한 것이 아니던가?
21 그와 같은 심성이 너희들이니, 그와
같은 심성을 가지고 있는 너희들이 어
찌 하늘에 오를 수 있으며, 천사만이
존재하는 천국에 오를 수 있다 말하는
가?
22 그를 다 바꾸고 없애야 하니, 그리하
여 내가 나의 법전이 혁명을 이루는
것이라 말하였음이니라.
23 그와 같은 심성을 다 너희들이 나의
법전에 기록한 대로 바꿔 놓는 그와
같은 역사를 이루지 아니하면 하늘에
오르는 그 찬란한 영광의 빛을 볼 수
없음이니라.
24 하늘에 오르는 것이 너희들이 얼마나
가벼운 자세로써 올라와야 하는지 알
겠는가?
25 너희들은 이 뜻을 알아, 너희들의 그
모두를 다 고치고 돌려놓는 그와 같은
삶으로 살라.
26 말로써만 너희들이 청개구리 같은 사
람이요, 사촌이 땅을 사면 배가 아프
다 그리 말하는 것이 인간이라 하나,
말하는 너희가 그러함을 알라.
27 그리 말하는 너희 자신이 바로 그런
사람이라는 것을 알라.
28 이것이 내가 너희들에게 깨우쳐 주고
전하고자 하는 뜻임을 알아야 할 것
이니라.
29 너희들 자신이 청개구리요, 너희 자신
이 사촌이 땅을 사면 배 아파 뒹구는
그와 같은 사람이라는 것을 잊지 말
라.
30 그러한 자, 구원의 길을 볼 수가 없으
며 구원의 길에 이를 수가 없음을 알
라.

3,947 번째 하나님 말씀

2002년 11월 15일 06시 58분

1 사랑하는 나의 아들아!
2 "네, 아버님! 말씀하옵소서."
3 서서히 내리는 가랑비가 대지를 적시
며 모든 생명의 생명수가 되듯이, 너
희들의 믿음이라는 길은 그와 같이
서서히 세월이 흐르면서 변화하는 역
사가 쓰여져 가며 그리 변해 가야만
하는 것이니라.
4 한 번에 쏟아지는 비처럼 세상 것을
다 얻은 것처럼, 세상의 이치를 다 깨
달은 것처럼 그와 같은 마음 자세로
너희들이 믿음을 향해서 가는 것은 아
니니라.
5 너희들이 살아가면서 변하지 못하며
깨우치지 못하는 너희 자신에 대하여
실망도 하며 때로는 좌절하며, 나를
향하여 오고자 하는 그 믿음에서 돌아
서고 싶은 그와 같은 때가 수없이 있
음이니라.
6 그러나 너희들이 그때마다 그 고비를
넘기며, 나 여호와가 존재함을 믿고
기도하는 마음으로써 견디고 나가야
함을 잊어서는 아니 될 것이니라.
7 믿음이라는 것은, 한 번에 쏟아져 대
지를 적시는 비가 내리듯이 하는 것은
정녕 너희들이 끝까지 갈 수가 없는
것이니라.

8 소리 없이 그저 내리는 비가 대지를
적시며 모든 동식물의 생명수가 되는
것처럼, 꾸준히 그리고 변함없이 가는
길만이 너희들이 구원의 길에 올 수
있음이니라.
9 너희들이 잘못하며 깨닫지 못하며 이
해하지 못하는 것은 세월과 시간 속에
서 너희들이 그 믿음의 길을 달려가
고 또 달려감으로 인하여 모두를 얻
게 되는 것이니라.
10 그와 같은 변함없는 마음으로써 믿음
을 향하여 오는 자, 견딜 수 있음을 알
아야 할 것이니라.
11 너희들의 속담에도 있지 아니하는가?
'빨리 뜨거워지는 것은 빨리 식는다'
는 말이 있듯이, 믿음이 그와 같이 가
서는 아니 됨이니라.
12 나의 법전을 읽고 세상의 이치를 다
깨달았으며, 이것은 나 여호와의 뜻이
요, 내가 원하는 것이라 하며, 오로지
저희들이 이를 위하여 세상에 태어났
으며 오늘의 삶을 살아온 것처럼 그리
생각하는 자, 그들은 머지않아서 또한
나의 법전을 손에서 놓는 그와 같은
마음을 갖게 됨이니라.
13 너희들이 법전을 세 번 읽을 때 그 속
에 깊이가 있다 내가 말했듯이, 너희
들이 3년이라는 그 세월을 넘겼을 때
무엇인가를 알게 되는 문이 열리게 됨
을 알아야 할 것이니라.
14 나의 법전을 가지고 씨름하며, 나의
아들을 통하여 강론을 들으며, 내가
내리는 그 뜻을 이해하는 것이 3년 이
상의 세월이 흘렀을 때, 너희들이 거
기에서 진정한 나의 지도자로서 누가
무어라 말해도 대답할 수 있는 그와
같은 깨달음을 얻게 됨이니라.
15 오래된 그 세월 속에서 너희들이 진리
를 알며 내가 원하는 것을 알게 됨이
니,
16 너희들이 나의 책을 읽고 또 읽고, 또
책장을 넘기고 넘겨, 그 책장의 색이
바래는 그와 같은 세월 속에서 정녕
완벽한 천사와 같은 형국이 되어 감을
잊지 말아야 할 것이니라.
17 이는 내가 무엇을 말하더냐?
18 나의 아들의 머리카락이 하얗게 변했
을 때 세상의 이치를 다 깨닫는다 하
였음이니, 세월이 필요하다는 의미임
을 알아야 할 것이니,
19 너희들 또한 그 세월 속에서 모두를
얻고 잃는 그와 같은 현명함을 보게
됨을 알아야 할 것이니라.
20 오늘의 너희들의 믿음은 인내하며 견
디고 참고 가는 그 속에서 모두를 얻
게 됨이니라.
21 그 3년이라는 세월을 넘기지 못하고
등을 돌리고 떠나는 자, 진정 과일의
맛을 모르는 자이며, 그저 풋과일을
보고 풋과일이라고 떠나는 것과 같으
니라.
22 그 세월이 지나며 과일이 익어 그가
가지고 있는 맛이요, 그가 가지고 있
는 생명체를 너희들이 느끼고 볼 수
있는 그것을 모르고 가는 자들이니,
기다리지 못하는 자와 같음을 알아야
할 것이니라.

3,948 번째 하나님 말씀

2002년 11월 15일 09시 15분

1 사랑하는 나의 아들아!
2 "네, 아버님! 말씀하옵소서."
3 내가 너희들에게 너희 자신이 가장 소중한 자라는 것을 깨달으며 귀한 것을 알라 하였으며,
4 그리고 너희들이 그 자신의 자리를 지키는 사람, 가정의 소중함을 아는 사람, 그리고 가족의 의식주를 책임질 수 있는 사람, 그와 같은 사람이 먼저 되는 것이 우선이라 하였으며, 내가 바라는 것이 또한 그와 같은 것이라 전하여 주었음이니라.
5 그는 무엇이던가? 의식주요, 가정을 다스리지 못하는 자는 아무것도 할 수 없기 때문이며, 그는 기초요, 기본이 흔들리는 자이기 때문이라 내가 말하였음이니라.
6 그리고 너희들은 무엇을 하든, 너희들이 잘하고 잘못하고 있음이며 바로 가고 바로 가지 못하는 것을 가장 가까이에 있는 사람이 그를 잘 알고 있음이니라.
7 너희들과 같이 생활하며 더불어 사는 사람보다 너희에게 더 소중하고 위대한 스승이 없음을 너희들은 알아야 할 것이니라.
8 가족으로부터 존경을 받는 사람, 그리고 모든 가족으로부터 믿음을 얻는 사람, 그것은 그 가족들이 같이 생활하면서 너희들의 장점과 단점을 너무나도 잘 알고 있으며, 너희들이 고쳐야 할 것, 또 취해야 할 것, 그를 잘 알고 있기 때문에,
9 너희들의 가족이 가장 위대한 스승이며 지도자며 너희들을 다스릴 수 있는 사람이기 때문에 그러하니, 내가 말함이 거기에 있느니라.
10 아무리 유능한 사람이요, 자세를 바르게 하며 바르게 산다 하여도, 그 가족들의 눈에 잘못되게 보이며 가족들에게 잘못되게 비치는 사람은 정녕 잘못된 사람이요, 잘못 가고 있다는 것을 너희들은 깨우쳐야 할 것이니라.
11 그리하여 같이 사는 가족이 얼마나 소중한 것이며,
12 너희 자신과 더불어 살아가는 가족들이 너희들을 보고 느끼는 거기에서 100점을 받을 수 있는 그와 같은 삶을 사는 사람이 만백성을 구할 수 있으며, 이웃을 구할 수 있으며, 남을 구할 수 있는 자격이 있음을 너희들이 알아야 할 것이니라.
13 같이 살아가는 가족들이 너희들에게 점수를 잘못 주었을 때, 그들이 주는 그 점수가 바로 너희들이 지금 세상에 살아가는 존재의 가치 여부이니라.
14 그 100점이라는 점수를 받지 못하는 자, 종교 지도자가 될 수 없으며, 만백성을 가르치고 지도하는 자가 될 수 없음이니라.
15 가족으로부터 원하는 것을, 가족으로부터 생각하는 것을 같이 더불어 충족시키며 너희들이 같이 맞추어 사는 그와 같은 삶이 가장 중요함을 알라.
16 그리하여 내가 너희들에게 나의 성전에 와 나의 법전을 읽지 못하고 깨우치지 못한다 해도, 의식주를 해결하는

그와 같은 일을 먼저 하라 하였으며
그것이 소중하다 하였음이니라.
17 너희들의 인간관계에도 너희 자식이
요, 가정을 잘못 다스리며 자신이 바
로 서지 못할 때, 그 부모의 고통과 마
음 아픔이 이루 말할 수 없거늘,
18 창조주인 나 여호와가 너희들이 바른
근본이요, 기본의 도리를 못 했을 때,
그러면서 너희들이 말로써만 하늘에
오르는 길이요, 구원을 받겠다 아우성
치는 그와 같은 모습을 보는 나 여호
와의 마음이 얼마나 저리고 아픈가를
너희들은 알아야 할 것이니라.
19 그를 깨닫지 못하는 자, 정녕 지도자
로 바로 설 수 없음이니, 이와 같은 것
을 너의 제자들에게 지키라 그리 말하
라.

3,949 번째 하나님 말씀

2002년 11월 15일 12시 10분

(강론을 마치며)

1 사랑하는 나의 아들아!
2 "네, 아버님! 말씀하옵소서."
3 너의 제자들에게 귀를 열어 들으라
그리 전하라.
4 내가 너를 통하여 십계명을 암송하게
함이니,
5 그 십계명의 암송 소리를 가장 많이
듣는 너의 제자들의 마음에 지금도
시기하며 질투하며 선과 악의 그 싸
움의 자리가 있다 하면, 이 세상 어떠
한 백성도 천사와 같은 마음으로 살아
갈 수가 없으며,
6 하늘에서 이루어진 것같이 이 땅에서
이루어지는 그와 같은 너희들의 세상
은 이루어질 수가 없음이니라.
7 십계명이 무엇이더냐?
8 내가 너희들에게 불로 써 내려 전한
것임이니,
9 성서요, 너희들의 입으로 전하는 것이
며 심지어 나의 아들 예수가 이루었던
그 역사의 장면도 모두 잘못 전해질
수 있으며, 보태서 전해질 수 있으며,
또 빼서 전해질 수 있는 것이 너희들
이 말로써 전하는 것이 아니더냐?
10 너희들이 한 사람의 욕된 것을 보고
잘못된 것을 보았을 때 그것이 한 사
람을 통하여 두 사람, 세 사람의 입으
로 전해질 때, 그 죄지은 것이 열 개,
백 개로 늘어나서 전해지는 것이 너희
들의 형태이며,
11 아름답고 선한 것은 너희들이 열 개를
들었으면 한 사람에게 전할 때 하나
가 줄고, 열 사람에게 전할 때 선한 것
은 한 개밖에 전해지지 않는 것이 너
희들의 심리 상태가 아니던가?
12 나의 아들 예수가 역사를 이루고 기적
을 이룬 것도 너희들이 제대로 그리
전해질 수 없으며, 그것 또한 변질되
어 전해지는 것이 너희들이 전하는
것이니라.
13 그리하여 그 모두를 불변이요, 변하지
못하도록 한 것이 내가 불로써 직접
역사함이니,
14 내가 바위에 십계명을 써 내린 그것으
로써 너희들은 나 여호와가 존재한다
는 것을 믿어야 할 것이니라.
15 그리고 그것은 나의 성령이요, 내가
너희들에게 지키고 살라 내린 것이며

변하지 않는 것이니,
16 그 십계명을 암송하는 것을 가장 많이
듣는 너희들의 마음속에 지금쯤은 천
사와 같은 마음으로 자리를 잡았어야
할 것이거늘,
17 너희들의 마음이 그와 같이 변하지
아니하였다면 이 세상 어떠한 백성도
변할 수가 없다 함을 알아야 할 것이
니라.
18 나 여호와가 너희들에게 간곡히 부탁
하며 너희들에게 소원함을 내가 다시
한 번 나의 아들을 통하여 전함이니,
19 나의 아들을 통하여 암송하는 십계명
을 가장 많이 듣고 그를 깊이 깨닫는
너희들은 완벽한 백성이 되어야만 함
을 알아야 할 것이니라.
20 병든 과일이, 병든 씨앗이 완벽한 씨
앗을 열 수 있더냐?
21 병든 씨앗이 과연 뿌리를 내려 그보다
더 완벽한 씨앗을 맺을 수가 있겠느
냐?
22 너희들이 병들어 있다 하면 완벽한 너
희들의 후손이 하늘에서 이루어진 것
같이 지상에 이루어 내는 그 천 년의
역사가 이루어질 수 있겠느냐?
23 정녕 없음을 너희들은 알라.
24 씨앗이 썩은 것은 그 기능을 하지 못
함이니, 그를 심고 아무리 기다린들
그는 새싹이 나올 수가 없음이니라.
25 완벽한 씨앗이요, 완벽한 싹만이 새
씨앗을 나게 할 것이며 그는 완벽한
종자를 열게 할 것이니,
26 너희들이 그리하여 완벽하게 변하지
아니한다 하면 내가 이루고자 하는 그
뜻을 이룰 수가 없음이니, 어찌하여야
하겠는가?
27 내가 너희들에게 나의 아들을 통하여
십계명을 암송하며 그를 많이 듣게 하
는 것이 무엇이던가?
28 내가 나의 아들을 통하여 무어라 너
희들에게 전하였더냐?
29 나의 아들이 십계명을 암송하지 않는
것은 너희들이 변하고 안 변하는 것에
달렸다 하였음이니라.
30 너희들이 아무리 좋은 음식을 먹는 것
도 몇 번을 먹으면 너희들의 기호에
맞지 않도록 그리 가는 것이 너희들
인간의 삶이라 하였으니,
31 수천수만 번 십계명을 외우는 나의 아
들의 그 고통을 너희들은 생각해 보았
는가?
32 너희들이 완벽한 씨앗으로 변하여, 봄
에 그 씨앗을 뿌려 많은 열매를 거둘
수 있는 그와 같은 씨앗으로서 바로
설 때, 그 십계명은 암송할 필요가 없
지 아니하는가?
33 그러기에 나의 십계명을 가장 많이 듣
고 가장 많이 접하며 나의 성령을 가
장 많이 듣는 너희들이 바로 서지 못
한다 하면, 내 마음이 얼마나 떨리고
저려 오는지를 알겠는가?
34 너희들을 바라보는 마음이요, 변하지
못하는 너희들의 마음을 보는 나의 가
슴은 바늘로 인간의 심장부를 찌르는
것보다도 더 아프고 저려 옴을 너희
들은 알아야 할 것이니라.
35 나의 아들로부터 십계명을 암송하게
하는 것이 무엇이더냐?
36 영원히 변하지 않는 것이며, 하늘에
오르는 영혼의 양식이며, 나의 뜻이기

때문이니라.
37 그를 가장 많이 접하는 자들이 가장
하얀 백성이 되어야 할 것이며, 하얀
마음을 가진 자들이 되어야 할 것이
며, 천사와 같이 변하지 아니하면 누
구도 변할 수 없는 것이 너희들이 가
지고 있는 마음의 뿌리임을 알라.

3,950 번째 하나님 말씀

2002년 11월 15일 23시 05분

1 사랑하는 나의 아들아!
2 "네, 아버님! 말씀하옵소서."
3 '나의 법전을 가슴에 안고 정독하는
자, 반석 위에 서서 하늘에 오르는 찬
란한 빛을 보게 되는 영광을 얻게 됨
이라' 내가 너희들에게 그리 전함이
니, 너희들은 이 한 구절을 읽고도 깨
우침이 없는가?
4 이 구절이 정녕 너희들에게 입증하는
것이며, 너희들이 이와 같이 이루어질
것인가 이루어지지 아니할 것인가 하
는 것은,
5 너희들이 나의 법전을 읽어 보며 그
내용을 정독해 보면 내가 나의 아들을
통하여 내리는 이 뜻이 얼마나 위대하
며 소중한 것인가를 알게 될 것이니
라.
6 내가 나의 성령을 내려보내 나의 아들
로 하여금 '법전'이라 하여 이 책을 만
들어 너희들에게 전함이니,
7 이 책을 가슴에 안고 정독하는 자, 반
석 위에 서서 하늘에 오르는 찬란한
빛을 보게 되는 영광을 얻게 됨이니,
8 그는 곧 너희들의 구원이 시작됨이라
말하는 것이니라.
9 그러니 너희들이 이것이 정녕 진실된
것인가 너희들이 말하는 사탄이요, 이
단의 장난인가 하는 것은,
10 너희들이 나의 법전을 읽고 그를 정독
해 거기에 기록되어 있으며 내가 내린
나의 성령의 뜻을 읽고 분석해 보면,
과연 이것이 맞는가 맞지 않는가, 이
것이 나 여호와의 뜻으로서 내가 너
희들에게 약속하는 것인가 아닌가 하
는 그 진위를 알 수 있거늘,
11 너희들이 정녕 나의 법전을 읽고 정독
하여 그 내용을 습득하고 깨우쳤을
때, 이는 정녕 나 여호와의 뜻이라 말
한다면,
12 나의 법전을 가슴에 안고 정독하는
것이 곧 구원의 길에 들어서는 기본이
요, 근본이니, 그보다 더 위대하고 그
보다 더 소중하고 귀한 것이 없는 것
이니라.
13 나의 법전보다 세상에 더 귀한 것이
무엇이 있다던가?
14 그러하니 너희들은 나의 법전 내용을
읽고 정독해서 이를 분석하여 깨우쳐,
15 과연 이것이 나 여호와의 뜻인가, 그
렇지 않으면 사탄이요, 마귀가 하는
것으로서, 너희들이 삶에 부끄러운 짓
을 하며 추한 짓을 하며 남으로부터
고개 들 수 없는 그와 같은 행위를 하
라 여기에 기록되어 있는가 그것을 분
석해 보라.
16 그리하여 너희들에게 잘못 살라 가르
치는 것이 없으며, 오로지 선을 행하
는 것이며 너희들의 심성을 바로잡고
자 하여 여기에 기록하여 너희들을

깨우친다면 이는 정녕 나의 성령이니,
17 이것을 너희들이 가슴에 안고 정독하
는 것이 구원의 길에 들어서는 그 크
나큰 영광을 얻는 것이거늘,
18 이와 같은 이치를 스스로 깨우치고
판단하여 너희들이 구원의 길에 들어
서고 들어서지 아니하는 것은 너희
자신에게 달렸음이니라.
19 내가 나의 아들을 통하여 간곡히 너희
들에게 전하니,
20 나의 법전을 가슴에 안고 정독하라,
그리고 그대로 행하고 살도록 하라.
21 그리하면 구원을 받는다 내가 너희들
에게 전하였음이니,
22 우선 이 나의 법전을 읽고 너희들이
평가하도록 그리하라.

3,951 번째 하나님 말씀

2002년 11월 15일 23시 08분

1 사랑하는 나의 아들아!
2 "네, 아버님! 말씀하옵소서."
3 내가 너희들을 사랑한다 하였으며, 내
가 가장 아름다운 모습으로 세상에 만
들었으며, 모든 동식물을 관장하며 지
휘하고 취하고 사는 동물의 왕이라 내
가 너희들에게 그리 칭하였음이니,
4 그 뜻을 너희들은 어찌하여 믿으려 하
지 아니하며, 그에 대한 나 여호와에
게 감사하는 마음으로써 생활하며 살
아가려 하지 아니하는가?
5 곧 내가 지키라는 계명을 지키지 아니
하며 그를 행하고 살지 않는 것이 너
희들이 나를 믿지 아니하며 내가 존재
함을 믿지 않으려 함임을 알아야 할
것이니라.
6 그러나 너희들은 여기서 깨우쳐 알아
야 할 것이니라.
7 내가 너희들이 동물의 왕이요, 모두를
섭취하며 살아갈 수 있도록 너희들을
가장 아름다운 모습으로 만들고 가장
높은 지혜를 주었다 하였음이니, 그게
바로 무엇이던가?
8 너희들은 엄청난 잠재력을 가지고 있
는 것이며, 무한한 잠재력을 갖고 너
희들이 연구하는 것에 따라서 변화될
수 있는 그와 같은 너희들만이 가지고
있는 위대한 잠재력을 내가 너희들에
게 주었음이니,
9 그것 하나로써 내가 너희들에게 명하
는 그 뜻을 알 수 있을 것이며, 너희들
이 모두를 다 관장하며 모두의 제왕이
라는 그 뜻을 알 것이니라.
10 그러나 내가 엄청난, 그리고 말할 수
없는 잠재력을 너희들에게 주었건만,
너희들은 나의 뜻에 따라 살며 그것
을 아름다운 쪽으로 쓰는 것이 아니
라 사악한 쪽으로 활용하여 쓰는 것
을 즐거워하며,
11 너희들이 가지고 있는 위대한 잠재력
그 자체도 선하고 아름답게 참진리를
찾아 나에게 오르는 그와 같은 길로
쓰는 것이 아니라 사악한 행동이요,
사악한 쪽으로 그 잠재력을 쓰고 그쪽
으로 전진시키는 그와 같은 삶을 사는
것이 지금의 너희들이니,
12 나의 법전을 읽고 깨우치는 자만이 내
가 내려 준 그 잠재력을 참진리를 찾
는 길에 쓸 수 있음을 알아야 할 것이
니라.

3,952 번째 하나님 말씀

2002년 11월 15일 23시 15분

1 사랑하는 나의 아들아!
2 "네, 아버님! 말씀하옵소서."
3 저희들이 구원의 길을 향하여 저희 모두를 다 바치며 저희 손으로 지은 성전이요, 그 종교 지도자 앞에 많은 재물을 바쳐 하늘에 쌓는 역사를 이루는 것이 구원의 길이라 가르치고 또 그리 따라 행하는 그들에게, 너희들은 과연 무엇이라 말하는가?
4 그들에게 물어보도록 그리하라.
5 그와 같이 믿음의 길을 가고 있는 자들에게 너희들이 가서 한번 질문을 던져 보라.
6 '너희들은 정녕 구원을 받았다 말하는가, 그리고 너희들은 구원을 받았느냐, 그리고 너희들이 가는 길이 정녕 구원의 길이더냐?' 그리 물어보라.
7 그러면 그들은 말할 것이니라.
8 예수의 보혈로써 구원을 받았다 말하는 자 있을 것이며, 아직 받았는지 받지 않았는지 잘 모르겠다 말하는 자 있을 것이며,
9 앞으로 열심히 믿음의 길을 감으로 인하여 받을 수 있다 생각하며 그리고 구원을 받아 하늘나라에 오를 수 있는 그와 같은 기회가 저희들에게는 반드시 있을 것이라 그와 같이 그들이 말할 것이니라.
10 받았다는 자, 받을 수 있다는 자, 앞으로 잘 믿음으로써 받을 수 있다는 자, 그렇지 않으면 잘 모르겠다는 자, 이와 같이 가지각색으로 대답하는 자가 있을 것이니, 그게 바로 무엇이더냐?
11 너희들이 믿음의 길에 소신이 없으며, 너희들은 믿음의 참진리의 한 길이 없으며, 너희들이 깨우쳐 가는 그 자체요, 너희들이 존재해 있는 그 위치까지도 분별하지 못하는 그와 같은 형국에서 너희들이 그저 믿음이라는 것을 따라가면 구원을 받는다는 그러한 생각에서 지금 믿음에 매진하고 있는 형국이니라.
12 그러면서 너희들이 무어라 말하느냐?
13 우선 너희들이 양심이 없는 자, 저 자신도 모르는 자, 그리고 오만에 차 있는 자, 교만한 자는 예수의 보혈로써 구원을 받았다 그리 말하며 제가 정녕 구원을 받은 자처럼 착각하며 살아가느니라.
14 그러면서 어찌하여 예수의 보혈로써 지금에 사는 백성 너희들이 구원을 받았다 말할 수 있는가 그것을 물어보라.
15 예수는 2천 년 전에 태어나서 그 역사를 이루었으며 너희들은 그 2천 년이 흐른 지금의 세상에 태어났음이니, 너희들이 태어날 때 예수의 형체를 보지 못하였으며, 예수의 가르침을 듣지도 못하였으며, 그가 존재하는 것까지도 볼 수가 없었음이니라.
16 예수가 태어났을 때 너희들이 태어나지도 아니하였으며, 너희들이 이 세상에 태어난 것은 예수가 태어난 후 2천년이요, 몇천 년의 역사가 흐른 다음이니, 너희들은 예수와 아무 관계없이 너희 스스로 세상에 태어나게 되었던 것이니라.
17 그리하여 너희들이 세상에 태어나 살

아가면서 너희 스스로 죄를 짓고 살았
으며,
18 너희들이 나의 계명이요, 나의 뜻에
의하여 살아가는 것이 아니라, 살아
가면서 수없는 죄를 많이 지었으며,
너희 스스로 그 죄 속에서 살아가면서
도 죄를 짓는 것인지 모르면서 그리
살아갔느니라.
19 그러한 너희들이 지금 어찌하는가?
20 너희 스스로 지은 죄는 너희들이 지었
기에 너희 스스로 그 죄에 대한 용서
를 받아야 하며 그 죄의 대가를 풀어
야 하는 것이 당연한 것이 아니던가?
21 너희들은 그러나 무어라 말하느냐?
22 예수가 죽은 뒤에 태어난 너희들이 지
금 예수의 보혈로써 죄 사함을 받았
다 하니, 이 얼마나 웃기는 형국에서
믿음의 길을 가고 있는 것인가?
23 너희들이 태어나기 전에 예수는 2천
년 전에 이 세상에 태어나 나의 복음
을 전하려 했으며, 너희들은 그 많은
세월이 흐른 지금의 세상에 와 나로부
터 생명을 받아 세상에 나감이니,
24 너희들이 생명을 받아 세상에 나가 지
금서부터 너희 스스로 지은 그 죄까
지도 2천 년 전에 죽은 예수가 그 죄
를 대신 사하며 그 죄를 지고 갔다 말
함이니,
25 너희들이 얼마나 웃기는 지금의 믿음
의 형국에서 그 자체의 사리 판단도
못 하며 가고 있는 것인가를 돌이켜
생각해 봐야 할 것이니라.
26 예수가 태어날 때 너희들은 존재하지
도 않았으며, 그를 보지도 못하였으
며, 그의 강론을 듣지도 못한 자들이
니라.
27 예수는 이미 2천 년 전에 세상을 떠났
으며,
28 너희들은 지금 2천 년 후에 세상에 태
어나 지금까지 살아오면서 지은 그 죄
는 너희 스스로 지은 것이니, 너희 스
스로 그를 정리하며 회개하며 반성하
는 그와 같은 믿음으로 가며 너희들이
지은 죄를 용서를 빌고 용서를 받는
것이 너희들이 해야 할 것이거늘,
29 너희들이 짓는 죄는 너희 스스로 반
성하여 회개하며 너희가 지은 것만큼
선하고 착한 일을 행하며 그 용서를
빌어 하늘에 오르는 백성의 선택을 받
는 그와 같은 길을 가려 하는 것이 아
니요,
30 그저 2천 년 전에 너희들과 아무런 관
계도 없는 예수가 죽으면서 오늘에
태어난 너희들의 죄를 다 안고 갔다
그리 말함이니,
31 그게 너희 스스로 맹랑한 짓으로써
너희들이 죄짓고 부끄러움을 모면하
려는 수법으로 지도하고 가르치는 것
이며, 또한 그것에 만족하고 살아가는
것이 지금 너희들이 믿음의 길을 가
는 형국이니,
32 내가 오늘 나의 아들을 통하여 나의
법전에 기록하여 너희들을 깨우치고
자 하는 이 뜻을 잘 음미해 보면, 너희
들이 얼마나 부끄러운 짓을 하며 얼마
나 엉터리 같은 짓을 하는 것이며,
33 너희들과 아무런 관계도 없는 나의 아
들 예수의 죽음을 가지고 너희들이 죄
짓는 것을 그 불안함 속에서 임시나
마 도피하며 그 부담을 갖지 아니하

고자 하며 그 고통을 면하고자 너희들
이 꾸며낸 자작극이라는 것을 알게
될 것이니라.

3,953 번째 하나님 말씀

2002년 11월 15일 23시 22분

1 사랑하는 나의 아들아!
2 "네, 아버님! 말씀하옵소서."
3 지금의 종교 지도자라 가르치는 자들
과 그곳에 가 배워 구원을 받겠다 하
는 신도들, 그들이 참진리의 길이요,
하늘에 오르는 길이 무엇인가 그것도
모르며,
4 그리도 소중한 자기 자신의 구원의 문
제에 대하여 확신이 없으면서 저희가
손으로 지은 그 성전에 가 재물을 바
치며,
5 그들을 가르치는 지도자들이 저 자신
도 모르면서 만백성을 하늘에 오르는
길로 인도한다 설교하는 자들 밑에
가서 배우며, 저희 자신이 어디로 흘
러가는 것인지도 모르는 자들의 설법
을 듣고 구원을 받았다 그리 생각함이
니라.
6 또한 그와 같이 성전을 지어 놓고 나
의 피조물 만백성을 하늘에 오르는 길
로 인도한다 가르치는 자, 그들이 정
녕 무엇인지 모르기에, 또한 저희들이
확신이 없기에,
7 그저 선하고 착하고 아름답게 살라는
형식적인 가르침으로써 나의 피조물
만백성을 이끌어 가고 있는 것이 지
금 종교의 지도자들이 가는 형국이니
라.
8 가르치는 자가 무엇이 참진리요, 어떠
한 것이 하늘에 오르는 길인지 저 자
신도 모르는 그들 앞에 가서 너희들이
그리도 소중하고 소중한 너희 자신의
문제를 그들에게 맡겨 놓고 그들이 가
르치는 대로 하늘에 간다 그리 믿고
있음이니,
9 어찌하여 너희들은 확신도 없는 그 생
활 속에 가서 너희들의 소중한 그 모
두를 헌신짝처럼 던져 놓고 그저 물
흐르듯이 그들을 따라가는가?
10 그 가르치는 자들이 무엇을 가르친다
내가 말하였더냐?
11 그들은 확신이 없기에 그저 착하고 선
하게 살라, 사랑하라 형식적으로 너희
들에게 그리 가르침이니라.
12 그리하여 너희들은 그와 같이 부르짖
는 자들 앞에 평생을 다 바쳐 그 소리
를 반복하여 듣고 또 듣고 그리 살아
감이니라.
13 그리하여 정녕 사랑이 무엇인지조차
도 모르며, 사랑을 행하는 것이 무엇
인지도 모르며, 하늘에 오르는 진정한
참진리의 길이 어찌 가는 것이며 무엇
인지도 모른 채 꿈속에 헤매고 헤매
다가 '어!' 하는 그 순간에 지옥으로
가는 지금의 삶을 가고 있음을 알아야
할 것이니라.
14 너희들 입에서 '어!'라는 소리를 외쳤
을 때, 너희는 이미 천국과는 멀어졌
으며 지옥으로 떨어져 너희들 앞에는
형용할 수 없는 무서운 죄의 대가가
기다리고 있는 그 길을 달려가는 것이
너희들의 삶이니라.
15 지금 너희들을 잘못 가르치는 종교 지

도자들이 그저 무엇인지 모르기 때문
에 형식적으로 인간적인 속에서 착하
고 아름답게 사랑하며 살라 평생 반
복하고 반복하는 그 소리를 들으며,
16 그들이 부르짖는 소리 속에 '아멘!'이
요, '할렐루야!'를 찾다가 나이가 들어
'어, 어!' 하다 너희 인생이 다 끝나는
순간에 지옥 불로 흘러간다는 것을 잊
지 말고 명심해야 할 것이니라.
17 내가 그와 같은 너희들을 구원하기 위
하여 나의 아들을 통하여 나의 160권
의 법전에 성서보다 더 위대한 마지막
시대의 나의 뜻을 담아 내려보냄이니,
18 이를 읽고도 깨우치지 못한다 하면 그
모두는 너희들의 선택의 여지에 달렸
음을 알라.

3,954 번째 하나님 말씀

2002년 11월 15일 23시 30분

1 사랑하는 나의 아들아!
2 "네, 아버님! 말씀하옵소서."
3 너와 너를 따르는 제자들이, 수천 년
그 세속의 종파에 흘러온 지금의 믿
음의 길을 가는 종교 지도자요, 그곳
에 가서 구원을 받아 하늘에 오르겠다
는 신도라는 그 백성들에게,
4 십계명을 지키고 살면 하늘에 오르는
것이며, 거짓 하지 아니하고 도둑질하
지 아니하며 십계명대로 사는 것이 하
늘에 오르는 길이며, 그는 지키고 살
수 있다 그리 말하니, 그리고 그리 지
키는 것만이 하늘에 오르는 길이라 너
희들이 말하고 그들에게 깨우쳐 주고
자 하니,
5 그들이 무어라 되받느냐?
6 '우리가 십계명을 지키기 싫어서 지키
지 못하느냐? 지킬 수 없기 때문에 지
키지 못하는 것이며,
7 우리가 도둑질하고 싶어서 도둑질하
겠느냐? 마음속에 도둑질하는 마음을
억제치 못하여 도둑질하는 것이며,
8 거짓 하는 것 또한 우리가 거짓말을
하고 싶어서 하느냐? 인간이기 때문
에 거짓말을 하는 것이며, 그를 억제
하지 못하니 우리가 거짓말을 하고 사
는 것이니라.' 그리 그들은 너희들에
게 치받으며,
9 그와 같이 살 수 있다 노력하는 너희
들이 비정상이며 잘못 살아가며 허황
된 꿈속에 살아가는 불쌍한 인생이라
그리 말할 것이니라.
10 그러면서 그들은 말할 것이니라.
11 하늘에 대하여 기도하고 예수님의 이
름으로써 기도하면 예수님의 마음이
저희 가슴에 임하여 저희들을 예수님
이 이끌어 줄 때 저희들은 그리 살 수
있다 그리 말하는 것이니라.
12 그들은 노력하여 저희들이 변하는 역
사를 이루고자 하는 것이 아님이니라.
13 스스로 예수의 마음이 저희 마음에
임하며, 저희들이 손으로 지은 그 성
전에 가 재물을 바치고 노래 부르며
광란의 짓을 하는 그 속에 예수의 마
음이 저희들에게 임하였을 때 그들이
그와 같은 짓을 하지 않고 살 수 있다
말하는 것은 어떠한 형국인지 알겠느
냐?
14 감나무 밑에 가서 감이 떨어지기를
바라면서 입을 벌리고 누워 있는 그러

한 자의 형국이 지금 믿음의 길이요,
구원의 길이라 가고 있는 자들의 모
습임을 너희들은 알아야 할 것이니라.
15 감나무 밑에 누워서 감이 입에 떨어지
기를 바란들 그 감이 떨어지겠는가?
16 너희들이 그를 따서 취하여야 얻을 수
있는 것이니라.
17 곧 너희 스스로 노력하며, 악과 선과
의 싸움에서 선을 선택하는 그 노력
위에 나 여호와의 성령으로써 너희들
을 일깨워 주며, 구원을 얻게 되며 구
원을 보게 되는 것이니라.
18 그러나 지금 너희들이 무엇이 죄이며,
무엇이 선이며, 무엇이 악인가, 너희
들 자신이 어떠한 것이 구원을 받는
것인지 그것조차도 모르는 것이 지금
의 믿음의 길을 가고 있는 자들의 형
태이니라.
19 성전에 가서 배우며 신도라 하는 자,
몇십 년 동안 성전에 가 재물을 바치
며 깨우쳐 하늘에 오르는 길에 구원을
받았다 말하는 자,
20 가르치는 지도자 자체가 구원을 받지
못하며 제가 구원의 길이 무엇인지도
모르는 그와 같은 속에서 너희들이 과
연 어찌 구원을 받았다 말할 수 있는
가?
21 지금 너희들이 감나무 밑에 가 입을
벌리고 그 감이 떨어지기를 바라는
그와 같은 것이며,
22 너희들이 소중한 자기 자신을 다 저
버리며 잘못 가고 있으며 너희들 개인
의 모두를 다 지옥으로 던져 버리는
그와 같은 형국으로 가는 것이 너희들
이 지금의 믿음을 가는 형태임을 알아
야 할 것이니라.
23 너희들이 노력하여 스스로 변하며, 선
과 악이 싸워서 선을 선택하고자 하
는 너희들의 그 피나는 노력을 내가
보았을 때, 그 노력의 대가로 나의 성
령을 너희들에게 심어 줌이니라.
24 그러니 그와 같이 말하지 아니하며 그
저 말로써 입에 감이 떨어진다 하여
감나무 밑에 가서 입을 벌리고 누워
있는 그와 같은 믿음의 형국으로 지금
가고 있는 너희들은 나와는 아무런 관
계도 없음을 확실히 알아야 할 것이
니라.
25 노력하며, 변하고자 하며, 육의 삶에
서 작은 질서에 위배되는 삶을 살지
아니하며, 남으로부터 저주받지 않은
삶을 살아가고자 노력하는 자들을 내
가 기억하며, 그들을 구원한다는 것을
알아야 할 것이니라.
26 너희 자신이 너희들의 모든 뜻을 이
루며, 너희들이 잘못 저지른 죄요, 잘
못된 그 모든 관행은 너희 스스로 바
로잡고 고쳐야 할 것이니라.
27 너희들 말대로 '누가 십계명을 지키기
싫어서 못 지키느냐? 도둑질을 하고
싶어서 하는 자가 어디 있느냐?' 그리
말하는 자, 너희들이 그 마음을 다스
릴 수 있는 것은 바로 나의 법전이니
라.
28 너희들의 그와 같은 모두를 잡아 줄
수 있는 뜻을 내가 누구나 다 읽고 깨
우칠 수 있도록 160권의 법전으로 세
상에 내려보냄이니,
29 십계명을 지키고 살 수 없어서 죄를
짓고 산다는 자 바로잡을 수 있으며,

도둑질하는 마음 누르지 못하여 도둑
질하고 사는 그 마음을 바로잡으며 그
를 다스릴 수 있는 것이 나의 법전이
요,
30 또한 내가 나의 아들을 통하여 너희들
에게 직접 내리는 강론의 음성 속에
그 모든 것이 다 있음이니라.
31 감나무 밑에 가 입을 벌리고 감이 떨
어지기만을 바라는 그와 같은 믿음으
로 가는 자, 십계명을 지키고 살 수 없
다 말하는 자, 그리고 거짓 하지 아니
하고 살 수 없다는 자,
32 정녕 그 모두의 마음을 바로잡고 다스
릴 수 있는 것이 나의 160권의 법전
속에 다 기록되어 있음이니,
33 이를 읽고 깨우쳐 너희들이 구원을 받
는 그 길을 선택하도록 그리하라.

3,955 번째 하나님 말씀

2002년 11월 15일 23시 39분

1 사랑하는 나의 아들아!
2 "네, 아버님! 말씀하옵소서."
3 나의 피조물 만백성 너희들은 들으라.
4 너희들이 정녕 구원을 받고자 하며 하
늘에 오르고자 한다면, 너희들은 나의
법전을 정독하여 깨우치는 길밖에 없
음을 알아야 할 것이니라.
5 정녕 종교 지도자라 함은 나의 법전
을 읽고 깨우친 자, 그리고 나의 아들
로부터 강론을 들은 자, 그와 같이 그
곳에서 지도자라 명하는 자 외에는 지
도자의 자격이 없으며 지도자가 될
수 없음을 너희들은 알아야 할 것이
니라.
6 지금 많은 종교 지도자들이, 많은 백
성을 깨우쳐 하늘에 오르는 길을 인도
한다는 자들이 하늘의 뜻을 제대로
알지 못하기에, 그들은 그를 시행하는
것도 할 수가 없음이니라.
7 그러하니 너희들이 정녕 하늘에 오르
고자 한다면 나의 아들로부터 나의 성
령을 들으며 나의 법전을 읽고 깨우친
그 지도자들의 가르침을 받아야 할
것이며,
8 오로지 하늘에 오르는 만백성을 지도
하는 지도자요, 안내자는, 나의 법전
을 읽고 새로 태어난 그 백성만이 지
도자임을 알라.
9 지금 모든 종교 집단에서 종교 지도자
들을 가르치고 육성해 가는 그 수법
이 과연 어떠하던가?
10 너희들은 지금 종교 지도자를 육성한
다는 그 집단의 교육장이 사탄의 뿌리
를 만들어 내는 근원임을 알아야 할
것이니라.
11 너희들은 믿음의 지도자라는 자들을
어찌 배출하는가?
12 지도자라는 것은 성령으로써 충만하
며 믿음으로써 그 인격과 믿음의 강도
에 따라서 성령이요, 믿음을 가르칠
수 있는 지도자가 될 자격이 있는 것
이거늘, 너희들은 어찌 선별하는가?
13 너희들은 인간 세속의 관례에 따라서
시험이요, 공부한 성적으로써 지도자
를 배출하고 인정하며 각종 시험을 거
쳐 종교 지도자를 임명함이니,
14 그것은 일반 사회에서 학문의 성적순
을 따지는 것과 같은 것으로 너희들
이 종교 지도자를 그리 육성함이니,

15 너희들은 그 근본이요, 원초적인 것부
터 잘못되었음을 알아야 할 것이니라.
16 성령으로써 가르치는 자는 배우고 배
우지 못한 자의 그 차이가 없는 것을
너희들은 알아야 할 것이니라.
17 성령의 지도자는 성적순이 아님을 알
라.
18 나의 아들 예수가 명했던 그 제자들의
면면을 너희들이 살펴보라.
19 그리고 지금의 나의 아들이 지도자로
육성하는 그들을 한번 바라보라.
20 그들을 성적순으로 명하는가?
21 너희들이 일반 학문적인 성적순으로
종교 지도자를 육성한다는 것은 그가
인성이요, 성령의 뜻을 전하는 성령의
지도자로서 성령의 깊이요, 그 깨달음
이 얼마인지도 모르고 너희들이 그리
임명하여 지도자라 명함이니,
22 그들이 일반 학문으로써 학업을 계속
하며, 학업의 성적이 남에게 지지 않
으려 노력하는 것은 무엇이더냐?
23 일반 사회에서 남에게 지지 않는 삶
이며, 명예로운 삶이며, 부와 남보다
더 영광스런 삶을 살기 위한 그와 같
은 길을 달려오기 위하여 성적순에 매
달리며 그 성적에 연연하지 않는가?
24 그리고 너희들은 성적에 의하여 그를
평가하지 아니하는가?
25 종교 지도자를 육성하는 그곳에서 성
적순으로 시험에 의하여 자격증을 준
다는 것은 너희들이 믿음과는 전혀 관
계없는 일반 사회의 관행에 따르는
것임을 알아야 할 것이니라.
26 그러하니 지금 종교 지도자를 육성하
는 그 교육의 방법부터 개선하고 고치
지 아니한다면, 그는 죄의 온상의 씨
앗을 심는 근본이 됨을 알아야 할 것
이니라.
27 그리하여 성적순으로 너희들이 자격
증을 받았음이니, 성적순으로 받은 그
대가를 얻고자 하여 재물을 긁어모으
는 일에만 정신을 집중하는 것이 종교
지도자들이 나와서 하는 행위이니라.
28 그리하여 재물을 모으는 데 정신을 차
리지 못하는 그와 같은 형국이니, 물
건을 사고팔아 재물을 모으고자 하는
장사꾼의 양성소가 지금의 너희 교육
장이며,
29 그곳을 나온 자, 일류 장사꾼으로 변
해 가는 것이 너희들의 지금의 종교
지도자들이니,
30 너희들은 정녕 성령의 깨달음과 성령
의 가르침이요, 성령으로써 임하여 나
로부터 깨달음을 받은 그와 같은 사람
을 알지도 못하며 볼 수도 없는 것이
니,
31 그게 바로 너희들이 지도자를 육성하
는 근본이요, 기초요, 기본이 잘못되
었음임을 알라.
32 성령의 가르침은 학벌의 시험으로써
이루는 것이 아니니라.
33 내가 임하며 능력을 준 자, 그리고 내
가 명한 자가 정녕 종교 지도자가 될
수 있는 것이요,
34 너희들 인간 세상의 관행에 의하여
시험 점수에 따라서 그 자격증을 주고
받는 것이 아니니,
35 그 시험으로써 자격증을 받은 자, 곧
시험의 한계에 연연하는 것이니, 그리
알아야 할 것이니라.

36 너희들의 그와 같은 학원의 문을 닫
을 것이며, 그와 같이 배출하는 곳에
내가 거미줄을 칠 것이니라.
37 그곳이 너희들의 모든 죄악을 길러
내는 근본이며, 그들이 나와 나의 피
조물 만백성을 지옥으로 이끌어 가는
그와 같은 형국으로써 성장해 감이니,
그리하여 그 문부터 내가 닫고자 함이
니 그리 알라.

3,956 번째 하나님 말씀

2002년 11월 15일 23시 46분

1 사랑하는 나의 아들아!
2 "네, 아버님! 말씀하옵소서."
3 너희들이 그리 원하고 원하는 깨달음
의 진리는 신비로운 것이 아니며, 신
비로운 곳에서 깨달음을 얻는 것이 아
님을 알라.
4 너희들의 깨달음은 환상 속에서 얻어
지는 것이 아니요, 너희들의 믿음의
길은 환상이 아님을 알아야 할 것이
니라.
5 뜬구름을 잡는 그와 같은 마음의 믿음
으로써 무엇을 얻고자, 구원받고자 한
다면 아무것도 얻을 수 없음이니, 너
희들이 평생 아무것도 얻지 못하며 찾
지도 못함을 알아야 할 것이니라.
6 그저 그와 같은 마음으로 믿음을 향하
는 자, 캄캄한 밤을 헤매다가 인생이
끝나 심판을 받을 때 너희들이 인생
을 너무나 허무하게 살았으며 잘못
살았음을 뼈저리게 통곡하는 그와 같
은 결과를 맞는 것이 지금 나의 피조
물 만백성 너희들이 살아가는 형국이
니라.
7 믿음이라는 것은 신비로우며 환상이
요, 그와 같은 것으로써 이루어지고
행해짐이 아님을 알라.
8 가장 기초적인 바탕에서 이루어짐을
알라.
9 육의 원초적인 행함에 있음을 너희들
은 알아야 할 것이며,
10 질서를 파괴하지 아니하고 살아가는
그 기초적인 생활 속에서 너희들의
모두가 시작되며 이루어짐을 알아야
할 것이니라.
11 너희들이 피나는 노력과 훈련으로써
선과 악이 싸워서 선을 선택하고자 너
희들이 선을 행하고자 하여 노력할 때
이루어짐을 알아야 할 것이니라.
12 그리하여 너희들이 육의 삶에 의해서,
어렵고 힘든 훈련 속에서 선을 선택하
는 그와 같은 마음 자세로 살아갈 때,
영적인 깨달음이 연결되어 너희들이
구원의 길에 오른다는 것을 잊어서는
아니 될 것이니라.
13 지금 모든 종교 집단은 육과 영을 분
리하여, 육의 행함이요, 육이 사악한
짓을 하는 것은 아무것도 아니며, 너
희들이 영의 믿음이요, 구원의 길을
위하여 성전에 가 기도하고 나의 아들
예수의 보혈로써 구원을 받았다 그리
생각할 때, 육에서 저지른 죄악은 아
무것도 아니라 그리 말하나,
14 너희들은 육의 원초적인 생활의 바탕
속에서 어찌 훈련되어 어찌 살아가느
냐에 따라서 너희들의 영적인 깨달음
이 거기에 연결되어 하늘에 오르는 길
을 볼 수 있는 영적인 문이 열리며 마

음이 열림을 알아야 할 것이니,
15 너희들의 육의 삶의 그 소중함이 영
적인 깨달음의 기초며, 너희들이 육의
삶을 바로 살지 못할 때 영적인 깨달
음이요, 영적인 구원의 영혼의 빛을
볼 수 없다는 것을 알아야 할 것이니
라.
16 육의 삶이 영적인 구원의 길에 연결
되어 있음을 잊어서는 아니 됨을 알라.

3,957 번째 하나님 말씀

2002년 11월 15일 23시 53분

1 사랑하는 나의 아들아!
2 "네, 아버님! 말씀하옵소서."
3 너희들이 인간의 삶이요, 세상사 사는
것도 적게 산 자, 또 많이 산 자, 같은
것을 보고 생각하고 연구하는 것도
나이에 따라서 다 다르며, 살아온 연
륜에 따라서 보는 것이 다 다르니라.
4 너희들이 초등학문에서 얻어지는 것
이 있으며, 고급 학문으로 올라감으로
써 거기서 또 얻어지는 것이 있으며,
너희들이 발견하고 너희들 자신을 계
발하여 변해 가는 것이니라.
5 그와 같으니라.
6 너희들이 하늘에 오르는 믿음의 길에
도전하는 것도 그와 같음을 알아야 할
것이니라.
7 너희들이 믿음의 길에 도전하는 것도
그와 같은 단계를 거치며, 영혼을 구
원하는 것도 그와 같은 단계의 훈련
을 거치며 지속적으로 성장해 가는 것
임을 알아야 할 것이니라.
8 그와 같이 노력과 훈련 속에서 서서
히 깨달음이 성장하고 변화되면서 너
희들이 또한 그와 같이 변하는 것이니,
9 진정한 진리에 접한 자는 그와 같은
단계의 변화 속에서 꾸준히 가고 또
역사하는 것임을 알아야 할 것이니라.
10 꾸준히 접하며 꾸준히 노력하지 아니
하는 자는 정녕 구원을 받을 수 없으
며, 항상 제자리에 맴돌다 나에게 와
심판을 받게 된다는 것을 알아야 할
것이니라.
11 너희는 변하고자 노력하는 그와 같은
변함없는 꾸준한 마음으로써 믿음에
매진해야 하는 것이니라.
12 단계적으로 학문을 배워 가듯이, 인생
의 나이를 먹으면서 하나의 사물을 보
고 느끼는 것이 다르듯이, 너희들이
꾸준히 그 단계를 밟으며 훈련을 받는
속에서 진정한 진리를 접하게 되며 진
정한 변화의 역사가 이루어지는 것이
니라.
13 하루아침에 이루어지지 않음을 너희
들은 알아야 할 것이니라.
14 그와 같이 노력하지 않는 자, 그저 소
낙비와 같은 믿음을 갖는 자는 항상
제자리를 맴돌다 죽어 나에게 와 어떠
한 벌을 받는 것인가를 너희들은 죽어
왔을 때 알게 될 것이니라.
15 지금은 너희들이 상상할 수 없는 그
무서운 대가를 치른다는 것을 잊어서
는 아니 됨을 알라.
16 항상 꾸준히 변함없이 묵묵히 오로지
나에게 경배하고 기도하며, 나의 법전
을 읽고 또 읽으며, 나의 강론을 들어
너희 스스로 귀를 열며 눈을 뜨며 마
음의 문을 여는 그와 같은 삶을 사는

자가 되어야 함을 잊지 말라.
17 '빨리 데워지는 것은 쉽게 식는다'는 말이 너희들에게 있지 않던가?
18 믿음은 그리해서는 갈 수 없는 것이니라.
19 믿음은 절대 그와 같이 가서는 구원을 받을 수 없으며, 너희들이 그리 갈구하고 원하는 천국의 황금 문을 들어설 수 없는 것이 믿음임을 너희들은 알아야 할 것이니라.

3,958 번째 하나님 말씀

2002년 11월 16일 0시 09분

1 사랑하는 나의 아들아!
2 "네, 아버님! 말씀하옵소서."
3 너의 제자들과 너를 따르는 내 사랑하는 백성들에게 그리 전하라.
4 너희 종교 집단에서는 헌금이요, 어떠한 기금을 많이 낸 자, 그리고 십일조를 바친 자, 저희들이 짓는 그 성전에 역사를 이룬 자,
5 그들의 이름을 부르며 그 액수를 부르며 입이 닳도록 그들에게 축복과 영광과 은혜를 주라 나에게 그리 기도하고 축원하는 것이 지금의 종교 지도자들이 가고 있는 길이며 그들의 형태가 아니던가?
6 그러나 너의 제자들과 나의 백성, 너희들은 들어야 할 것이니라.
7 나의 아들이 너희들의 이름을 너희들 앞에서 부르며 나 여호와로부터 축복과 영광을 내려 달라는 그런 기도를 하지 아니한다 하여 너희들에게 은혜가 없는 것이 아님을 알라.
8 나의 아들이 밤낮을 가리지 아니하며 십계명을 애절히 암송할 때, 암송할 때마다 그 속에 너희들의 이름이 하늘에 오르고 있음을 너희는 어찌 모르는가?
9 나의 아들이 지금의 종교 지도자들이 만인 앞에 그들의 이름을 부르며 당사자 앞에 이름을 부르며 축복과 영광과 은혜를 내려 달라 말로써 그리 기원하며 애원하는 그와 같은 기도를 드리는 자보다 천배 만배 더 소중한 너희들의 이름을 부름이니,
10 그가 너희들의 이름을 하나하나 부르지 아니하여도, 십계명을 수천수만 번 암송할 때마다 너희들이 잘되며 은혜를 받으며 영광을 받는, 그리고 시련과 고통에서 벗어나는 너희 제자들이 되도록 너희에게 축복을 내려 주고자 하는 애절한 마음으로써 나의 아들이 그 십계명을 암송함을 너희들은 모름이니,
11 그가 그 십계명을 암송할 때마다 너희들의 이름이 하나씩 하늘에 오르며, 너희들의 이름 하나가 한 계단 한 계단씩 나 여호와를 향하여 하늘을 향하여 올라오는 축복과 영광과 은혜를 받고 있는 것을 너희들은 모를 것이며, 또한 나의 아들 자신도 그를 모를 것이니라.
12 그러나 나의 아들이 애절하게 십계명을 외울 때마다 그 속에 너희들의 이름이 기록되어 하늘에 올라오며, 너희들이 한 계단 한 계단씩 깨우쳐 하늘에 오르는 그와 같은 영광과 은혜의 축복을 받는다는 것을 너희들은 알아

야 할 것이니라.
13 아무런 도움도 되지 아니하며, 구원의 길에 너희들과 아무런 관계도 없는 그와 같은 이름을 불러 대며 너희들의 마음을 자극하며 너희들에게 갖은 축복을 주는 것같이 세 치 혓바닥으로써 너희들을 간교히 이용하는 그 기도가 너희들에게 소중하며 위대하다 생각하지 말라.
14 그 기도는 내가 듣지도 아니하며, 그것은 바람결에 흘러가는 벌레의 울음소리만큼도 나와는 관계가 없음을 알라.
15 그러나 나의 아들이 너희들 앞에서 너희들의 이름을 하나하나 기억하며 그 이름을 부르며 나에게 축복과 영광을 달라 말하지 아니하여도,
16 수천수만 번 나의 성령을 받기 위하여 십계명을 암송하는 나의 아들의 그 애절한 가슴속에는 너희들의 이름 하나하나가 영광과 축복을 나로부터 받게 해 달라는 그 애절한 눈물의 기도가 거기에 있다는 것을 나의 아들도 모르며 너희들 또한 모름이니라.
17 오로지 나만 알고 있음이니라.
18 말하지 않는 나의 아들의 그 깊은 마음을 나는 알며,
19 그가 암송하는 십계명 속에 그 십계명의 단어가 너희들의 이름으로 변하여 너희들이 한 계단 한 계단 하늘로 올라오는, 그리고 나의 천국의 문에 들어설 수 있는 은혜를 너희들에게 전해 주며 내려 주는 나의 아들이 십계명을 암송하는 것을 잊지 말며,
20 너희들은 그 뜻을 깨우쳐 감사하는 마음을 잊어서는 아니 됨을 알라.
21 이제는 너희들이 깨우침의 경지가 높으며, 너희들의 이름을 부르기를 나의 아들이 그와 같이 수천수만 번 불러 십계명 위에 너희들의 이름을 띄웠으니,
22 이제는 너희들이 나의 아들의 애타는 그 애절한 심정을 알 때가 되었기에 내가 너희들에게 하늘의 이 뜻이요, 비밀을 전해 줌이니 그리 알라.

3,959 번째 하나님 말씀

2002년 11월 16일 0시 13분

1 사랑하는 나의 아들아!
2 "네, 아버님! 말씀하옵소서."
3 너희들이 세상사 살아가는 것에 가장 중요한 것이며 너희들이 행해야 할 것이 무엇이라 말하였더냐?
4 '사랑'이라 하였음이니라.
5 사랑을 행하며 사랑을 실천하는 그 삶을 위하여 살아가야 한다 내가 수천수만 번 너희들에게 가르쳤으며,
6 나에게 오를 수 있는 것이 진정한 사랑을 베푸는 것이요, 그것이 너희들이 하늘에 오르는 길이라 하였음이니라.
7 내가 너희들에게 그와 같이 사랑의 행함이 얼마나 소중한 것인가를 깨우쳐 주었음이니,
8 그러나 너희들은 지금 그 사랑을 어찌 알고 있는가?
9 너희들이 남에게 베풀며 남을 도우며 남을 위해 살아가는 그 모든 인자한 사랑의 마음을 너희 마음속으로부터 이루는 것은, 그리고 그 사랑의 실천

을 하는 것은 외부의 누구의 가르침이
나 외부로부터 얻어지고 구해지는 것
이 아님을 알라.
10 그 사랑은 너희들 개인 안에 있으며,
너희들 자신 안에 있음을 알아야 할
것이니라.
11 사랑이라는 것도, 사랑을 실천하는 마
음도, 그 모두를 행하는 것도 외부의
어떤 것으로써 너희들이 배워서 깨우
치며 그를 얻어서 행하는 것이 아니
며, 들어서 행하는 것이 아님이니라.
12 그 사랑은 너희들 개인 안에 있음을
알아야 할 것이니라.
13 그리하여 선과 악의 행함이 너희들 자
신 안에 있으며, 그 모두를 너희들이
어찌 싸워 이겨서 선을 행하느냐에
따라서 너희들이 구원을 받고 못 받듯
이,
14 그 모두의 사랑을 실천하는 것도 외부
에서 얻어지는 것이 아니요, 너희들
안에 있음을 알아야 할 것이니라.
15 모두는 너희 자신에 의하여 발생되며,
그 발생되는 뜻에 따라서 너희들이 어
찌 행하느냐에 따라서 그 모두를 얻
고 잃는 것이니라.
16 모두는 다 너희들 안에 있으며, 너희
들 마음속에 있으며, 가슴속에 있음을
깨우쳐야 할 것이니라.
17 그리하여 믿음이 무엇이며 하늘에 오
르는 길이 무엇인가를, 사랑이 가슴속
에서 나오며 가슴속에 있다는 것을 너
희 자신이 알았을 때,
18 너희들이 하늘의 이치를 볼 수 있는
그와 같은 영광을 얻게 됨을 알아야
할 것이니라.
19 너희들은 알아야 할 것이니라.
20 창조주 내가 너희들에게 무한한 능력
을 주었으며, 무한한 깨달음을 주었으
며, 무한한 창의력을 주었음이니,
21 그 모두 속에서 너희들이 사랑을 찾아
내며 사랑으로 승화시키는 그와 같은
삶을 살아야 할 것이며,
22 사랑을 실천하여 내가 원하는 그 한계
를 넘을 수 있는 그와 같은 무한한 가
능성을 가지고 세상에 내보낸 것이 나
의 백성 너희들임을 알아야 할 것이
니라.

3,960 번째 하나님 말씀

2002년 11월 16일 0시 21분

1 사랑하는 나의 아들아!
2 "네, 아버님! 말씀하옵소서."
3 종교 지도자요, 만백성을 깨우쳐 인도
하는 너희들은 영적으로 그 깨달음을
나로부터 받았을 때 진정한 종교 지도
자가 될 수 있다 하였음이니라.
4 그러나 너희들이 지도자를 육성하며
살아가는 지금의 형태는 어떠하던가?
5 너희들이 인간의 상식적인 그 성적으
로써 지도자를 육성하며 평가함이니,
나 여호와의 뜻과는 관계도 없는 그와
같은 종교 집단이 이 세상을 지배하
며 덮어 가고 있음을 너희들은 알아야
할 것이니라.
6 그리하여 그와 같은 자로서 종교 지도
자 너희들이 단상에 서며 그리 만백성
을 구하는 그 역사를 시행함에 있어서
너희들은 크나큰 성전을 만들기 위한
거기에 모두를 다 바치며, 그와 같은

것을 이루기 위하여 믿음이라는 것은
뒷전이니라.
7 그러니 진정한 성령을 받아 성령으로
써 지도자가 아니 되었기에, 처음부터
너희들이 그 성령의 깨우침이요, 하늘
에 오르는 길을 인도하는 것은 뒷전이
며 믿음이라는 그 가르침은 뒷전에 접
어 두며,
8 각종 헌금을 만들어 그 헌금을 거둬
들이는 데 몰두하는 것이 지금의 작태
가 아니던가?
9 그것에만 너희들이 비상하고 교묘한
방법을 연구하기 시작함이니, 성령과
는 아무런 관계도 없는 형태에서 너희
들이 감이니라.
10 그저 성령이요, 하늘에 인도하는 길이
요, 우리 부자의 이름을 파는 것은,
11 너희들이 그와 같이 크나큰 성전이요,
많은 신도에게 더 많은 각종 이름을
붙여 헌금을 거둬들이는 데 그 교묘
한 방법으로써 위장 전술을 쓰고 있
는 것이 우리 부자의 이름을 부르는
것이 아니던가?
12 적을 속이고 적을 기만하기 위해 하
는 그와 같은 행위로써 나의 피조물
만백성을 울리고 속이기 위하여 우리
부자의 이름을 팔아먹는 이와 같은 위
장술을 가지고 너희들이 살아감을 알
아야 할 것이니라.
13 교묘한 방법을 연구하여 너희들이 그
와 같이 재물을 거둬들임이니, 이 세
상에 가장 불쌍한 자는 누구더냐?
14 그것은 나의 백성들이요, 그리하여 너
희들로부터 어렵고 힘든 고통을 받으
며, 그들의 소중한 고혈을 빨아먹는
무서운 너희들의 지금의 작태이며,
15 그것이 부족하여 나의 피조물 만백성
에게 압박과 공포와 그와 같은 불안
심리에 시달리도록 나의 백성을 그리
이끌어 가는 것이 너희들이니라.
16 그리하여 너희들에게 고혈을 빨리며
압박에 시달리면서도 그들이 구원이
라는 무서운 것 때문에 그 고리를 놓
지 못함이니,
17 그들의 마음 한구석에서는 나 여호와
를 욕하기 시작하며 나를 원망하는 그
것이 지금의 종교 집단 너희들이 이끌
어 가는 작태임을 너희들이 모르지는
아니할 것이니라.
18 그를 너무나도 잘 알며 그 현실을 잘
알고 있는 너희들이지만, 너희들이 인
간 육의 삶의 향락을 위하여 그를 저
버리지 못하며,
19 최초부터 너희들이 영적인 깨달음에
의한 지도자가 아니요, 성적순에 의한
물질을 거두어 모으는 지도자로서 시
작하였기 때문에 오늘에 이와 같은 험
악한 형태의 시대가 되었음을 알아야
할 것이니라.
20 너희들은 알아야 할 것이니라.
21 내가 나의 법전을 통하여 너희들의 추
하고 더러운 모습을 다 이리 기록해
전함이니,
22 이 기록하여 전하는 나의 법전의 내용
이 거짓이며, 너희가 나의 법전을 읽
고 정독하여 그 속에서 깨달음이 정녕
진정한 진리가 아니라 하거든, 너희들
이 나의 아들을 핍박하고 법전을 태워
버린다 하여도 내가 말하지 아니할 것
이니라.

23 그러나 너희들은 여기서 알아야 할 것
이니라.
24 나 여호와가 밤낮을 가리지 아니하며
나의 아들을 독려하여 160권의 법전
을 세상에 내보내는 것은, 지금 불쌍
한 나의 백성이 진정한 목자요, 목자
다운 목자를 찾지 못하며 종교 지도
자다운 종교 지도자를 찾지 못하기
때문에, 그를 찾아 헤매는 나의 불쌍
한 백성을 구원하고자 함이니라.
25 진정한 목자요, 진정한 종교 지도자를
찾아 헤매다가 나를 버리며 믿음까지
그 모두를 포기하는 불쌍한 나의 백성
을 위하여 그들을 구원하고자 함이니
라.
26 스스로 찾다가 지쳐 포기하고 이제는
방황하는 그와 같은 나의 백성이요,
진정한 참진리요, 진정한 목자다운 목
자를 지금도 찾고 진정한 목자를 위하
여 헤매는 그 불쌍한 나의 백성들을
구원하고자 내가 법전을 내리는 뜻이
여기 있음이니,
27 너의 제자들과 나를 따르며 나의 법전
을 읽는 백성들은, 그와 같이 방황하
며 질서를 잃으며 진정한 목자를 찾기
에 갈급하며 목이 타 있는 만백성 그
들에게 나의 법전을 전해 주어,
28 그 손으로써 나의 법전의 뚜껑을 열
어 그들이 정독하여 깨우치는 축복을
얻을 수 있도록 그리하는 것이 너희들
의 대명임을 잊어서는 아니 될 것이니
라.

3,961 번째 하나님 말씀

2002년 11월 16일 0시 28분

1 사랑하는 나의 아들아!
2 "네, 아버님! 말씀하옵소서."
3 종교 집단이요, 믿음의 길을 가는 백
성과 많은 나의 피조물 만백성들에게,
4 지금의 종교 지도자들이 가고 있는 형
태며, 그들이 행하는 것이며, 그들이
만백성을 가르치는 그와 같은 모습과,
그들이 행하는 것과, 또 그들을 따르
는 신도들을, 한번 그들의 믿음의 형
태가 어찌 가는가 스스로 들여다보라
그리 전하라.
5 정녕 깨우쳐 가르치는 자, 지도자라는
자, 또한 배우는 자들이 저 자신이 누
구이며, 무엇이며, 저 자신이 무슨 짓
을 하고 있는지 그 자체도 모르고 있
는 것이 지금 믿음의 집단이 가고 있
는 그와 같은 형국이니라.
6 그리하여 그들은 참진리를 모르며 미
래의 변화를 모르며 나 여호와가 원하
는 것을 모르기에,
7 그저 일반 상식으로써 누구나 다 말
할 수 있는 '사랑하라, 선하게 살라.'
하는, 아무나 알 수 있고 들을 수 있으
며 다 알고 있는 내용이며 아이들까지
도 알 수 있는 그와 같은 말만을 되풀
이하여 설교하며 부르짖고 있음을 너
희들은 알아야 할 것이니라.
8 그들은 그 속에 나의 피조물 만백성들
을 그와 같은 방법으로써 이끌어 가
고 있음이니,
9 그들은 말하느니라. 그리하여 많이 재
물을 바치는 자, 그리고 헌금을 많이

내는 자, 그와 같은 자가 축복을 받는
다는 이야기로써 그들은 강론하며,
10 그들이 또 무어라 말하는가? 목자는
너희가 심판할 수 없다 또 그리 강론
을 하느니라.
11 그리고 그들은 마지막에 가서 무어라
강론을 하느냐? '주 예수'요, 그로부터
선택된 목자요, 이 복음을 전하는 저
를 섬기기를 목숨을 다 바쳐 섬기는
것이 축복을 받는 길이라 그리 결론을
지어,
12 허구한 날 그와 같은 믿음의 길이라
하여 가는 것이 너희들의 형태가 아니
던가?
13 지금의 종교 지도자들이 가르치는 방
법과 그를 따르는 신도의 내면을 너
희들이 상세히 들여다보고 분석해 보
라.
14 그들은 아무나 할 수 있는 말을 그저
되풀이하느니라.
15 그 뜻도 모르고 그 이유도 모르면서
사랑하라, 선하게 살라 그리 말하느니
라.
16 그리고 재물을 많이 바치는 자가 구원
을 받는다 하며, 하늘에 많이 쌓아 놓
는 자가 구원을 받는다 그리하며 재
물을 거둬들이는 것을 일 번으로 하
느니라.
17 그리고 저희들이 죄짓고 사는 것을
감추기 위하여, 저희들이 저희 신도만
큼도 바로 살지 못하며 나 여호와의
십계명대로 살지 못하기 때문에, 신도
는 저희들을 심판할 수 없다 그리 말
하느니라.
18 그리고 또 그것도 부족하여 저희들이
호의호식을 누리기 위하여 나 여호와
로부터 명받은 목자를 섬기는 데 너희
들이 주인보다도 더 소중히 목숨을
바쳐 섬기며, 부모와 형제보다도 더
소중히 섬기면서 평생을 살아가는 자,
축복을 받는다 그리 결론을 지으며 그
날의 설교를 마치는 것이 지금 가르치
고 있는 자들의 작태이니,
19 그 속에서 '아멘!'이요, '할렐루야!' 눈
물로써 손뼉 치며 축복받았다 말하는
백성, 그들이 흘러가는 형태를 너희들
이 들여다보라.
20 내가 나의 아들을 통하여 법전에 기록
하는 내용이 다르다 하면 너희들은
지금 나의 아들을 사탄이라 말하여도
내가 그를 벌하지 아니할 것이니라.

3,962 번째 하나님 말씀

2002년 11월 16일 06시 22분

1 사랑하는 나의 아들아!
2 "네, 아버님! 말씀하옵소서."
3 인간 너희들이 노력하며 이루고자 하
며 변하고자 하는 것이 얼마나 소중한
것인가를 아는가?
4 노력하지 아니하는 자에게 결과가 없
으며 얻어지는 것이 없음을 알아야 할
것이니라.
5 인간이 살아가는 그 형태에서 노력하
는 자만이 길이 있으며, 노력하는 자
만이 얻어지는 그와 같은 결과가 있
는 것이니라.
6 내가 너희들에게 무어라 말하였느냐?
7 모든 선과 악은 너희 스스로 네 안에
있음이니, 오로지 네 마음에 있다 하

였음이니라.
8 그 모두를 정리하고 악을 제거하고 선
을 선택하는 그 모두는 너희들이 노력
하지 아니하면 얻어질 수가 없는 것
이며 결과가 없음을 알아야 할 것이
니라.
9 내가 너희들에게 지금 모든 믿음의
길을 가는 자들이 감나무 밑에 누워
감이라는 것이 너희 입에 떨어질 것
이라고 바라는 믿음의 형국으로 가는
것이라 그리 말하였느니라.
10 너희들이 스스로 취하고 그를 거두어
들였을 때 그를 취할 수 있거늘,
11 그리고 너희들이 노력하여 감을 땄을
때 너희 손에 쥘 수 있는 것이 아니던
가?
12 그리하여 너희들이 지금 노력하고 가
고자 하는 그 뜻에 따라 모두가 이루
어지고 이루어지지 아니함을 알아야
할 것이니라.
13 나의 법전을 세상에 전하여 만백성을
구하는 길도 너희들이 생각하고 또 노
력하는 것에서 그 결과가 이루어지는
것을 알아야 할 것이니라.
14 그리하여 너희에게 내가 이르기를, 너
희들이 눈을 떠 하루의 생활을 하기
전에 나의 법전을 어찌 전하며 어찌
만백성을 구할 것인가 그것을 먼저 생
각하라 하였음이니라.
15 그와 같은 생각을 할 때 내가 너희들
에게 깨달음을 주며 지혜를 준다 그리
말하였거늘,
16 너의 제자들 또한 그와 같이 생각하는
자가 과연 얼마나 있는가?
17 너희들이 오늘의 생활이요, 육의 생활
의 그 행복을 위해서 계획하고 생각
하는 데는 인색하지 아니하나, 나의
법전을 전하는 것을 제1번으로 생각
하는 자 과연 얼마나 있는가?
18 내가 너희들에게, 너희들이 모두를 이
룰 수 있고 변화될 수 있는 것은, 나의
법전을 세상에 전하는 것을 먼저 생각
하는 데 너희들의 모두가 이루어질
수 있음이라 일찍이 깨우쳐 주었거늘,
그리 행하며 그리 삶을 지탱하는 자
과연 얼마나 있는가?
19 너의 제자들에게 이르라.
20 너희들이 세상에 하루를 살아가려 눈
을 뜰 때, 나의 법전을 어찌 전하며 만
백성을 어찌 구할 것인가 먼저 그것부
터 생각하는 마음의 자세로 갖도록 그
리 전하라.
21 그리하면 내가 너의 제자들에게 기회
를 줄 것이며 지혜를 내려 줄 것이니,
이를 명심하여 행하도록 그리 전하라.

3,963 번째 하나님 말씀

2002년 11월 16일 06시 29분

1 사랑하는 나의 아들아!
2 "네, 아버님! 말씀하옵소서."
3 성령으로써 또 나의 아들로 세상에 태
어나 만백성을 구하던 예수가 설법하
며 가르치기를, 그가 가르치는 설법을
듣고 그가 가르치는 성령의 뜻을 듣고
변화되는 삶을 살라 하며 그리 너희
들이 살아가는 그 방도를 가르쳐 주
며, 죽은 자를 살리며 병든 자를 고치
는 그와 같은 역사를 이룬 나의 아들
이,

4 너희들에게 나 여호와의 아들인 예수
를 위하여 복종하며 순종하며 모두를
다 바치며 저를 잘 받들어 모시라 그
리 가르치고 그가 그와 같은 설법을
했는가?
5 그리고 나의 십계명에 이르기를, 나의
종이요, 나의 뜻을 전한다 하여, 나로
부터 선택된 백성이라 하여 그들을 하
늘처럼 받들어 모시라는 그와 같은 구
절이 있는가?
6 그러나 지금 너희 종교 지도자들이 감
히 무어라 말하는가?
7 사악한 입으로써 사악한 짓을 하고
있는 그들이 주의 종이요, 주의 종을
하늘처럼 받들며 모시는 것이 나 여호
와를 받드는 것이며,
8 주의 종을 위하여 목숨을 바쳐 따르
고 그를 존경하며 그를 편안히 잘 모
시는 것이 너희들이 해야 할 임무라
지금 그리 가르치고 있으니,
9 그 추하고 더러운 모습을 내가 보기에
얼마나 역겨운가를 너희들은 알겠는
가?
10 그를 더 이상 볼 수 없고 더 이상 견딜
수가 없어 내가 바로잡고자 하는 것
이 나의 뜻이니라.
11 지금 나의 아들이 너희들을 가르치되
뭐라 말하는가?
12 '나는 하나님의 아들이요, 하나님으로
부터 아들이라 명받은 자니, 너희들은
나를 편하게 나를 안전히 그리고 세상
에서 제일 행복한 사람으로 만드는
것이 축복을 받는 길이요, 하늘에 오
르는 길이라' 나의 아들이 너희들에게
감히 그리 가르치는가?
13 나의 성령을 밤과 낮을 가리지 아니하
고 직접 받아 기록하여 책을 만들어
만백성을 구하며 새로운 세상을 이루
는 기틀을 만드는 나의 아들이 감히
그리 말하던가?
14 그는 너희를 낳아 준 부모에게 먼저
효성을 다하며, 너희 가족을 위하여
의식주를 해결하고 사는 것이 우선이
며, 너희들이 성전에 나오는 것도 너
희 가족의 의식주를 먼저 해결하는
것이 나 여호와의 뜻이라 말하며,
15 나의 아들을 생각하기 전에 너희들의
편안한 삶이요, 너희 가정의 의식주
요, 너희 부모를 먼저 생각하라 그리
가르치는 것이 나의 아들의 뜻이니,
16 저 자신이 나 여호와의 종이니 저를
받들기를 신처럼 받들라 말하는 그들
의 가르침과 어떤 것이 정녕 맞는가?
17 나의 아들은 그리 말하느니라. 그를
통하여 내가 내리는 나의 성령이요,
나의 법전대로 너희들이 살며 그 뜻을
받들어 행하는 것을 두렵고 무섭게
생각하라 그리 가르치지만,
18 그를 위하여 저희들의 모두를 다 바
치라는 말을 감히 나의 아들도 하지
아니하며, 나의 아들 예수도 그와 같
이 너희들에게 강요하고 협박한 것은
없음이니라.
19 그러나 지금의 너희들이 금이요, 은이
요, 이렇게 변해진 나의 뜻을 가지고,
썩은 쇳가루가 날아가 자리 잡은 그
와 같은 것이 지금의 종교 집단 너희
들이 손으로 지은 성전이라는 곳이요,
그곳에서 가르치는 것이 그와 같이
썩은 자들이니라.

20 그러기에 저희들이 무어라 하느냐?
21 감히 저희들이 나 여호와의 종이니 저
희들을 모시기를 신과 같이 받들며
하늘처럼 받들라 그리 말함이니, 저희
들이 신이 되고자 하는 것이며,
22 나의 피조물 만백성의 가슴에 다른
신을 심고자 하는 그와 같은 사악한
짓을 하고 있는 것이 지금의 너희들의
형국이니,
23 너희들의 양손에 이것을 놓고 하늘에
오르는 진정한 길과 진정한 길이 아
님을 구분하여 선택하도록 그리하라.
24 이와 같이 내가 하늘의 뜻과 모두를
너희 손에 쥐여 주거늘, 이래도 바로
가지 못하는 자, 너희들이 얼마나 두
렵고 무서운 일을 치러야 하는 것인
가를 알게 될 것이니라.

3,964 번째 하나님 말씀

2002년 11월 16일 06시 41분

1 사랑하는 나의 아들아!
2 "네, 아버님! 말씀하옵소서."
3 수천 년 동안 흘러오는 그 종교 집단
들이, 재물을 하늘에 많이 쌓으며 많
이 바치면 구원을 받으며 죄에 대한
용서를 받는다 그리 가르쳐 수없이 재
물을 착취하고 거둬들임이니, 그와 같
은 것이 지금의 종교 집단의 믿음이
니라.
4 너희들이 인간 세상에 살아가면서, 서
로 남에게 손해를 끼치며 잘못했을
때, 그를 위로하고 달래기 위하여 너
희 인간의 법에 의하여 보상해 주며
그 대가를 치러 줌으로써 너희들은
죄에 대한 벌을 감면받으며,
5 또한 서로 합의에 의하여 상대방을
가슴 아프게 했던 일을 위로하며 그
대가를 지불함으로써 조금의 용서를
받을 수 있는 그와 같은 것이 너희들
이 살아가는 인간 세상의 법도요, 흐
르는 것이니라.
6 그리하여 그걸 고쳐 너희들 종교 지도
자들이 말하기를, 너희들이 지은 죄를
재물과 금화를 하늘에 많이 쌓으면 나
여호와가 용서해 주는 것처럼 그리 착
각 속에서 나의 백성을 가르치며, 그
와 같이 나의 백성을 현혹하여 지금
착취하고 있음이니라.
7 그러나 인간 세상에 이루어지는 것이
어찌 이루어지는가?
8 너희들은 육을 가진 형태로서, 일대일
이요, 상대성이 있는 속에서 상대를
아프게 하며 재산을 피해 입히며 그에
게 상처를 입히면 그 상처요, 재산 피
해를 입힌 것에 대해 그 대가를 지불
하고 보상함으로 인하여 그 사람으로
부터 합의라는 것을 얻어내며,
9 그리하여 법에서도 그 경중을 따져
참작하여 선처를 바라는 것이 인간 세
상에 이루어지는 법도이니,
10 이것은 인간 세상에서 너희들의 규약
에 의하여, 너희들 인간의 약정에 의
하여 이루어지는 것이며, 상대성이 있
기에 그와 같이 이루어지느니라.
11 그러나 너희들이 나로부터 짓는 죄요,
성령으로써 짓는 죄는 너희 스스로
짓는 죄이니 그 상대성이 없음이니라.
12 너희들이 성령으로써 죄를 지으며 믿
음을 잘못 간 것이 아니라, 육의 삶을

사는 그곳에 너희들이 육으로써 지은
죄를 그 상대에게 갚는 것을 가르치
지 아니하고, 어찌하여 아무 관계도
없는 나 여호와에게 너희들이 금화와
은화를 바침으로써 내가 그를 용서해
준다 말하는가?
13 나 여호와가 너희들을 사랑하며, 너희
들이 깨우쳐 하늘에 오르며 깨닫고자
하여 선한 것을 선택하고자 노력할 때
그에 따라 내가 너희들을 구원해 준
다 하였으나,
14 상대성이 있는 죄의 대가는 내가 너희
들에게 용서해 주고 구원해 줄 수 있
는 나 여호와가 아님을 알라.
15 그러기에 공의의 하나님이요, 나는 참
진리를 너희들에게 가르치는 자이니
라.
16 너희가 앞에 있는 사람의 얼굴에 상처
를 입힌 그것은, 나에게 너희들이 재
물을 바친다 해도 상처 입은 사람의
마음을 달랠 길이 없거늘, 내가 어찌
너희들을 용서해 줄 수 있는 권한과
용서할 수 있는 능력이 있다 말하는가?
17 얼굴에 상처를 입고 평생을 살아가는
그 사람의 마음을 보상하는 것은 너
희 인간 세상의 관계에서 이루어지는
것이니, 그는 나 여호와와 관계가 없
음을 알아야 할 것이니라.
18 상대성이 있는 죄는 내가 용서할 수
없으며, 너희들이 그를 열 배로 갚았
을 때 내가 용서해 줄 수 있다 말하였
으니, 그 뜻이 무엇이던가?
19 인간 세상에서 너희끼리 치고받고 이
루어진 그 모두는 너희들이 해결했을
때, 그것을 열 배로 보상했을 때, 내가
너희들을 기억할 수 있다 그리 말하였
음이니라.
20 너희들은 인간 세상에서 상대에게 상
처를 입혀 마음을 아프게 하고 그에
게 피해를 입히고 나서 나에게 빌어
그를 용서받으며 너희들이 가지고 있
는 재물을 나에게 바침으로써 구원을
받는다 그리 말함이니,
21 그 재물은 너희들이 상처를 입힌 자에
게 보상하여 너희들 인간 세상의 계
산을 끝내는 것이며, 합의라는 것으로
그에게 보상하는 대가로써 너희가 인
간 세상의 죄는 가벼워질지 모르나,
22 너희들이 그와 같은 짓을 하고도 나에
게 재물을 바치고 나에게 경배한다고
해서 내가 너희들을 용서해 주며 내가
너희들을 받아들이며 그 기도소리를
들어 너희들을 그와 같이 용서해 주며
선처해 주는 나 여호와 하나님이 아님
을 알라.
23 남에게 피해를 입은 것까지 내가 뺏
어서 챙기며 그를 위하여 내가 재물을
거둬들이는 사악한 나 여호와라 부르
짖는 너희들의 그 추한 모습을 내가
얼마나 역겨워서 볼 수 없으며 들을
수 없는 것인가를, 나의 고충을 너희
들이 헤아려 바르게 살도록 너의 제자
들에게 그리 가르치라, 사랑하는 나의
아들아!

3,965 번째 하나님 말씀

2002년 11월 17일 07시 34분

1 사랑하는 나의 아들아!
2 "네, 아버님! 말씀하옵소서."

3 내가 밤과 낮을 가리지 아니하며 너를
통하여 '하늘에 오르는 길'이요, '하나
님! 말씀하옵소서'라는 나의 성령을
기록하여 만든 이 책을 세상에 내어
만백성을 구하고자 함이니,
4 너희들은 이를 보고 사탄이요, 이단이
요, 마지막 시대에 거짓 선지자가 와
너희들을 현혹하며 지옥으로 보내는
그와 같은 역사를 이루는 자가 왔다
그리 말하느니라.
5 너희들은 여기서 너희 스스로 가슴에
손을 얹고 너희 자신을 돌아다보도록
그리하라.
6 내가 나의 아들을 통하여, 예수를 통
하여 세상에 너희들에게 내려보냈을
때 나의 성령은 금과 같다 말하지 아
니하였는가?
7 그것이 변질되고 변질되어 지금은 무
쇠 조각이 되어 내가 만든 지상을 다
덮도록 만들어 놓은 것이 너희들의
그 썩어져 간 종교 집단이라 말하였느
니라.
8 너희들은 하나의 성서를 가지고 가르
치는 교리요, 설법이 수천수만 가지의
종파로 바뀌어 이름을 걸고 나오니,
9 너희들이 말하는 개나 걸이나 할 것
없이 이름 하나 갖다 붙이고 사람 몇
명 모아 놓으면 그저 너희들이 짐승
을 모아 놓은 것처럼 그곳에서 설법하
며 거기서 또 종파가 하나 생기니,
10 머리 깎고 산속에서 수련하며 심신을
단련한다는 불도를 가는 사람들은 어
떠하더냐?
11 하나의 불경을 갖다 놓고 그것도 이
리 갈라지고 저리 갈라지고 또 설법이
달라지니,
12 너희들의 모든 종파가 그저 우후죽순
처럼 모아지고 벌어지고 갈라진 그와
같은 형국이니,
13 과연 너희들의 가르침이요, 배움이 진
정한 길로 간다고 생각하는가?
14 얼마나 너희들이 교활하고 추하고 사
악한 모습인지 알겠는가?
15 몇 사람을 모아 놓고 하나의 종파라
고 해서 또 만들어 낸 너희들이 바로
사탄이요, 사악한 자요, 마귀임을 알
아야 할 것이니라.
16 너희들은 하나를 가지고 가르치는 것
이 진정한 가르침임을 알라.
17 이는 곧 진리는 하나이기 때문에 변할
수가 없으며, 그 진리를 탐구한다면
두 개가 나올 수 없으며 세 개가 나올
수 없으니,
18 너희들 임의로 그저 사람 몇 명 모아
놓고 거기서 또 하나의 종파의 이름을
만들어 신흥 종교라 하여 만백성을 끌
어가고자 하는 것이 너희들의 지금
그 추하고 더러운 모습이니,
19 내가 정녕 그와 같이 잘못 가고 있는
너희들을 놔둬야 하겠는가?
20 너희들이 또 하나의 생긴 종파 속에
가 몸담으면 또 하나의 사탄이요, 마
귀의 집단이요, 그 새끼가 생기는 것
이니, 이와 같이 무서운 형국을 모르
는가?
21 그리하여 세상을 사악한 자들이 다 덮
고 있음이니라.
22 내가 나의 아들을 통하여 내리는 성령
을 너희들이 들어 보라.
23 거기에 종파가 있으며 무슨 종파의

이름이 있는가?
24 모두를 다 사랑하며, 그저 하늘에서
내리는 나의 진리요, 그가 제 생각으
로 하는 것이 아니라, 명하는 자가 있
어서 제가 듣는 것만 그리 행함이니,
25 그게 바로 진정한 나의 아들이요, 나
의 목자요, 만백성을 구하는 길임을
너희들은 어찌하여 그리 모르는가?
26 나의 아들 예수가 제 스스로 행했는가?
27 오로지 듣는 것이요, 보낸 이의 명령
에 의하여 그는 거행했듯이,
28 너희들에게 내가 지금 나의 아들을
통하여 법전이라 하여 나의 성령을 세
상에 내려보내니,
29 보내는 이는 내가 따로 있으며, 받는
것은 나의 아들이요, 책으로 기록하여
만드는 것은 너희들 선택된 백성이 하
는 일이니,
30 여기에는 종파도 없으며, 교리가 바뀌
는 것도 없으며, 진리가 사람에 따라
바뀌는 것도 없음이니라.
31 너희들이 지금 잘못 가르치고 잘못 가
는 것은 사람마다 다르며, 지도자가
바뀔 때마다 다르며, 가르치는 자가
바뀔 때마다 교리요, 설법하는 방법이
요, 그 모두가 달라져 버림이니,
32 그러니 그것이 참진리가 아니요, 하늘
에 오르는 길이 아니라 함이니라.
33 나 여호와가 직접 내린 참진리는 열
사람이요, 백 사람이 바뀌 가면서 가
르쳐도 그 내용에 변화가 없으며, 그
내용이 변질될 수 없으며,
34 똑같은 말로써 똑같은 자의 입에서
나오게 되어 있는 것이 진정한 진리이
니라.
35 그리하여 진리는 가장 낮은 데에서부
터 시작된다 하였거늘, 나의 법전을
읽고 깨우쳐 보라.
36 너희들이 읽는 자 스스로 깨달으며,
그 생각이 각자 다른 것이 아니요, 한
길로써 깨우침이니라.
37 나의 진정한 참진리라 하는 것은 열
사람이 가르치든 백 사람이 가르치든
그가 가르치는 내용이 같으며, 그가
지도하는 방법이 같으며, 받아서 이해
하고 깨우치는 백성이 또 똑같이 듣고
깨우치게 되어 있는 것이니라.
38 그리하여 그것이 진리이니라.
39 그렇지 아니한 것은 진리가 아니요,
나의 가르침이 아니요, 나의 뜻이 아
니라는 것을 너희들이 여기서 알아야
할 것이니라.

3,966 번째 하나님 말씀

2002년 11월 17일 07시 45분

1 사랑하는 나의 아들아!
2 "네, 아버님! 말씀하옵소서."
3 내가 너희들에게 무어라 가르쳤느냐?
4 구약과 신약이 변질되어 너희들이 너
희 인간의 계명으로써 그를 둔갑시켜
사용할 것을 내가 알았으며,
5 그리하여 나의 피조물 만백성 너희들
을 구원함이 아니요, 그저 둘만 모이
면 쪼개지는 그와 같이 수없이 생기는
종파요, 우리 부자의 이름을 팔아 너
희들이 살아가는 호구지책으로써 사
용할 것을 내가 알고 있었기에,
6 내가 불로써 변질되지 않는 십계명을
써 내려, 그것이 하늘에 오르는 길이

요, 영의 양식이라 그리하였음이니라.
7 영혼을 구하는 양식이요, 이를 지키고
사는 자만이 하늘에 오를 수 있는 것
을 요약하여 그를 내려보냈음이니,
8 지금 내가 나의 아들을 통하여 나의
성령을 직접 내려보내면서 너희들이
그리도 좋아하며 그리도 선호하는 종
파라는 것을 왜 주지 않았는지 알겠는
가?
9 너희들이 둘만 모이고 셋만 모이면 갈
라지고 찢어져 또 하나의 종파가 생
기며 시비가 생기는, 그와 같은 욕심
을 버리지 못하고 살 것을 알고 있었
기에 내가 일찍이 나의 아들에게 종파
를 갖지 말도록 명하였음이니,
10 내가 이는 불로써 십계명을 써 성서
가 변질될 것을 미리 대비한 것과 마
찬가지이니라.
11 나의 아들이 종파를 가졌다 하면 너희
들은 또 거기에 구파의 종파요, 신파
의 종파요, 앞에다 그저 '아'자를 붙이
고 '어'자를 붙여서 수없는 종파를 만
들어 낼 것을 내가 미리 알고 있었기
에
12 그를 예방하기 위하여 종파가 없이
'하늘에 오르는 길이요', 나의 성령으
로써 법전이라는 책을 만들어 만백성
을 구하도록 하였음이니,
13 십계명을 써 내리는 것 못지않게 오
늘의 너희들이 지금 종파를 갖지 아니
한 것이 내가 미리 선택하여 그리 명
한 것임을 알아야 할 것이니라.
14 그리하여 나의 법전이 나의 성령이요,
15 너희들은 알 것이니라. 모두는 세월이
흐르면서 내가 명한 것을 알듯이, 그
리하여 내가 160권의 법전을 만들어
세상의 만백성에게 전하기 전에 열여
섯 권의 법전의 기초를 만들었음이니,
16 그 기초요, 기본의 틀 속에서 모두가
변화되지 아니하고 이루어지는 역사
가 됨을 알아야 할 것이니라.
17 내가 열여섯 권의 법전에 명하여 가
르친 그 뜻이 너희들은 160권을 공부
해 가면서 나의 성령을 받아 기록하는
그 속에서 그를 보강하는 것이며, 너
희들이 천 년에 걸쳐서 변하는 역사를
이루는 그 가르침의 기초요, 근본이
요, 기본이 열여섯 권 안에 들어 있음
이니라.
18 열여섯 권의 가르침이 세월이 흐른 다
음에도 거기에 행함이 있으며, 거기에
기본과 기틀을 두고 변화되는 가르침
이 있음을 너희들은 알아야 할 것이
니 그리 알라.
19 이것이 불변인 것이니라.
20 내가 먼저 내려 준 열여섯 권이 그 기
본이요, 근본이요, 그 속에서 160권이
아니라 16,000권이 나온다 해도 거기
에서 벗어나는 것이 없으며, 거기에
다른 뜻이 없으며, 서로 너희들이 갑
론을박할 그러한 이유가 없는 것이니
라.
21 그리하여 진리라는 것은 한 길이며,
하나로 가는 것이 진리라 하였음이니
라.
22 내 참진리가 아니라면, 160권이 세상
에 나오니 너희들이 그중에서 한 권
을 가지고 깨우쳐 하나의 종파를 만들
것이니, 160개의 종파가 나오는 것은
당연할 것이니라.

23 그러나 나의 법전을 가지고는, 나의
참진리이기에 너희들이 종파의 행세
를 할 수 없으며,
24 그를 보고 너희들이 깨우쳐 준다고
만백성 앞에 잘못 섰을 때, 이를 보고
깨우쳐 깨달은 백성에게 너희들이 그
단상에서 단죄받는 그와 같은 형국이
되도록 내가 지금 나의 법전을 만들어
세상에 전했음이니,
25 너희들은 이와 같이 위대한 나의 법전
이 곧 나의 성령이요, 오로지 이것이
하늘에 오르는 길이요, 너희들을 구원
하는 길이라는 것을 잊지 말라.
26 이를 가슴에 깊이 새겨 두는 자, 생명
보다도 더 소중히 나의 법전을 여기
고 정독하는 자만이 구원을 받을 수
있다는 것을 너희들은 잊어서는 아니
됨을 알라.
27 이는 영원히 불변함이며, 변화가 없기
때문이니라.

3,967 번째 하나님 말씀

2002년 11월 17일 12시 01분

1 사랑하는 나의 아들아!
2 "네, 아버님! 말씀하옵소서."
3 너희들 인간 세상에서 추수하여 알곡
식을 거둬들일 때 너희들은 그를 날
리고 또 날려 쭉정이는 날려 보내며
알곡식만을 추려서 그를 취하여 곳간
에 쌓아 놓지 아니하던가?
4 너희들이 믿음을 가는 길도 그러하니
라.
5 나의 법전이 나의 성령이요, 나 여호
와 창조주의 뜻이며, 이를 듣고 배우
고 공부하는 너희들도 그러함이니,
6 알곡식을 추리기 위하여 추수하는 자
가 쭉정이를 날리는 일을 반복하듯이,
너희들 또한 나 여호와가 너희들을 추
리고 또 추려서 오로지 알곡식만을 존
재하게 함이니,
7 한 번 두 번 추리는 그와 같은 역사의
과정을 거친 자들이 지금 나의 성전
에 와 나의 아들을 통하여 내리는 강
론을 들으며 나의 법전을 들음이니라.
8 내가 나의 아들을 통하여 너희들에게
가르치는 그 뜻이 얼마나 너희 가슴에
와 닿으며 너희 머리가 쭈뼛쭈뼛 서
는 그 무서운 뜻이 거기 있더냐?
9 그는 너희들이 그만큼 경지에 가 있
으며 추려진 곡식이기에 너희들은 귀
히 쓸 수 있는 자들로서 한 발짝 한
발짝 나에게 다가오는 그와 같은 변화
가 이루어지고 있는 것이 지금의 너
희들임을 알아야 할 것이니라.
10 이제 너희들에게 내가 축복을 내리며
영광을 내리고자 함에 있어서 너희들
이 마음을 더 비워야 되는 것이며, 너
희들이 더 변화되어야 함을 알아야
할 것이니라.
11 내가 너희들에게 간곡히 말하기를 하
나가 되라 하였으며, 남을 헐뜯고 남
을 흉보는 일이 없으며 남을 비방하는
일이 없도록 하라 그리하였음이니라.
12 내가 일찍이 너희들에게 깨우쳐 가르
쳤음이니, 개미라는 미물이 하나의 먹
이를 놓고 저희들이 온 힘을 모아 역
사할 때, 거기에 와 더불어 그 먹이를
옮기지 아니하며 먹이를 옮기는 자의
허리를 물고 다리를 무는 그와 같은

동료 개미가 있다 하면 어찌하겠는가
내가 묻지 아니하였던가?
13 제가 그 음식을 운반해 놓았을 때 그
먹이를 먹고 제가 살 것이거늘, 그를
반대하며 그를 이루지 못하게 하는
행위와 같다 하였음이니라.
14 너희들이 빨리 깨우쳐 빨리 변해야 하
는 것은 바로 무엇이더냐?
15 개미라는 미물이 모여서 먹이를 저희
굴로 옮기듯이 그들이 그를 옮겨 놓아
야만 그 역사가 끝남이니라.
16 너희들은 나로부터 선택된 백성들이
요, 천 년에 걸쳐서 새로운 역사를 이
땅에 이루는 그 기틀을 잡아가는 자
들이기에 너희들이 변화되어야 하며,
너희들이 바로 서지 아니하면 아니 되
기 때문이니라.
17 그 미물이 먹이를 제 굴에 옮겨 놓아
야 임무가 끝나듯이, 너희들이 하얀
마음이요, 천사 같은 마음으로 변하지
아니하면 너희들은 고통과 훈련이 반
복되며,
18 그리 너희들이 일찍 변한다면 너희들
의 임무가 끝나기에 오로지 거기에는
평온과 사랑과 영광의 축복이 있음을
너희 스스로 알게 될 것이니 그리 알
라.
19 그리고 지금 너희들이 가는 길이 얼마
나 소중하고 너희들의 임무가 막중한
가를 알아야 할 것이니라.
20 지금 나의 피조물 만백성을 내가 세
상에 내보내며 그들이 살아갈 수 있도
록 모든 준비를 내려 줌은 너희들이
자유로운 마음이요, 평화로운 마음이
요, 인간적인 행복을 느끼며 살라 내
가 너희들에게 그리 내렸음이니라.
21 그러나 지금 잘못 가르치는 종교 지도
자들이 어찌 가르치는가?
22 너희들의 인간적인 자유의 본질까지
도 박탈하며 너희들의 재물과 금화를
거둬들이기 위하여 너희들을 도구로
이용하고 있음이니,
23 너희들에게 때로는 협박이요, 위압적
이요, 강압적인 그와 같은 형태로써
나의 피조물 만백성을 지금 이끌어 가
고 있음이니라.
24 내가 너희들에게 원하는 것은 자유로
운 삶이요, 평화로운 삶이며, 아름다
운 자연을 느끼며 살아가도록 내가 다
주었거늘,
25 그를 박탈하며 그를 강압적으로 제압
하여 너희들을 끌고 가는 이와 같은
형태는 너희들로서 끝내야 할 것이며,
26 너희들의 후손 대대손손 그와 같은
역사가 이루어진다면 과연 이게 있을
수 있는 일이라 생각하는가?
27 저희들의 집단의 형성과 저희들의 편
안한 삶을 위하여 나의 피조물 만백성
들의 자유요, 너희들이 살아가는 인간
적인 행복까지도 다 말살시키며 너희
를 억압하며 강압적으로 구속하는 그
와 같은 그들의 행위를 더 이상 볼 수
없으며,
28 그들을 단죄하며 다스릴 것은 나의
법전을 읽고 깨우치는, 오늘의 성전에
나와 있는 너희들이 할 수 있는 대명
임을 잠시도 잊어서는 아니 되거늘,
사사로운 것에 너희 마음이 움직여서
는 아니 됨을 알라.
29 너희들은 그와 같은 대명이 있는 자

들이요, 영원히 나의 나라에 올라올
수 있는 자들이며, 나의 낙원의 동산
에 와 존재할 자들이니 그리 알라.
30 나의 아들이 너희들에게 오늘 말하여
깨우쳤느니라.
31 끓는 물 속에 들어가 나오지 못할 때,
그때의 고통이 얼마나 무서운가 말하
였음이니, 너희들이 그보다 더 무서운
길을 가야 함이니라.
32 바늘방석을 영원히 맨발로 가는 그와
같은 벌이 있는가 하면, 너희들이 형
용할 수 없는 그 무서운 죄의 대가를
너희들이 지은 만큼 받아야 할 것이
니,
33 나의 법전을 읽고 깨우치지 아니한다
하여도 너희들이 착하고 아름다운 마
음으로 살라 그리 전하라.
34 나의 법전을 읽고 깨우치지 아니하여
도 내가 지은 성전에서 선하고 착한
마음으로 살아간다면, 너희들의 죄가
가벼워지며 너희들이 치러야 할 그
죄의 대가가 가벼워짐이니, 그 가벼
운 죄의 대가를 치르는 길을 가르쳐
주도록 그리하라.
35 내가 만든 피조물 만백성 너희들이 잘
못 살아온 죄의 대가를 치르는 그 무
서운 꼴을 보는 나 여호와의 마음이
얼마나 아프고 쓰리면 너희들에게 이
리 말하겠는가?
36 나의 성서를 읽지 아니하며 나의 법
전을 읽지 아니하여도 됨이니, 내가
내린 이 지상의 낙원이요, 나의 성전
에서 너희들이 남들로부터 칭송받는
아름다운 삶을 살도록 그것이라도 실
천하고 깨우쳐 너희들이 죄의 고통에
서 벗어나라.
37 지금의 너희들이 숨을 쉬고 살아 있는
이 세상에서만이 그를 용서받을 수
있으며 구원받을 수 있다 함을 잊지
말고 그들에게 간곡히 전하도록 하라.
38 사랑하는 나의 아들의 제자, 너희들을
내가 사랑함이니라.

3,968 번째 하나님 말씀

2002년 11월 18일 09시

1 사랑하는 나의 아들아!
2 "네, 아버님! 말씀하옵소서."
3 내가 너에게 일러 깨우쳐 주지 아니
하였더냐?
4 모든 일의 복과 화는 가장 작은 것에
서부터 시작함이니,
5 가장 작은 실수를 함으로 인해서 그
것이 큰 화로 변하는 것이며, 가장 작
은 선을 베풀고 사랑을 행했을 때 그
것이 크나큰 서로에게 은혜와 영광이
될 수 있다 하였느니라.
6 그와 같이 변화되는 것은 모르느니라.
7 너는 나의 법전의 열여섯 권을 마쳤으
며, 이제 3부인 48권을 마치는 지금
의 이 시점에 있음이니, 이와 같은 기
적과 역사는 아무나 이룰 수 없음이니
라.
8 이제 많은 백성들이 이는 정녕 나 여
호와의 뜻이요, 인간으로서 이룰 수
없다는 것을 잘 알 것이니라.
9 이제 그러하니 너는 너의 제자들과 더
불어 나의 법전에 기록된 작은 것도
내가 명한 것을 충실히 시행하는 그와
같은 삶을 사는 것밖에는 남지 않았음

을 알아야 할 것이니라.
10 너희들이 내가 법전에 내리는 작은 것들을 그대로 실천하지 아니하였을 때, 너희들의 뜻은 이루어질 수도 없는 것이며, 모두는 다 물거품으로 무너짐을 알아야 할 것이니라.
11 먼저 내가 너희들에게 행하라 한 작은 것부터 행하고 실천하라.
12 그것을 하나라도 소홀함이 없이 실천하는 그와 같은 삶을 살아야 할 것이니, 이제는 또한 너희들이 그리 갈 수 있으며 그리 살아갈 수 있음이니라.
13 너희들이 그저 무심히 지나는 것이며 무심히 실천하지 아니하는 것도 그게 다 너희들을 무너트리는 그와 같은 결과의 원인이 됨을 잊어서는 아니 됨이니라.
14 사랑하는 나의 아들아!
15 "네, 아버님! 말씀하옵소서."
16 나의 아들 예수가 광야를 헤매며 만백성을 구하고자 했던 그 제자들과 그들이 역사했던 그 상황을 네가 생각한다면, 오늘 너희들이 살아가면서 무엇을 지키지 못하며 무엇을 이루지 못하겠는가?
17 그와 같은 마음의 생각을 항상 가슴에 지니고 살도록 그리하라.
18 그들이 벼 이삭을, 곡식의 이삭을 주워 연명했던 생활 속에서 얼마나 아픔이 있고 힘듦이 있었겠는가?
19 과연 너희들의 오늘의 삶이 그와 같더냐?
20 그보다는 너희들이 열배 백배 더 행복하며, 모든 풍요로움이요, 은혜 속에서 모두가 이루어짐이니,
21 내가 너희들에게 지키라 법전에 기록한 나의 명을 너희들이 충실히 지키지 아니한다면, 아무도 그 뜻을 지킬 수 있는 자가 없음이니라.
22 감히 너희들이 구원의 길이요, 하늘에 오르는 길인, 그 천국의 문을 열고 안여는 창조주인 나 여호와가 너희들에게 지킬 수 있으며 행하여야만 그 문을 들어설 수 있다 명한 것을 너희들이 지키지 아니한다면,
23 이것은 있을 수도 없는 것이며, 그와 같은 일이 이 지상에서 있어서도 아니 되며, 생각해서도 아니 됨이니라.
24 그 모두를 철저히 행하여 지키도록 그리하라.
25 그리하여야만 너희들이 모두를 이루며 내가 역사하고자 하는 것을 이룰 수 있음이니라.
26 그렇지 아니할 때, 너희들이 물거품이 되어 무너짐이니, 나의 법전이 세상에 나가 빛을 볼 길이 없음을 너희들은 알아야 할 것이니라.

3,969 번째 하나님 말씀

2002년 11월 19일 06시 59분

1 사랑하는 나의 아들아!
2 "네, 아버님! 말씀하옵소서."
3 인간사 너희들이 살아가면서 정의로운 삶이요, 바른 삶은 얼마나 너희들 스스로 당당하며 아름다운 모습이더냐?
4 아무리 누가 뭐라고 해도 너희들이 범죄자가 아닌 것을 범죄자라 말할 때, 너 자신이 범죄자가 아닐 때는 네

가 얼마나 당당하며 떳떳함을 느끼고
살 수 있던가?
5 진실 앞에는 거짓이 존재할 수 없지
아니하던가?
6 그와 마찬가지니라.
7 범죄하지 아니한 너희를 범죄자로 몰
아붙일 때, 너희는 범죄하지 아니하였
기에 그 행동이 당당하며 그 모습이
당당함이니,
8 너희들이 나에게 오르는 길이요, 나
여호와의 구원의 길에 오고자 한다면,
천국의 문에 들어와 나와 영원히 존
재하는 삶을 살고자 하는 너희들은 바
로 내가 내린 십계명이요, 내가 내린
법전의 내용대로 사는 그것이 얼마나
당당한 모습이며 너희들에게 아름다
움이요, 행복인지 너희 스스로 알게
될 것이니라.
9 너희들이 나의 법전대로 생활하지 아
니하며 그 기록된 뜻대로 살아가지
아니할 때는 너희들이 스스로 죄를 짓
는 것이며 나를 기만하는 그와 같은
삶을 삶이니, 너희 마음이 항상 편할
날이 없으며 즐거움이 없을 것이니라.
10 그러나 너희들이 어렵고 힘든 어떠한
환경이라 하더라도 나의 계명과 나의
법전대로 사는 사람은 오늘에 고달프
고 힘드나 너희들이 얼마나 행복하며
스스로 즐거움인가를 알게 될 것이니,
11 너의 제자들이 이와 같은 행복과 즐
거움을 깨닫는 그 순간이 되어야 함
을 알아야 할 것이니라.
12 그를 깨닫지 못하는 삶을 산다면 너희
들은 진정 나의 법전대로 살아갈 수
없음이니라.
13 너희들이 나의 법전대로 살아가는 속
에서 당당한 모습이요, 즐거움이요,
행복을 거기서 느낄 때, 너희들 스스
로 그를 지키고 갈 수 있으며 그대로
살아갈 수 있음을 알아야 할 것이니라.
14 사랑하는 나의 아들아!
15 "네, 아버님! 말씀하옵소서."
16 작은 것에서부터 큰 것에 이르기까지
모든 법전의 내용대로 너희들이 살아
갈 때, 영의 세상에 오르는 너희들이
그 양식을 차곡차곡 쌓을 수 있는 것
은 그것뿐이니라.
17 그러니 너희들이 어렵고 힘들다 하여
등 돌리지 말며, 스스로 너희들이 나
의 뜻을 범하며 나의 뜻을 거역하는
그와 같은 삶을 살아서는 아니 됨을
알라.
18 작든 크든 어떠한 시련과 고통이 있더
라도 나의 법전의 내용이요, 내가 가
르친 그대로 너희들이 살아갈 때, 그
속에서 행복이 있고 당당함이 있으며,
너희들이 정녕 그 속에서 얻는 행복이
야말로 얼마나 감미롭고 영광스러운
것인가를 알게 될 것이니,
19 그를 지키고 사는 삶에서 행복을 얻
는 그와 같은 너희들의 깨달음을 얻
도록 그리 가르치라.

3,970 번째 하나님 말씀

2002년 11월 19일 12시 15분

1 사랑하는 나의 아들아!
2 "네, 아버님! 말씀하옵소서."
3 내가 지금 이 자리에 와 너의 제자들
에게 직접 명하는 나의 음성이라 그들

에게 전하라.
4 지금 너희들은 알고 있어야 할 것이니
라.
5 수천 년 동안의 역사가 흘렀으며, 모
세의 시대요, 예수의 시대도 다 오늘
을 준비하여 그 역사가 이루어졌다면
너희들은 어찌하겠는가?
6 이를 너희들은 믿고 행해야 함을 알
아야 할 것이니라.
7 수천 년 동안 너희들이 공부하고 깨우
치던 그 성서의 모두는 비유요, 비사
로 되어 있으니, 모든 종교 지도자들
이 그 내용을 하나도 알지 못하면서
하늘에 오르는 길이라 깨우쳤음을 알
아야 할 것이니라.
8 그들에게 내가 성서의 깊은 뜻을, 무
식한 자나 지식인이나 배운 자나 너희
들이 말하는 천재라는 자들도 그 뜻
을 알지 못하며 깨우쳐 주지 아니한
것은,
9 오로지 지금의 이 시대에 나로부터 선
택된 백성만이 그를 알 수 있으며, 새
로운 시대의 역사를 이루어 가는 너
희들이 그를 풀어 깨우치고 가르치는
그와 같은 역사가 되어야 하기 때문
이니, 선택되지 아니한 백성은 성서를
알 수 없음이니라.
10 내가 예수와 같은 삶을 사는 자만이
그 뜻을 안다 하였듯이, 너희들이 나
와 같은 나로부터 선택된 백성이 아
닌 다음에는 그 성서의 뜻을 알 수 없
으며, 아무도 풀 자격이 없음이니라.
11 너희들이 곳간의 열쇠를 여는 것은
그 열쇠를 가진 자만이 열게 되어 있
지 아니하는가?
12 열쇠를 갖지 아니한 자는 그 곳간을
열 수 없음이나 마찬가지이니라.
13 곳간보다 더 소중하고 귀한 나의 성령
을 아무나 열어서 그를 설명하고 깨우
치며, 지금의 종교 집단 너희들처럼
그리 우후죽순으로 나와 깨우친다 그
리 생각하지 말라.
14 곳간의 열쇠를 가진 것보다도 천배
만배 더 소중한 황금의 열쇠를 가지고
그 문을 여는 것을 아무나 열 수 있다
하지 말라, 그리고 열 수도 없음이니
라.
15 아무나 그 황금의 열쇠를 잡을 수 없
음이니라.
16 그들은 그를 잡는 순간에 그 육신이
다 녹기에 그 황금의 열쇠를 잡을 수
없음이니, 그 열쇠를 잡을 자격이 없
는 자, 나의 성서의 그 아름답고 소중
한 뜻을 알 수 없는 것이니라.
17 오로지 너희들로 하여금 성서를 이해
하며, 성서의 깊이를 알며, 성서의 깨
우침을 알아 나의 법전과 더불어 만
백성을 지도하고 이끄는 그와 같은 역
사를 이룰 수 있으며, 선택된 자가 너
희들이니, 너희들 외에는 아무도 그를
알 수 없다는 것을 알아야 할 것이니
라.
18 그리하여 너희들이 오늘의 이 성서를
가지고 만백성을 깨우치며 나의 법전
을 가지고 깨우치기 위하여 지금까지
6천 년이라는 그 길고도 긴 세월이 과
도기로서 흘러왔다는 그 이치를 알아
야 할 것이니,
19 너희들이 얼마나 소중한 자들인가를
알아야 할 것이니라.

20 오늘 내가 직접 이 자리에 와 너희들
에게 가르침이니, 너희들은 남의 옷에
묻은 티를 털어 주려 할 그와 같은 시
간이 없느니라.
21 너희들의 옷에 묻은 그 티부터 먼저
털며, 너희들이 바로 선 자세에서 남
의 묻은 것을 털어 줄 수 있으니, 지금
그와 같은 시간이 없음이니라.
22 너희들이 시간의 여유가 있다 하면
남의 것을 털어 주고 너희 것을 털 수
있으나, 지금 너희들에게는 그와 같은
시간이 없음이니라.
23 우선 너부터 벗어나며 네 것부터 털
어 낸 다음에 남의 것을 털어 주어야
함이니, 시간이 없음이니라.
24 어찌하여 너희들에게 붙어 있는 그
오물을 털어 내지를 못하며 털려 하
지 않는가?
25 너희 것부터 털도록 하며 너희들 것부
터 지우도록 생각해야 할 것이니, 지
금 시간이 없음이니라.
26 이제 나의 법전에 성서의 비밀이요,
나의 뜻을 오늘 나의 아들을 통하여
전함이니,
27 오로지 이 황금의 열쇠를 가지고 있
는 것은 나의 아들을 따르는 제자들이
요, 나의 법전을 3회 이상 읽는 너희
들만이 그 열쇠를 가질 수 있음이니,
28 그 열쇠를 가지고 있는 자, 성서를 읽
을 때 그 뜻을 알며 그 진의를 알게 됨
을 알아야 할 것이니라.
29 이 무서운 사실을 내가 너희들에게 전
함이니, 그들이 얼마나 너희들을 핍박
하며 너희들에 대해 공박하겠는가?
30 지금의 종교 지도자들은 성서의 비밀
에 근접하지도 못하였다 함을 알라.
31 그 근방에도 가지 못하고 지금 저희
들이 나의 백성을 깨우친다 그리 가르
쳤음이니,
32 오로지 오늘날 나로부터 선택된 너희
들이 성서를 해명하며 그 참뜻이요,
진의를 알 수 있는 그날까지 기다렸
기 때문이니, 너희들이 이제 그 모두
를 다 행할 때가 되었음이니라.
33 그러니 너희들이 얼마나 소중한 자들
인가를 알아야 할 것이니, 오늘의 이
비밀을 내가 너희들에게 전하기 위하
여 내가 직접 이 성전에 와 나의 아들
을 통하여 이를 전함이니 그리 알라.

3,971 번째 하나님 말씀

2002년 11월 19일 23시 14분

1 사랑하는 나의 아들아!
2 "네, 아버님! 말씀하옵소서."
3 세상사 나의 피조물 만백성들이 지금
의 저희들이 가고 있는 그 믿음으로
써는 정녕 구원의 길에 이를 수 없으
며, 가르치는 지도자요, 또한 저희 자
신도 스스로 저희들이 구원을 받을 수
없으며 이 방법으로써는 갈 수 없다
는 것을 잘 알고 있음이니라.
4 그것을 증명하는 것이 무엇이더냐?
5 그들은 종교 지도자를 보고 배우러 가
는 것이 아니요, 여호와 하나님의 말
씀을 듣고 예수님의 말씀을 듣기 위하
여 가는 것이며, 성서의 가르침을 듣
기 위하여 저희들이 종교 집단이라는
그 성전이라는 곳에 가는 것이라 그리
말하는 것이 무엇이더냐?

6 이미 그들이 구원을 받을 수 없는 길
에 투자하며 저희들이 구원을 받을 수
없는 길을 가고 있다고 증명함이 바
로 그것이 아니던가?
7 나의 아들 예수가 너희들을 구원하며
만백성을 깨우치고자 할 때, 그가 너
희들 인간으로부터 지탄받으며 인간
으로서 부끄러운 짓을 했으며 인간으
로서 해서는 안 되는 그와 같은 행위
를 하며 나의 피조물 만백성을 구원한
다 가르쳤던가?
8 지도자란 바로 그와 같은 자가 나로부
터 선택받은 지도자임을 알라.
9 그러기에 나의 아들 예수 시대의 그
백성들이 그가 전하는 나의 성령의
뜻을 듣기 위하여 예수를 만나며, 예
수가 행하는 것에는 관심이 없다 그
리 말하며 나의 아들 예수를 따랐던
가?
10 너희들은 그와 같은 이치를 하나 돌이
켜 생각해 봐도, 지금 가르치는 종교
지도자 그들을 보고 너희들이 믿음을
가는 것이 아니라, 그들의 가르침이며
하나님의 말씀을 듣기 위하여 간다 그
리 말함이니,
11 그게 바로 너희들이 진정한 구원의 길
을 가지 못하고 있으며, 진정한 지도
자요, 진실한 진리를 가르치지 못하는
자에게 배우러 가는 그와 같은 것을
입증함이니, 너희 입으로 그리 증거하
며 입증하는 자에게 가서 무엇을 얻
겠는가?
12 너희들이 지금 말하기를, 육으로써 짓
는 죄는 아무것도 아니며, 오로지 나
의 아들 예수를 찾으며 성령을 믿으면
그 성령으로써 모든 것을 구원을 받는
다 말하는 너희들이 바로 어떠한 자들
인지 알겠는가?
13 종교 지도자를 보고 가는 것이 아니
요, 그가 가르치는 말씀을 듣기 위해
서 간다 말함이니,
14 너희들의 육의 행함이 하늘에 와 심판
을 받는다는 그 이치를 모르듯이, 가
르치는 자가 누구를 통하여 가르치는
가?
15 나의 성령이요, 나의 성경을 가르치되
너희들의 종교 지도자를 통하여 그가
그를 가지고 너희들을 가르침이니,
16 그 가르치는 자의 행동이 바르지 못
하며, 너희들이 신뢰할 수 없으며, 너
희들보다 못한 자가 그를 가르친다면
과연 그게 말이 되겠는가?
17 그와 같은 자는 일단 자격이 없음이니
라.
18 너희들보다 깨달음이 없는 자요, 너희
들보다 행동이 바르지 못한 자가 너희
들을 가르친다는 것은 잘못된 것이니,
19 그보다 나은 너희들 중에서 나의 성
령을 깨우쳐 가르치는 것이 나음을 너
희들은 알아야 할 것이니라.
20 그리하여 내가 너희들의 자격증으로
써 난 종교 지도자는 그 가치가 없으
며, 나로부터 선택을 받아 성령으로써
깨우친 자가 정녕 나에게 선택된 지
도자라 말하였음이니,
21 너희들이 그와 같은 자격증에 연연해
서는 아니 됨을 알아야 할 것이니라.
22 이제 너희들은 깨우쳐 알아야 할 것이
니라.
23 너희들이 '가르치는 자는 행동이 어떻

든 상관이 없다, 우리는 인간을 보고
가는 것이 아니라, 그저 그가 전하는
성경의 말씀을 듣고 가는 것이다.' 그
리 말하는 것은,
24 너희들이 잘못된 종교 지도자 속에서
듣고 배우는 그것을 너희 자신이 그와
같은 동질의 형국에 있기 때문에 그
들을 동정하는 입장에서 그와 같은 말
을 하는 것이니,
25 그와 같은 종교 지도자는 자격이 없음
을 알아야 할 것이니라.
26 너희들보다 행실이 바르지 못하며 삶
이 바르지 못한 자가 너희들을 가르친
다는 것은 말이 안 되며, 그는 있을 수
도 없는 것이니라.
27 차라리 그들보다 나은 너희들이 성서
를 가지고 가르치는 것이 더 나음을
알아야 할 것이니라.
28 너희들의 그 성서의 학교를 나와 인
간이 준 자격증을 받은 자가 성서의
깊이를 깨닫지 못한다면 무얼 하는가?
29 배우지 아니한 자라도 스스로 나의
성경을 읽고 나의 법전을 읽고 공부
하고 깨우친 자가, 내가 그에게 지혜
를 주었을 때, 그가 설법하며 강론하
는 것은 진정한 나의 뜻이니, 그가 그
들보다 진정한 지도자임을 알아야 할
것이니라.
30 지금 너희들이 그와 같은 믿음을 가
지고 가고 있기에 너희 스스로 잘못
가고 있으며, 너희들이 나를 위하여
기도하는 것이 아니며, 나의 뜻에 따
라 살겠다 맹세함이 아니며,
31 너희들이 천국의 구원을 받기 위하여
오는 것이 아니라 지옥으로 가는 길
을 선택하여 가고 있는 그 믿음이 지
금의 믿음임을 잊지 말라.
32 너희들은 인간의 지도자를 보고 가지
아니하며 진정한 말씀을 듣고 간다는
그 자체가 가르치는 자가 잘못되었으
며 사악한 자라는 것을 너희들이 증명
함이니,
33 바르지 못한 자가 우리 부자의 이름을
팔아 너희들을 우롱하는 그가 마귀요,
사탄임을 잊지 말라.

3,972 번째 하나님 말씀

2002년 11월 19일 23시 19분

1 사랑하는 나의 아들아!
2 "네, 아버님! 말씀하옵소서."
3 너희들 인간의 형태가 어떠하던가?
4 내가 사랑하며 서로 나누며 살라 하
였거늘, 너희들은 둘만 모여도 뜻이
갈라지며, 두 사람만 모여도 하나의
뜻으로 이룰 수 없는 것이 너희들이니,
5 그와 같은 마음으로써 구약과 신약의
시대를 이끌어 온 자들이 얼마나 변질
되었으며 잘못되어 잘못 가르치는가
를 너희들 스스로 알 것이니라.
6 너희들의 모든 종교 지도자들이 지금
각자 저 자신이 가르치는 것만이 옳다
말하고 있음이니, 이것이 바로 무엇이
더냐?
7 나의 성서를 가지고 설명하고 가르치
는 그것이 너희들이 진정한 참뜻을 모
르기에 너희들이 가르치는 방법이요,
깨닫는 것이 다르듯이,
8 그리하여 너희들은 지금 수많은 종파
가 생겼으며, 너희들이 서로 자기만이

위대하다 그리 말함이니,
9 바로 둘만 모여도 너희들이 역사하지
못한다는 것을 내가 알고 있음이니라.
10 그리하여 내가 너희들에게 일깨워 성
서에 무어라 말하였는가?
11 '두 사람 이상이 모여서 하나의 역사
를 이룰 때, 거기에 내가 존재한다.'
하였음이니, 그 비유의 뜻을 너희들이
알겠는가?
12 너희들이 둘만 모여도 하나가 되지 못
하며 서로 갈등하고 시기하고 질투하
는 그와 같은 너희들의 마음을 알기
에, 내가 성서에 너희들 둘만 모여도
내 뜻이 거기에 같이한다 하였음이니,
이는 무엇이더냐?
13 하나의 마음으로 되는 자들이 있는 곳
에 내가 있다 함이니라.
14 너희는 두 사람 이상이 모이는 곳에
내가 있다 하니, 너희 손으로 지은 그
성전에 수천수만의 너희들이 모여 있
는 그곳에 내가 같이한다는 그와 같
은 착각 속에 지금 광분하며 울고불고
기도하는 그와 같은 형국이니,
15 너희들 자신이 얼마나 추한 모습인가
를 돌아다보아야 할 것이니라.
16 너희들이 둘이 모여서 하나가 될 수
없는 그와 같은 자들이요, 그리하여
너희들이 그와 같은 심성으로 나의
구약과 신약을 제대로 알지도 못하며
가르칠 수 없기에,
17 내가 그를 요약하여 너희들이 깨우쳐
하늘에 오르는 그 길을 가르쳐 주기
위하여 십계명이라 하여 불로 써 내
린 것이 바로 그 뜻임이니라.
18 그러나 너희들은 그 십계명을 받아 그
대로 행하고 지키면 될 것을, 그는 지
키지 아니하며 너희들 스스로 지금의
너희들이 느끼는 바대로, 인간의 생각
대로 너희 마음대로 만들어 놓은 구약
과 신약의 손질되고 변질된 그 모습
을 가지고 지금 나의 피조물 만백성
을 이끌어 가고 있으니,
19 그게 바로 변질된 그와 같은 것이 지
금 수천수만의 종파로 갈라져 있음을
너희들이 알아야 할 것이니라.
20 지금 너희들이 진정한 나의 뜻이요,
나의 참진리를 모르며,
21 변질되고 변질되어 수없이 갈라진 그
종파를 하나로 엮을 수 있는 길은 아
무것도 없음이니라.
22 오로지 이는 내가 나의 성령을 내려
보내, 너희들이 말하는 창조주의 말씀
으로써 너희들을 다스릴 수 있기에,
23 내가 지금 제3의 시대를 열어 너희들
의 그 갈라진 종파를 다스려 하나로
깨우침을 주며 가르쳐 주기 위하여
'하나님! 말씀하옵소서'라 하여 이 책
을 너희들에게 내려보냄이니,
24 이것만이 너희들이 구원을 받는 심판
의 근본이요, 하늘의 뜻이라는 것을
잊어서는 아니 될 것이니라.
25 이제 내가 너희들에게 가르치며 나의
아들의 제자들에게 가르치는 것이,
'하나가 되라.' 하였으며 '마음을 비우
라.' 하였음이니라.
26 정녕 너희들이 그리하여 하나가 되는
그 속에서, 많은 백성들이 이는 진정
한 나 여호와의 뜻이며 나의 진리라
하여 나의 법전의 뚜껑을 여는 그와
같은 변화되는 역사가 이루어질 것이

라 내가 너희들에게 강조함이 여기에 있느니라.
27 너희들이 지금까지는 둘도 하나가 될 수 없는 그와 같은 속에서 변질되고 변화되어 온 잘못 가르친 그 역사의 흐름을, 수백, 수천, 수만의 종파, 그를 다 내가 하나로 만들고자 하는 것이 나의 법전이 세상에 내려짐임을 알아야 할 것이니라.

3,973 번째 하나님 말씀

2002년 11월 19일 23시 23분

1 사랑하는 나의 아들아!
2 "네, 아버님! 말씀하옵소서."
3 지금의 너희들이 이 형태로써 믿음의 길을 가며 하늘에 오르는 길이라 몸부림치며 너희들의 종교 지도자가 지금 너희들을 깨우쳐 가르친다 하여 그곳에서 배우며 가는 너희들의 지금의 마음속에는 그나마 나 여호와가 존재함을 알며,
4 내가 존재한다 하여 나를 믿으려 하는 그와 같은 마음이 만 분의 일이라도 남아 있음이 지금의 너희들의 형국임이니라.
5 그리하여 너희들은 가르치는 자, 또 그 속에서 배우고자 하는 자, 그들 또한 나의 아들 예수의 보혈로써 구원을 받으며 나의 아들 예수를 믿으려 하며 나 여호와가 존재함을 생각하는 그와 같은 마음으로써 지금은 그나마 믿음의 길을 가고 있으나,
6 앞으로 너희 후손이 흘러가는 그 형태는 어떠한 것으로 변해 가는가?
7 너희들은 변질되는 마음이요, 둘이 하나가 될 수 없는 그와 같은 너희 마음의 속성 때문에, 시간이 더 지나간 다음에는 나 여호와가 존재함을 인정하려 하지도 아니하며,
8 내가 너희들에게 임하며 너희들의 창조주요, 만백성을 통제하는 그 자체까지도 부인하는 그러한 변질된 상태로 변해 가는 것이 너희들이 지금 가지고 있는 그 습성의 변화임을 알아야 할 것이니라.
9 나 여호와 자체도 인정하지 아니하며 너희들이 죽어 와 나로부터 심판을 받는 그 자체도 인정하지 아니하는 그와 같은 시대요, 그와 같은 백성의 삶의 세상이 이루어지는 것이며,
10 그와 같은 사악한 자들의 뜻으로써 이 지구를 지배하며 이 지상을 다 덮는 그와 같은 사악한 시대가 이루어짐을 내가 알고 있음이니라.
11 그리하여 너희들을 그와 같은 형국에서 구원하며 그를 다스리고자 하여, 내가 법전을 세상에 내려보내 너희들이 지금 잘못 가고 있으며 변질된 그 마음의 자세를 바로잡고자 하는 것이 나의 뜻임을 알아야 할 것이니라.
12 지금의 모든 백성들은 '설마, 설마' 하며 나 여호와가 존재하는 것을 반신반의하는 것이 지금의 너희들의 형국이며, 여기서 너희들의 변질되는 마음이 더 깊어지며 더 깊이 변화되었을 때는 나 자체를 인정하지 않는 시대가 올 것이니,
13 그와 같은 시대에는 어떠한 방법으로써도 이 지상에 나의 참뜻을 전하는

거점을 만들 수 없으며,
14 나의 법전이 세상에 나온다 해도 그가
지탱할 수 없는 그와 같은 사악한 시
대로 변해지기 때문에, 내가 지금 서
둘러 제3의 시대를 열며 나의 법전으
로 나의 성령을 나의 아들을 통하여
내려보내는 것이 여기에 있음이니라.
15 이곳에 선택된 너희들이 얼마나 소중
하며, 너희 스스로 변해 가는 것이 우
선이며, 너희 스스로 나의 법전을 읽
고 깨우쳐 바로 서는 그와 같은 것이
우선이니,
16 만백성이 너희들이 변하는 것을 보고
그들이 따를 수 있으며 변하는 역사가
이루어지기 때문에 너희들이 얼마나
소중하고, 너희들에게 시간이 없다 함
을 내가 너희들에게 간곡히 말하는
것이 여기에 있음을 알아야 할 것이
니라.

3,974 번째 하나님 말씀

2002년 11월 19일 23시 27분

1 사랑하는 나의 아들아!
2 "네, 아버님! 말씀하옵소서."
3 너희들의 생명을 세상에 내가 내보내
며 너희들이 노력하는 만큼 모두를 얻
으며 취하고 살아갈 수 있는 이와 같
은 세상의 모든 것을 내가 다 너희들
에게 은혜로써 내려 주었음이니,
4 내가 너희들에게 그와 같이 내려 준
것은, 나 여호와로부터 나의 백성이
요, 나의 아들딸인 너희들이 이 지상
에서 자유로움 속에 살도록 그 모두를
내가 너희들에게 준 뜻이 거기에 있으
며,
5 내 사랑과 은총으로써 너희들에게 모
두를 내려 준 뜻이, 너희들이 자유로
움 속에서 자유로운 삶을 살도록 하기
위하여 내가 다 너희들이 노력해서 얻
어 그와 같이 살아갈 수 있도록 한 것
이니라.
6 그러나 지금 잘못된 종교 집단이 세상
을 덮으며, 그 종교 집단으로 하여금
자유롭게 살아야 할 너희들이 윤리적
으로 존재함을 너희들에게서 박탈해
버렸으며,
7 너희들이 살아가는 그 모두의 자유로
운 행위를 그들 스스로 억압하고 통제
하며, 인간인 나의 백성 너희들이 자
유로운 삶을 살지 못하도록 억압하고,
무조건적으로 종교 집단의 지도자 그
들에게 복종하는 그와 같은 나의 백성
으로 만들어 가고 있음이니라.
8 그리하여 나의 피조물 만백성 너희들
이 스스로 판단력과 자제력을 잃었으
며, 스스로 능력을 계발할 수 없는 그
와 같은 형국에 이르렀음이니,
9 어느 것이 진정한 하늘에 오르는 참진
리인지 거짓된 진리인지, 구원의 길로
가는 것인지 지옥으로 가는 길인지
그 자체도 알지 못하며 판단할 수 없
도록 혼동토록 해 놓고,
10 그들이 지금 저희들에게 무조건 복종
하며 모두를 다 바치는, 그리고 너희
들이 숨을 쉴 수 없는 그와 같은 형국
으로 억압하며 몰아가는 것이 그들의
그와 같은 형국이니라.
11 지금 나의 피조물 만백성을 하늘로 이
끈다는 종교 집단 그들은 나의 피조

물 만백성 너희들이 자유로이 하늘에
오르는 참진리를 보도록 하는 것이 아
니요,
12 너희들의 생각과 이성을 너희가 주관
하지 못하도록 하여, 그저 먹이를 주
면 따르는 짐승과 같은 형국으로 너희
들을 만들어 이끌어 가고자 하는 것이
그들이 지금 가고 있는 형국이며,
13 나의 피조물 만백성을 하늘로 인도한
다는 지도자들이 끌고 가는 것이 그
와 같은 형국임을 알아야 할 것이니라.
14 나의 피조물 만백성, 나의 아들딸 너
희들을 판단력이 없으며 사고력이 없
는 짐승과 같이 만들어 이끌어 가 너
희들에게 그 모두를 다 강요하며, 저
희들이 살아가는 삶에 너희들을 도구
로 쓰고자 하는 그 사악한 자들의 가
르침에서 너희들이 눈을 떠야 할 것
이며,
15 그들의 가르침에 너희들이 분별할 수
있는 판단력으로 잠에서 깨어나야 함
을 잊지 말라.

3,975 번째 하나님 말씀

2002년 11월 19일 23시 32분

1 사랑하는 나의 아들아!
2 "네, 아버님 말씀하옵소서."
3 너희들이 지금에 가는 믿음의 형국이
어떠한지 알겠는가?
4 너희들은 원인은 관계가 없으며, 오로
지 결과만을 가지고 목적을 이루면 되
는 것으로, 그와 같이 목적만을 향하
여 가는 믿음을 믿고 있는 것이 지금
의 너희들의 형국임을 알아야 할 것
이니라.
5 너희들은 그저 손으로 지은 그 성전에
가기만 하면 구원을 받을 수 있으며
목적을 이룬다 그리 생각함이니라.
6 그리하여 너희들의 말에 있지 않은가?
7 '모로 가든 거꾸로 가든 서울만 가면
된다.'는 그와 같은 발상으로써 너희
들이 지금 믿음도 그리 가고 있음이니,
8 믿음은 결코 그리해서는 이루어질 수
없음을 오늘 나의 아들을 통하여 내리
는 나의 법전을 읽고 깨우쳐야 할 것
이니라.
9 그리하여 너희들은 오로지 예수의 이
름으로써, 예수의 보혈로써 구원을 받
았으며, 손으로 지은 성전에 가 재물
만을 바치면 구원을 받는다는, 그 목
적만 달성하면 된다는 그 속에서 착각
된 믿음의 세계를 가고 있음을 알아야
할 것이니라.
10 너희들의 믿음이라는 것은 너희들이
어찌 행하느냐에 따라서, 어찌 행하고
실천했느냐에 따라서, 그 원인에 따른
결과에 의하여 나로부터 심판을 받아
구원을 받고 못 받는 것이 너희들이
믿음을 행하는 길이니라.
11 그러나 지금 수천 년 동안 믿음을 가
르치는 나의 지도자요, 또한 나의 백
성을 이끈다는 너희들의 그 믿음에는
어떠한 원인과 그 단계요, 시련을 이
기고 가는 너희들의 그 고통스러운
길은 관계가 없으며,
12 너희 스스로 악과 선이 싸워서 선을
선택할 수 있는 너희들의 피나는 부
단한 노력 같은 것은 관계없이,
13 그저 구원받아 천국에 올라가면 된다

는 그 목적만을 두고 믿음의 길을 가
고 있으며,
14 이미 목적은 설정되어 있으며 목적은
성공적으로 다 이루어진 것 같은 착각
속에서 가고 있음이 너희들임을 알아
야 할 것이니라.
15 너희들은 여기서 깨우쳐야 할 것이니
라.
16 어찌 가든 목적만 달성하면 된다는 인
간 세속에 살아가는 그와 같은 마음
자세요, 행동으로써는 하늘에 오를 수
없음을 알라.
17 하늘에 오르는 너희들은 그 원인에
대한 결과가 있으며, 그 결과에 따라
서 나 여호와가 너희들을 심판함이니,
18 구원하고 구원하지 아니하는 것은 나
의 뜻이거늘, 너희들이 스스로 목적을
달성시켜 놓고, 수단과 방법을 총동원
하여 목적을 이루면 된다는 그와 같은
생각 속에서 지금 가고 있는 그 믿음
의 길이 바로 무엇이던가?
19 너희들이 비로소 나 여호와로부터 구
원을 받았다 생각하며, 너희 손으로
지은 그 성전에 감으로써 천국에 오
를 수 있다는 그와 같은 너희들의 방
법으로써, 금화와 은화를 바치며 모든
너희들의 자유 시간을 너희 손으로 지
은 그 성전에 바치고 거기에 매진할
때 구원을 받는다는 그와 같은 생각
속에서 지금 믿음의 길을 가고 있음
이니,
20 너희들이 얼마나 나와는 관계없는 믿
음의 길을 가고 있는가를 알아야 할
것이니 그리 알라.
21 이를 깨우치지 못하는 자, 너희들은
정녕 나의 백성이 아니요, 나의 아들
딸이 아니요, 너희들이 사탄이요, 마
귀요, 사악한 자의 아들딸로 스스로
전락하여 그리 감을 알아야 할 것이
니라.

3,976 번째 하나님 말씀

2002년 11월 19일 23시 39분

1 사랑하는 나의 아들아!
2 "네, 아버님! 말씀하옵소서."
3 너희들은 예수가 부활하여 육신으로
세상에 다시 온다 그리 생각하며, 예
수가 재림한다 그리 믿고 있음이니라.
4 그러나 너희들은 여기서 하나 깨우쳐
야 할 것이 있음을 알라.
5 나의 아들 예수가 육신으로써 너희들
에게 재림하여 너희들을 심판하고 구
원함이 아님을 너희들은 알라.
6 나의 아들이 너희들에게 다시 육으로
내려와 심판하며 재림한다는 그 뜻은,
새로운 나의 성령이요, 나의 뜻이 말
로써 책으로써 세상에 내려감을 증명
하며 이를 말하는 것이니,
7 너희들이 성서의 비유에 의하여 내려
가는 그 비사의 뜻을 알지 못하기 때
문임을 알아야 할 것이니라.
8 내가 나의 아들을 통하여 너희들에게
깨우쳐 줌이니, 예수의 부활이요, 육
신으로써 세상에 와 너희들을 구원할
자와 구원하지 않을 자를 구분하려 구
름 타고 하늘에서 나의 아들이 내려오
는 것처럼 그와 같은 형국에 젖어 있
는 그 망상에서 깨어나야 함을 알라.
9 내가 너희들이 불쌍하고 가련하여 하

늘의 뜻을, 이제 내가 내린 성령의 그
뜻을 가르치고 깨우쳐 주는 나의 아들
을 세상에 내려보냈음이니,
10 선택된 자로서 나의 아들 외에는 그
누구도 성서를, 그 비사요, 비유의 뜻
을 알 수 없음이니라.
11 그리하여 나의 아들을 통하여 너희들
에게 가르쳐 줌이니, 예수의 부활이
요, 재림이요, 또한 그가 다시 육으로
와 너희들에게 참진리를 가르치며 구
원할 자와 구원하지 않을 자를 심판
할 때, 지금의 믿음의 길을 가고 있는
너희들이 구원을 받을 자라는 그 착
각 속에서 깨어나야 함을 알라.
12 너희들은 정녕 나의 성령이요, 나의
뜻이 책으로 말로써 세상에 내려감이
니, 그 말로써 너희들을 심판함을 알
아야 할 것이니라.
13 내가 내리는 나의 말이요, 글로써 내
리는 나의 법전을 보고 깨우치는 자
구원을 받을 것이며, 깨우치지 못하는
자 구원을 받을 수 없음을 너희들이
이제는 깨우쳐 알아야 할 것이니라.
14 이는 즉, 무엇을 의미하던가? 나의 아
들 예수가 재림하는 것이 아니요, 대
신 나의 뜻이요, 나의 성령으로 재림
한다는 것은 예수가 전했던 그 성령,
신약의 가르침이 아닌 새로운 성령의
말씀이 세상에 내려온다는 그 의미임
을 너희들은 알아야 할 것이니라.
15 예수가 재림함이 직접 재림하는 것이
아니요, 나의 말이요, 나의 성령이 세
상에 글과 책으로써 나간다 하였음이
니, 이는 바로 구약과 신약을 덮는 이
치가 여기에 있으며,
16 예수의 시대는 비유로써 너희들이 6
천 년 동안의 그 세월에 끝나는 것이
며, 새로운 시대에 새로운 말씀이 세
상에 내려온다는 것을 내가 여기에 비
유한 그 뜻을 너희들이 모르고 있음이
니,
17 이제 너희들은 그 뜻을 정확히 깨우쳐
서 깨달음의 바른길을 볼 수 있도록
해야 함을 알아야 할 것이니라.
18 그리하여 너희들이 배운 자, 배우지
못한 자, 아무리 성서를 뒤집어 천 번
만 번 읽는다 해도, 모든 성경은 비유
로 되어 있기 때문에 그 성경을 제대
로 알지 못함이니,
19 성경의 비밀의 말씀에 접근조차 하지
못하고 있는 것이 너희들의 지금의 형
국이니라.
20 2천 년의 세월이 흘러옴을 너희들은
알아야 할 것이니, 그 세월 속에 너희
들은 진정한 성경에 접근하지도 못하
였으며, 성경에 숨어 있는 그 참뜻을
알 수 없음이니라.
21 다만, 성경의 비밀을 아는 자는 나 여
호와가 능력을 부여하며 깨우침을 받
아 내려간 자만이 그 뜻을 알 수 있으
니,
22 지금 나의 아들을 통하여 성경의 비밀
을 깨우쳐 주고 있음이니 너희들은 그
를 알아야 할 것이며,
23 2천 년 동안 너희들이 그 뜻을 모르며
그 비밀에 접근하지 못하여 잘못 가르
치고 잘못 깨우쳤던 그 성서를 나의
아들이 이제 너희들에게 깨우쳐 주며
그 뜻을 가르쳐 줌이니,
24 이는 곧, 나의 아들이 세상에 나와 나

의 뜻을 받아 성경을 깨우쳐 주는 2천
년의 그 세월을 기다렸음을 알아야
할 것이니라.
25 이제 오늘에 모든 비밀을 열어 주며
너희들에게 깨우쳐 줌이니, 이를 듣고
진정 너희 것으로 만들어 행하는 자는
구원을 받을 것이요, 그렇지 못한 자
는 구원을 받지 못함을 알아야 할 것
이니라.

3,977 번째 하나님 말씀

2002년 11월 19일 23시 47분

1 사랑하는 나의 아들아!
2 "네, 아버님! 말씀하옵소서."
3 나의 아들 예수가 세상에 와 만백성
을 깨우치고 죽어 간 2천 년의 세월
속에 너희들은 정녕 성서의 뜻을 알
수가 없었음이니라.
4 그리하여 너희들은 성경에 비유요, 비
사로 되어 있는 그 자체도 깨닫지 못
하고 있었음이니,
5 너희들이 정녕 성서의 비밀을 알 수
없는 것이 2천 년의 세월이 흘렀음이
니라.
6 오로지 2천 년 동안 비유로 된 성서의
뜻을 알지 못하며 이를 제대로 깨닫지
못한 너희들은 오늘의 제3의 시대를
위하여 준비 기간이 2천 년이었다는
과도기와 같은 세월이었음을 알아야
할 것이니라.
7 성서의 비유요, 비사로 기록되어 그
뜻을 깨우치지도 못하며 너희들이 그
내용만을 읽어 그대로 지금 가르치는
그와 같은 세월 속에 2천 년이 흘렀음
이니,
8 그는 바로 오늘 나의 아들을 세상에
내려보내 성령의 참진리를 가르치는
그 역사를 하기 위한 준비 기간이었음
을 너희들은 알아야 할 것이니라.
9 성서의 비밀에 너희들은 접근조차 하
지 못하였으며 그를 알지 못하기에,
너희들이 가르친 그 자체도 나와는 관
계없는 그와 같은 세월이 2천 년이 흘
렀음을 알아야 할 것이며,
10 이제 제3의 시대에 나의 법전을 내려
보내며 나의 아들을 내려보내 성경의
비밀을, 지금 그 길을 열고 있음을 너
희들이 알아야 할 것이니라.
11 너희들은 나의 성령이요, 성경의 가르
침을 제대로 듣고 제대로 깨우치지 못
하였기 때문에 입으로만 나 여호와에
게 가까이하고자 하였으며, 입으로만
나 여호와를 찬양하였으며, 나를 말로
써만 존경한다 하였으며,
12 너희들이 울고불고 부르짖으며 그와
같이 찬양한 그 믿음이 다 잘못되는
형국이었으며, 행함이 없이 그저 입으
로써 모두를 다 이루는 그와 같은 믿
음의 형태가 지금까지 흘러온 것이니
라.
13 그러니 너희들이 행함이 없이 입으로
써 말하며 입으로써 모두를 다 얻고
입으로써 나를 따르며 나를 존경한다
하며 세상 것을 다 나눠 주는 것같이
말로써만 지금까지 행하여 온 그 믿음
이
14 성서의 깊은 뜻을 모르기에, 그 성경
의 두려움과 성서에 기록되어 있는
그 무서운 뜻을 모르기에 그와 같이

입으로만 너희들이 믿음의 길을 가는
형국이 되어 있음을 알아야 할 것이
니라.
15 너희들이 하늘에 오르는 길이요, 구원
의 길이라 하여 너희들 개인이 그리도
소중한 길을, 너희 자신이 지금 천국
의 길이요, 구원의 길을 오는 것이 아
니라 지옥의 길로 너희들 개인을 그
리 던져 버리는 그와 같은 믿음으로
살아왔다 하면, 너희들이 얼마나 지금
잘못되었으며,
16 너희들이 죽어 와 심판을 받을 때 너
희들의 그 고통이 어떠하겠는가?
17 지금이라도 너희 개개인의 소중함을
알며 너희 스스로 구원을 받는 것이
얼마나 중요하고 소중한가를 안다면,
너희들은 그 계명에 따라 가르침을 다
시 가는 그와 같은 변화의 역사를 이
루지 아니하면 아니 됨을 알아야 할
것이니라.
18 지금 너희들이 배우고 하늘에 오르는
길이라 하여 그리도 소중한 개인의 모
두를 다 바쳐 왔던 그 길은 인간이 만
든 계명에 의하여 너희들을 가르쳤음
이니,
19 인간이 만들어 가르치는 그 계명을
듣고 너희들은 평생 금화와 은화를 바
쳤으며 인간의 모든 시간을 다 바쳤음
이니,
20 이것은 성령이요, 나 여호와의 가르침
이 아니라, 인간 자체의 가르침 속에
서 너희들이 모두를 다 지금까지 속아
바친 그와 같은 삶을 살았음을 알아야
할 것이니라.
21 그리하여 너희들은 입으로만 나 여호
와를 찾고 입으로만 구원을 받는 그와
같은 행위를 하였음이니, 너희들이 정
녕 영혼의 구원을 받는 길은 없음을
알아야 할 것이니라.
22 입으로 너희들이 구원을 받으며 입으
로 나를 믿으며 입으로 나를 찬양하며
입으로만 모두 다 구원의 길에 와 너
희 스스로 천국의 문에 들어왔다 착각
한 그 믿음이 얼마나 허망한 것이며
잘못된 것인가를 너희들이 죽어 왔을
때 알 것이니,
23 너희는 입으로 가는 믿음이 아니요,
행하고 실천하는 믿음으로써 바로 가
야 할 것이니라.
24 내가 너희들을 구원하기 위하여 지금
내리는 나의 법전이요, 나의 아들을
통하여 너희들에게 가르쳐 줌이니,
25 2천 년의 그 시간은 오늘에 나의 아들
을 세상에 보내 성서의 비밀의 열쇠
를 열 때까지 과도기의 과정이었다
함을 너희들은 잘 깨우쳐 그 의미함을
알아야 할 것이니라.

3,978 번째 하나님 말씀

2002년 11월 19일 23시 59분

1 사랑하는 나의 아들아!
2 너희들이 그리도 모두를 다 걸고 소원
하며 갈망하는 그 구원의 길은 나의
성서를 읽으며 그 성서 속에서 깨달음
을 얻어 하늘에 오른다 그리 알고 있
으나, 너희들은 그 성서의 비유의 가
르침을 알지 못하고 있음이니,
3 그리하여 너희들이 지금까지 구원의
길에 매달려 온 그 길이 잘못 달려온

길이라면, 너희 조상과 너희들과 너희
후손이 그와 같이 되어 가고 있는 형
국을 너희들은 인정하지 않으려 하며
인정하고 싶지 아니할 것이나, 너희들
은 지금 잘못 가고 있음을 알아야 할
것이니라.
4 나의 성령이요, 나의 뜻을 기록한 성
경의 위대한 뜻과 그 속에 세상사를
다 통제하며 세상을 다스려 나가는 그
와 같은 깊은 뜻을, 하늘에 오르는 그
이치를 너희들이 알지 못하며 그에
접근하여 그 열쇠를 열어 보지 못한
것이 2천 년의 역사가 흘러온 지금이
니라.
5 이는 곧 무엇이더냐?
6 나 여호와로부터 선택되지 않은 백성
이나 나로부터 선택되지 아니한 지도
자는 성경에 숨어 있는 비밀의 문을
열 수 없으며, 그 열쇠를 가지고 있는
자가 없음을 너희들은 알아야 할 것
이니라.
7 너희들 인간사의 소중한 성경의 문을
열 수 있는 자는 지금까지 아무도 없
었음이니라.
8 그리하여 나로부터 선택되지 아니한
백성은 아무리 성서를 읽고 또 읽어
암송한다 해도 거기에 숨어 있는 진정
한 참뜻을 알 수 없었음이니,
9 그리하여 바로 너희들이 나의 피조물
만백성을 하늘로 오르도록 인도하는
지도자요, 가르치는 자라 하나, 너희
들은 눈뜬장님과 같은 세월을 지금까
지 살아왔음을 알지 못함이니라.
10 너희 스스로 눈 뜨고도 아무것도 볼
수 없는 장님과 같은 형국으로 살아왔
음이니, 지도자가 무엇을 안다고 가르
치겠는가?
11 저 자신도 모르는 지도자가 어찌 가르
치며 만백성을 인도할 수 있겠는가?
12 정답을 모르는 선생은 선생의 자격이
없듯이, 참진리요, 그 길을 모르며 참
하늘에 오르는 길을 모르는 지도자가
잘못 가르치기에 그들은 나의 피조물
만백성에게 뭐라 말하는가?
13 참진리요, 하늘에 오르는 길이요, 저
자신이 어디에 서 있는 것이며 제가
누구인지조차도 모르는 그 지도자들
이, 그리하여 나의 사랑하는 백성에게
맹종하도록 그들을 억압하며 맹신하
도록 하는 그와 같은 형국으로 지금까
지 이끌어 왔음이니라.
14 또한, 나의 피조물 만백성은 그것이
정녕 구원의 길이라 하여 맹종하며 맹
신하는 그와 같은 형국으로써 그 지
도자들을 따라왔음이니,
15 그것이 너희들이 구원의 길이 아니요,
죽음의 길로 간다는 것을 모르고 있음
이니라.
16 너희들이 죽어 와 그것이 너희들이
지은 죄에 대한 대가 중에서 가장 무
섭고 큰 죄임을 알아야 할 것이니라.
17 잘못 가르치는 자, 잘못 가는 줄을 알
면서 그저 맹종하고 맹신한 자, 그 죄
의 대가를 받는 것이 얼마나 무서운가
를 알아야 할 것이니라.
18 그와 같은 자들이 있기에 나의 피조물
만백성이 하늘에 오르는 길을 가고자
하며 이웃을 사랑하며 나누며 살며,
19 내가 지은 이 지상의 성전에서 인간의
본분이요, 내가 원하는 뜻에 따라 살

아가고자 하는 백성까지도 지옥으로 인도하는 그와 같은 사악한 행위를 한 대가가 너희들의 죄 중에서 가장 무서운 죄임을 너희들이 죽어 왔을 때 알 수 있음을 알아야 할 것이니라.
20 내가 이제 나의 아들을 통하여 성서의 비밀의 문을 열어 너희들에게 가르쳐 주며, 너희들이 하늘에 오르는 진정한 행함을 얻을 수 있는 나의 법전을 세상에 내려보내 너희들을 깨우쳐 줌이니,
21 지금 이 소중한 것을 받아들이며 너희 것으로 만들지 못하는 자, 얼마나 어리석고 우매한 자인가를 알아야 할 것이니라.
22 내가 나의 아들을 통하여 너희들에게 다시 한 번 일깨워 줌이니, 오늘까지 너희들이 믿어 왔던 그 믿음의 틀에서 벗어나지 아니하는 자는 영원히 구원을 받을 수 없다는 것을 알아야 할 것이니라.
23 너희들 스스로 가슴에 손을 얹고 세상사 너희들이 지금 가르치는 지도자요, 성서의 교리요, 그리고 설교하는 방법이요, 너희들이 받아들이며 너희 가슴에 와 닿는 것을 너희 스스로 분석해 보고 따져 봐, 너희들이 정녕 '나는 구원을 받았는가?' 생각할 때, 너희 자신이 구원을 받지 못하며 구원을 받을 수 없다는 것을 스스로 알 것이니라.
24 너희들이 나의 법전을 정독했을 때는 그와 같은 답이 아니니라.
25 자신 있게 구원을 받을 수 있으며, 그 길을 갈 수 있으며, 너희들은 구원을 받을 수 있는 반석 위에 일어서게 된다는 것을 잊어서는 아니 될 것이니 그리 알라.

3,979 번째 하나님 말씀

2002년 11월 20일 0시 04분

1 사랑하는 나의 아들아!
2 구약의 시대요, 신약의 시대는 6천 년 후 오늘의 새로운 시대를 위한 과도기의 과정이라 내가 너희들에게 그리 말하였음이니라.
3 너희들이 성서의 구약과 신약을 가지고 공부하고 깨우쳐 지금까지 온 그 세월은 오늘을 위한 과도기의 과정 속에 너희들이 존재하였다 함을 알아야 할 것이니라.
4 그리하여 새로운 시대의 가르침이요, 새로운 역사요, 진정한 너희들의 구원의 시대는 6천 년이 지난 지금 제3의 시대가 열리고 있는 것이니, 오늘을 준비하기 위하여 존재하였던 그 세월이며 구약과 신약이 존재한 그 뜻을 이제 너희들이 그리 알아야 할 것이니,
5 이것은 곧 나 여호와가 너희들에게 가르치고 깨우쳐 주는 하늘의 뜻임을 알아야 할 것이니라.
6 지금의 시대에 나로부터 선택된 너희들을 이끄는 목자요, 나의 아들이 나의 뜻을 전하기 위한 준비 단계가 바로 구약과 신약의 시대였으며 6천 년의 그 세월이었음을 너희들은 알아야 할 것이니라.
7 너희들은 이를 인정하고 싶지 아니하며 이를 인정하지 아니하려 하나, 그를 알아야 할 것이니라.

8 그리하여 오늘을 위하여 준비된 구약
과 신약의 시대이기에 비유로써 모든
것이 기록되었던 것이며,
9 그리하여 너희들이 유식한 자든 무식
한 자든 아무리 유능한 종교 지도자
라 해도 그 누구도 성경의 참뜻과 그
깊이를 알지 못하는 그와 같은 세월이
흘러왔다 내가 너희들에게 깨우쳐 주
었음이니라.
10 그리하여 지금 나의 아들을 통하여 나
의 성령을 내려보내 법전이라 하여 책
으로 세상에 내보내니,
11 나의 법전에 기록된 나의 성령을 통해
서만이 너희들이 구원의 길이요, 진정
한 성서의 뜻이요, 내가 원하는 참진
리의 빛을 보게 되어 있음이니,
12 나의 법전을 읽고 정독하지 아니하는
자는 정녕 진정한 구원의 길이요, 참
빛을 볼 수 없음을 알아야 할 것이니
라.
13 6천 년의 그 긴 세월이 과도기의 세월
이었으며,
14 구약과 신약을 너희들의 손에 받아
정독하고 깨우치며 너희 손으로 성전
을 지어 그곳에 와 금화와 은화를 바
치며 기도하면 구원을 받는다 했던 그
모두는 6천 년 후에 오늘 나의 아들을
통하여 만백성을 구하는 그 역사를 이
루기 위한 준비 과정이요, 과도기의
과정이었다 함을 너희들은 명심하여
듣고 이 뜻의 의미를 깊이 깨우쳐야
할 것이니라.
15 그렇지 않다면 너희들이 성서에 숨어
있는 참진리의 비밀을 알 수 있었으
며 너희들이 깨달아 세상에 나의 피조
물 만백성에게 나의 뜻을 깨우쳐 줄
수 있었을 것이나, 그 성서의 뜻을 아
무도 모르고 있었음이니라.
16 이는 곧 무엇이더냐?
17 오늘을 대비하여 오늘에 나의 아들이
새로 나의 법전을 가지고 만백성을 이
끌어 새로운 '하늘에서 이루어진 것같
이 지상에서 이루는' 그날을 위하여
그 모두가 존재하였다는 것을 너희들
은 알아야 할 것이니, 이를 명심하여
깨우침을 얻도록 그리하라.

3,980 번째 하나님 말씀

2002년 11월 20일 0시 09분

1 사랑하는 나의 아들아!
2 너희들이 구원을 기대하여 수천 년
동안 오는 나의 백성들이 이룬 그 모
든 역사요, 너희들의 믿음의 광란의
형태요, 너희 손으로 지은 그 수많은
성전이요, 너희들이 이룬 역사, 그 모
두가 나와는 관계도 없는 허상이었다
내가 너희들에게 말하였음이니,
3 나와 관계없는 그 믿음의 종파 속에서
너희들이 구원을 받을 것이라 하여 지
금까지 찬송 부르며 광란하며 그 많은
성전을 이루었던 그 모두가 다 나와
관계없다 하였음이니라.
4 그리하여 너희들이 정녕 구원을 받고
자 한다면 그와 같이 광란의 세계요,
그와 같은 종교 집단이요, 손으로 지
은 성전이요, 너희들이 그 속에서 배
우며 깨우쳐 왔던 지금의 그 모든 방
법을 다 철폐하고 다시 시작하는 믿
음으로 가며,

5 너희들이 다시 시작하는 그 믿음 속에
서 너희 스스로 다스려져 가지 아니한
다면 너희들은 구원을 받을 수 없다는
것을 알아야 할 것이니라.
6 그와 같이 지금 방대한 조직이요, 방
대한 성전이요, 호화찬란하게 이루어
졌던 그 모두가 너희들을 구원의 길
이 아니요, 지옥으로 이끌어 가는 그
것이었기 때문에,
7 너희들은 지금까지 왔던 믿음을 다 저
버려 두며 버리지 아니한다면, 그와
같은 새로운 역사로써 시작하지 아니
한다면 구원을 받을 수 없음을 뼛속
깊이 깨우쳐야 함을 알아야 할 것이
니라.
8 내가 수십 번 너희들에게 이를 강조함
은, 지금까지의 그 믿음을 다 저버리
며 새로 태어나는 믿음 속에서 나의
법전을 가슴에 안고 정독하며 십계명
을 지키겠다는 그와 같은 너희들의
굳은 마음이요, 오로지 그것만이 구원
받을 수 있는 기본이요, 근본이라는
것을 깨닫지 아니하는 이상, 너희들은
정녕 하늘에 오르는 반석 위에 설 수
없음을 알아야 할 것이니라.
9 지금까지 너희가 믿어 온 신앙생활을
벗어나지 못하면 아무것도 얻을 수 없
음을 알아야 할 것이니라.
10 여기서 너희들이 목숨보다도 더 소중
한 결단이요, 용단을 내려 따르는 자
만이 구원을 받을 수 있음을 알라.
11 사막에서 꼬리를 물린 도마뱀이 그
꼬리를 자른다 하였음이니, 그와 같은
결단과 용기가 없이 너희들은 구원의
길을 볼 수가 없음을 알아야 할 것이
니라.
12 아무것도 모르는 자를 선택하여 나의
뜻을 역사하고자 하며 나의 뜻을 너희
들에게 깨우쳐 주는 이와 같은 역사
를 볼 때, 너희들은 혼동의 마음을 가
질 것이며 너희 스스로 믿지 못할 것
이나,
13 이는 나의 아들이요, 정녕 선택된, 만
백성을 이끄는 목자임을 알아야 할
것이니라.
14 그리하여 그를 통하여 내가 너희들에
게 전하는 성경의 깨우침의 그 깊이
요, 나의 법전에서 전해 주며 나의 아
들을 통하여 너희들에게 강론하는 그
깊은 의미를 너희들은 성서에서도 찾
을 수가 없으며, 인간 세상에 많은 너
희들의 스승으로부터도 알지 못함이
니,
15 바로 이것이 나의 진리요, 얼마나 소
중한 것인가를 너희들이 알아야 할
것이니라.
16 너희들이 정녕 잘못 가는 믿음이요,
그와 같은 형국으로써 허황된 속에서
구원을 받는다 하여 지금까지 온 잘
못된 그 믿음이 아니라면, 오늘 깊은
밤 나의 아들로 하여금 나의 뜻을 책
으로 만들어 너희들을 구원하고자 하
는 이와 같은 역사는 있을 수 없으며
있어서도 아니 될 것이거늘,
17 너희들이 너무나 잘못 가고 잘못되었
기에 너희들을 바로잡을 수 있는 길
은, 형체가 있는, 너희들과 똑같은 인
간 역사를 살아온 나의 아들로 하여금
나의 성령을 전하여 그 성령을 가슴으
로 받아 책으로 만들어 내, 너희들이

영원히 변하지 않는 이 법전을 읽고
깨우치는 것뿐이며, 그것밖에 너희들
을 바로 인도할 수 있는 역사가 없기
때문이니,
18 나 여호와가 너희들을 사랑하는 이
애절한 마음을 너희들이 가슴으로 받
아들일 수 있는 그와 같은 깨달음을
얻도록 그리하라.
19 그렇지 아니한 자, 구원의 길을 볼 수
없음이니라.

3,981 번째 하나님 말씀

2002년 11월 20일 0시 17분

1 사랑하는 나의 아들아!
2 "네, 아버님! 말씀하옵소서."
3 6천 년의 기나긴 세월을 지나 지금의
나의 아들을 통하여 너희들에게 성령
의 참뜻을 깨우쳐 주며 그 비밀을 가
르침이니, 이는 바로 무엇이던가?
4 6천 년의 기나긴 세월이 지나 천 년
역사의 안식일 동안에 너희들에게 새
로운 역사를 이루고자 하여 성경의 비
밀을 이제 나의 아들을 통하여 너희들
에게 가르치고 있음을 알아야 할 것
이니라.
5 천 년이라는 안식일을 위하여, 그 안
식일이 시작된 지금 너희들에게 모든
참진리요, 진정한 길을 가르침이니,
6 성서에 있는 비밀의 문을 열어 가르치
며 내가 나의 법전에 기록된 그 뜻이
요, 하늘의 뜻을 가르쳐 줌이니,
7 새로운 나 여호와의 성령이 새로운 역
사를 이루기 위하여, 새 시대를 만들
기 위하여 만백성을 구하는 제3의 시
대가 열리고 있으며, 열려 가고 있음
을 알아야 할 것이니라.
8 6천 년이라는 그 과도기요, 준비의 세
월이 지났으며, 이제는 안식일의 천
년 동안에 하늘에서 이루어진 것 같은
역사가 지상에서 이루어짐이니,
9 이와 같은 역사가 시작되고 있는 것을
너희들은 알지 못하기에 아직도 예수
가 육으로 부활하여 재림할 것이며,
그리하여 말세의 종말이 온다 하며,
재앙이 온다 하며, 심지어는 휴거와
같은 것이 이루어진다 하여,
10 그리고 너희들이 심판을 받게 되며
심판의 시대가 올 것이라 그리 상상하
며, 그 심판의 시대가 왔을 때 너희들
은 모든 재앙에서 면제되며 모든 심판
에서 그저 구원을 받아 하늘에 오르는
선택의 길만 남았다는 그와 같은 환
상의 착각 속에서 살아가고 있으며,
지금 가고 있는 믿음이 그와 같은 형
국임을 알아야 할 것이니라.
11 너희들은 너희 스스로 노력하여 구원
을 받으며 너희들이 변하는 역사 속
에서만이 구원을 받을 수 있다 함을
알아야 할 것이니라.
12 너희 스스로 변하지 아니하는 형국에
서 구원을 받는다는 그와 같은 착각을
버려야 함을 알아야 할 것이니라.
13 내가 너희들에게 예수의 재림이 없다
말하였거늘, 너희들은 이 말을 믿지
아니함이니라.
14 예수의 재림이란, 나의 성령이요, 나
의 뜻이 세상에 전해지는 것이며, 새
로운 시대가 열리며 새로운 왕이 세상
에 나옴임을 너희들은 알아야 할 것

이니라.
15 그러하거늘 아직도 나의 아들 예수가
육적으로 온다는 그 틀을 깨지 못하
며, 그가 재림하여 너희들을 심판할
것이며 그리고 재앙으로써 모두를 다
스릴 것이라는 그와 같은 너희들의
착각을 버려야만 함을 알아야 할 것
이니라.
16 이미 새로운 시대를 위하여 내가 나의
아들을 통하여 너희들을 깨우치며, 너
희들을 다스리며, 너희들을 구원하는
그와 같은 나의 새로운 역사의 재림이
시작되었음이니라.
17 이는 곧 나의 성령이요, 너희들이 말
하는 창조주의 말씀임을 잊어서는 아
니 될 것이니, 눈을 뜨라.
18 성서의 비밀을 내가 이리 너희 손에
쥐여 주어 깨우쳐 주거늘, 이를 믿지
못하는 자, 그리고 나의 법전을 믿지
못하는 자, 나의 아들을 믿지 못하는
자, 그자는 나 여호와가 존재함도 믿
을 수 없는 자임을 알아야 할 것이니
라.

3,982 번째 하나님 말씀

2002년 11월 20일 0시 24분

1 사랑하는 나의 아들아!
2 너희들 개인 개인이 그리 소중하며,
소중한 너희들이 구원을 받으며, 그리
고 만백성을 구원하며 구원을 가르친
다는 그 집단의 형태가 과연 지금 어
떠한 작태를 부리며 어찌 믿음으로 인
도하고 가고 있는가 너희들은 한번 깨
우칠 때가 되었음이니라.
3 내가 나의 아들을 통하여 너희들에게
뭐라 말하였느냐?
4 진정한 믿음을 알며 나 여호와가 존재
함을 아는 종교 지도자요, 나로부터
선택된 종교 지도자라 말하는 자들은
제 앞에 재산 한 닢을 두지 말라 내가
그리하였으며, 그리 행하는 것이 종교
지도자가 가는 길이며, 그가 나로부터
선택된 지도자라 내가 그리 말하였느
니라.
5 그러나 너희들은 지금 어찌 가는가?
6 우리 부자의 이름을 팔아 너희 손으로
지은 그 성전은 엄밀히 따져 너희들
개인 것이 아니요, 나의 것이지 않던
가?
7 나를 위하여 나의 이름을 팔아 너희들
이 그와 같이 지은 성전을 너희들은
과연 지금 어찌 이끌어 가고 있는가?
8 인간 세상에서도 보기 드문 부자 세습
의 작태를 보이고 있으며, 그를 위하
여 너희들은 갖은 간교한 방법과 수단
을 가리지 아니하고 오늘의 너희들을
따랐던 신도요, 너희들을 충실히 따랐
던 자 중에 그를 반대하는 자를 내치
기를 언제 보았느냐는 식으로 그와
같은 살벌한 형국을 이루고 가는 것이
지금 너희들의 삶이 아니던가?
9 부자 세습을 위하여 오늘의 적이 없으
며 내일의 적이 없는 그와 같은 너희
들의 작태가, 과연 그것이 지금 너희
들이 진정한 신앙의 길이요, 믿음의
길이라 말할 수 있는가?
10 나 여호와의 성령의 뜻을 가르치는 너
희가 할 짓이라 말할 수 있는가?
11 만백성의 귀중한 개인의 구원의 길을

열며 그 책임을 지며 이끌어 간다는
너희들이 과연 그와 같은 작태를 보일
수 있는가?
12 너희가 지은 성전을, 너희들이 나에게
오르는 길이요, 하늘에 오르는 길이
요, 우리 부자의 이름을 팔며 나의 아
들 예수의 보혈로써 구원을 받으며
나에게 구하고 기도하면 얻는다 하여
너희들이 성전이라는 이름을 붙인 지
금의 그 성전이라는 이름을 뗄 것이
며 성전이라 부르지 말라.
13 나의 성전이라면 너희가 어찌 부자 세
습의 추한 행위를 할 수 있는가?
14 너희들이 우리 부자의 이름을 팔아 지
은 너희들의 성전이기에, 인간 세상에
아무나 할 수 없는 그 추하고 더러운
부자 세습의 행위를 자행하며, 그리
행하고자 수단과 방법을 가리지 않는
것이 지금 많은 백성을 이끌고 지도하
는 종교 지도자요, 집단에서 하고 있
는 작태이니라.
15 너희는 스스로 남을 위해 자선사업을
하는 순박한 나의 백성들만도 못함이
니,
16 그들과 견주어 볼 수도 없는 추한 자
들이 만백성을 구한다며 개개인의 소
중한 구원을 받고자 하는 그들을 지옥
으로 이끌어 가는 그와 같은 행위를
하는 것이 너희들이며, 그러면서도 스
스로 죄지음을 모르고 부끄러움을 모
르는 것이 너희들이니라.
17 차라리 무명의 자선사업을 하는 사람
만도 못한 것이 너희들 종교 집단이
지금 가고 있는 그 추한 형태이니,
18 너희 신도들이요, 나의 사랑하는 백성
들은 그를 들여다보며, 거기에서 너희
들이 과감히 그 문을 닫으며 그곳에
거미줄을 칠 수 있도록 너희들이 단죄
해야 함을 잊어서는 아니 될 것이니라.

3,983 번째 하나님 말씀

2002년 11월 20일 06시 24분

1 사랑하는 나의 아들아!
2 "네, 아버님! 말씀하옵소서."
3 사랑하는 나의 백성들이 모두가 다
지금 방향을 잃고 방황하는 그와 같은
삶을 살고 있음이니라.
4 저희들이 진정한 구원의 길을 가는지
그 자체도 불안해하며, 그와 같이 저
희 말대로 나의 아들 예수의 보혈로써
구원을 받을 수 있는 것인지 없는 것
인지 그 자체도, 저희들이 말은 구원
받았다 그리하나 너희들이 물었을 때
대답할 수 없다 하였음이니,
5 바로 이와 같은 형국이 왜 생겼는지
알겠는가?
6 진정 진실한 믿음을 가지고 있는 지도
자가 없기 때문임이니라.
7 이제 나의 피조물 만백성, 방황하며
갈 길을 잃은 그들은 속과 겉이 같은
진정한 지도자의 모습으로 바로 서는
자를 따르게 될 것이며,
8 그리고 용기 있는 지도자만이 지금의
나의 피조물 만백성을 구원의 길로 이
끌어 갈 수 있는 것을 알아야 할 것이
니라.
9 어떠한 상황에서도, 어떠한 형태에서
도 흔들리지 아니하며 쓰러지지 아니
하며 나 여호와가 존재함을 믿고 나

여호와가 존재함을 아는 그와 같은 지
도자요, 그와 같은 사람을 그들은 원
하고 있으며,
10 정녕 속과 겉이 다르지 아니한 진실한
사람만이 지금 방황하는 나의 피조물
만백성의 공허하고 허전한 마음을 채
워 줄 수 있으며, 그들이 구원의 빛이
라는 것을 볼 수 있음을 너는 알아야
할 것이니라.
11 이제 나로부터 선택된 자요, 나를 대
신하여 만백성을 구원하는 네가 속과
겉이 같은 자세요, 한 말에 대해 거짓
이 없으며 그리고 어떠한 상황에서도
흔들리지 않는 굳건한 지도자의 자세
를 보여 줌으로써
12 나의 피조물 만백성은 지금 내가 내
리는 성령의 뜻이 진정한 나의 뜻이
요, 내가 내리는 것이라 믿고 그들의
마음속에 변화의 역사를 이룰 것이니,
이를 잊지 말고 행하도록 그리하라.

3,984 번째 하나님 말씀

2002년 11월 20일 06시 31분

1 사랑하는 나의 아들아!
2 "네, 아버님! 말씀하옵소서."
3 너희들의 소원인 구원의 길이요, 너
희들이 구원을 받는 것은 오로지 구약
과 신약의 성경이요, 그 속에 있는 것
을 따르며 그를 지키고 사는 것만이
너희들의 구원의 길이라 그리 알고
그리 가르치는 자, 또한 그리 따라가
는 나의 피조물 만백성, 너희들이 그
형국으로써 지금까지 이루어졌으며,
4 그 성서대로 사는 것이 구원에 오르는
길이라 하여 너희들은 그들이 명하는
각종 헌금이요, 모든 재물을 바쳐 가
면서 지금까지 그와 같이 믿음의 길을
오고 있음이니라.
5 그러나 너희들은 정녕 나의 성서를 보
고 진정한 뜻이요, 성서에 있는 비밀
을 깨우치지 못했으며, 그를 제대로
아는 지도자가 없었으며, 그를 아는
백성이 없었음을 알아야 할 것이니라.
6 그리하여 너희들이 성서를 보고 확실
한 답을 모르며 정답을 모르기에, 너
희들이 배우고 가르쳐도 순간에 그 해
답을 모르며 너희들이 얻지 못하는 답
이 거기에 있음이니라.
7 그리하여 종교 지도자들이 너희에게
뭐라 연막을 치고 너희들을 가르치고
있는가?
8 너희들이 무엇인가를 의심하며 알지
못하여 질문하고자 할 때, 그들은 너
희에게 질문할 수 없으며 묻지 말라
그리함이니라.
9 성서는 한 자도 빼도 더하지도 말라
하였기에 그저 그대로 읽어서 전하면
그것으로써 너희들은 따라야 할 것이
며, 거기에 갑론을박하지 말라 그리함
이니라.
10 이는 바로 무엇이던가?
11 제가 알 수 없다 대답하는 것이니라.
12 종교 지도자요, 가르치는 자가 성서의
비밀이요, 거기에 들어 있는 뜻을 알
수 없기 때문에, 저 자신이 정답을 말
할 수 없기에 묻지 말라 그리 말함이
니,
13 묻지 말라는 말이 얼마나 어리석고 우
매한 말이더냐?

14 모두 다 저희들이 길을 인도할 수 없
으며 정녕 가르침이 없으며 하늘에 오
르는 길이 무엇인지 저 자신도 모른
다 그리 말하는 것이니라.
15 이제 너희들은 알아야 할 것이니라.
16 성서를 보고 가르치는 자도 모르며,
배우는 자도 모르며, 유식한 자도 모
르며, 무식한 자 또한 다 같이 성서에
서 내가 원하는 그 비밀을 알 수 없음
이니,
17 그러나 너희들에게 이제는 나의 법전
을 3회 이상 읽으라 하였음이니, 나의
법전을 3회 이상 읽는 자만 나의 성경
의 뜻을 알 수 있으며 거기서 원하는
것을 알 수 있으며 거기서 너희들을
깨우치고자 하는 참진리의 비밀을 알
게 되어 있음이니라.
18 그리하여 나의 법전을 읽으라 하였음
이니, 너의 제자들만이 나에게 선택된
백성이요, 나의 법전을 접하는 백성만
이 나로부터 선택된 백성이요, 법전을
접하는 자만이 죽어 와 심판받을 자
격이 있다 함이 여기에 있음이니라.
19 나의 법전을 3회 이상 읽고 너희들이
성서를 읽으라 그리 가르쳐 보라.
20 그리했을 때 그들은 성서의 비밀을 알
수 있음이니, 곳간의 문을 열어 그 안
에 있는 것을 눈으로 볼 수 있듯이, 나
의 법전을 3회 이상 읽은 백성은, 배
운 자, 배우지 못한 자, 지금의 믿음의
길을 가고 있는 자, 믿음의 길을 가지
아니하는 자, 모든 백성이 나의 법전
을 3회 읽었을 때, 성서 속에 있는 아
름답고 찬란한 비밀의 가르침을 알 수
있음이니, 이게 바로 나의 성령임을
알아야 할 것이니라.
21 너희들은 내가 지은 창고요, 내가 가
둬 놓은 그 보물의 창고를 열 수 없다
하면, 그것이 나의 백성이요, 나의 아
들딸이라 말할 수 있는가?
22 내가 그득히 담아 놓은 그 보물의 창
고를 열 수 있는 열쇠를 가진 자, 그가
나의 아들이요, 나의 백성임을 너희들
은 알아야 할 것이니라.
23 그러니 나의 법전을 접하여 3회 이상
정독하는 자만이 그 보물 창고의 문
을 열어 그 안을 볼 수 있음이니,
24 바로 너희들이 나로부터 선택된 아들
이요, 딸이라 함이 거기에 있음이니,
나의 가르침의 그 뜻에 따라 너희들
이 깨우침을 얻어야 할 것이니라.
25 나의 아들을 통하여 수없이 내리는 나
의 성령의 그 뜻 속에서 앞과 뒤가 맞
지 않는 점이 있으면 너희들은 나의
법전을 버려도 될 것이며,
26 너희들을 깨우쳐 이르는 그 길에 너
희들이 잘못 살아가며 남으로부터 도
저히 해서는 안 되는 행위를 하라 가
르치는 부분이 있거든 나의 법전을 너
희들이 태워 버린다 하여도 죄가 아니
됨을 알아야 할 것이니라.
27 나의 성서는, 나의 법전은 너희들이
세월이 흐르면 흐를수록 그 의미를 알
게 되어 있으며, 흐르는 세월 속에 정
답이 거기에 있음을 알도록 되어 있
는 것이 창조주가 내리는 참진리의 가
르침임을 너희들은 알아야 할 것이니,
28 이것으로써 구분하는 지혜를 얻으면
하늘에 오르는 그 영광의 빛을 볼 수
있음을 알게 될 것이니라.

29 내가 나의 법전을 접하지 않은 자, 심
판대에 설 수 없다 말하였듯이,
30 나의 법전을 3회 이상 정독하지 아니
하는 자, 내가 그득히 담아 놓은 비밀
의 창고요, 나의 비밀의 보화를 담아
놓은 나의 성경을 열어 볼 수 없음이
니,
31 성경을 열 자격이 있는 자가 나의 자
식이요, 나의 백성이요, 그를 여는 자
만이 그 속에 있는 금은보화의 뜻을
알 수 있음을 알라.
32 이를 부인하는 자, 이를 거부하는 자
가 얼마나 불쌍하고 미련하고 가련한
백성인가를 너희들은 알 날이 머지아
니하였음을 알라.

3,985 번째 하나님 말씀

2002년 11월 20일 06시 38분

1 사랑하는 나의 아들아!
2 "네, 아버님! 말씀하옵소서."
3 창조주요, 이 세상을 주관하는 나 여
호와가 나의 백성 너희들을 이 세상의
동식물 중에서 가장 아름답게 만들어
세상에 내보낸 것이 나의 뜻이라 하지
아니하였는가?
4 그리하여 가장 아름답게 창조한 나의
백성 너희들에게 이 지상을 선물로
내려 주어 나의 성전에서 너희들이
살 수 있도록 한 것은,
5 하늘나라와 같은 지상의 낙원에서 내
가 창조한 사랑하는 백성 너희들이 편
안하고 즐겁게 자유로움 속에서 살아
갈 수 있도록 하는 것이 나의 뜻이며,
그를 위하여 너희들을 존재케 하였음
이니라.
6 그러나 지금 세월이 흐르는 속에서 종
교 지도자라는 자들이 너희들을 어떠
한 형국으로 몰아갔는가?
7 너희들의 자유를 다 빼앗아 갔으며,
너희들을 억압적으로 지금 짐승과 같
이 사고력을 갖지 못하도록 그와 같은
형국으로 몰아갔으며,
8 그 사악한 기운이 이 아름다운 지상을
다 덮어 선하고 착한 백성들이 발붙일
곳이 없다 하는 이와 같은 형국이 이
루어졌음이니,
9 내가 지금 이와 같이 무섭고도 강한
믿음의 개혁을 단행하고 있음을 너희
들은 알아야 할 것이니라.
10 내가 이와 같이 강한 믿음의 개혁을
단행하며 나의 아들을 통하여 너희들
에게 지키고 살아야 할 무서운 계명을
내리는 것은 너희들을 멸망시키고자
하는 것이 아니요, 너희들을 재앙으로
써 파멸시키고자 하는 것이 아님을 알
아야 할 것이니라.
11 내가 이와 같이 나의 아들을 통하여
믿음의 개혁의 칼을 뽑아 선별할 자와
선별하지 아니할 자를 지금 다스리며
이와 같은 심판을 시작한 것은,
12 구원할 자와 구원하지 못할 자를 내가
선별하고자 함이며, 지옥으로 가 그
대가를 치를 사악한 자들의 뿌리를 뽑
으며, 그 죄의 대가를 치르지 아니하
면 도저히 용서할 수 없는 그와 같은
나의 백성들을 선별하고자 함이 지금
이 종교 개혁이요, 믿음의 개혁을 시
행하고 있음임을 너희들은 알아야 할
것이니라.

13 나 여호와가 6천 년의 세월이 흐른 다
음에 오늘에 이와 같은 형국에 이를
것을 알고 있었기에 내가 성경을 모
든 비유로써 만들어 너희들이 과도기
의 세월 속에서 너희 스스로 깨우치는
그와 같은 것을 기대하고 바랐음이니
라.
14 그러나 너희들은 더 이상 사악한 형국
으로 갈 수 없으며, 나의 아름다운 이
지상의 성전을 더 이상 오염시킬 수
없는 이와 같은 형국이 되어 있음이니,
15 그리하여 내가 믿음의 개혁을 하고자
이리도 무서운 칼을 뽑아 선별하는 역
사가 시작되었음을 너희들에게 알려
줌이니 그리 알라.
16 너희들은 믿음으로써 구원하며 모두
를 이룬다는 생각을 해서는 아니 될
것이니라.
17 내가 나의 법전에 기록하여 수없이
너희들에게 깨우쳐 주었듯이, 너희들
의 육이 존재하는 지금의 이 세상에서
너희들이 구원을 받고 받지 못하는 길
이 여기에 있음이니,
18 내가 명하는 사랑을 실천하며 사는
자, 그리고 너희들이 살아온 잘못을
진정으로 회개하고 반성하는 자, 그리
고 나의 법전을 가슴에 안고 정독하고
이는 나 여호와가 너희들을 구원하기
위하여 내린 진정한 성령의 뜻이라는
것을 가슴속으로 받아들이는 자,
19 그리고 나의 법전을 읽고 읽으면서 너
희들이 정녕 한 자도 고쳐서도 더해
서도 안 된다는 성서의 그 비밀을 느
끼는 백성,
20 그리하여 회개의 눈물이 끊임없이 흐
르며 반성의 눈물 속에서 나 여호와
에게 감사의 노래를 부를 수 있는 그
와 같은 너희들의 대변화가 이루어지
지 아니한다면, 내가 구원할 자와 구
원하지 아니할 자 속에 너희들이 버려
지는 백성이 된다는 것을 잊어서는 아
니 됨이니, 이를 명심하고 또 명심해
야 함을 알라.
21 이것이 지금 나 여호와의 아픈 가슴임
을 알라.
22 너희들을 선별하여 구원할 자, 버려
져 지옥으로 가 그 죄의 대가를 치를
자, 그를 창조주인 나 여호와의 손으
로써 내 눈으로써 선별하는, 이와 같
은 마지막 시대에 너희들을 심판하는
이 시점이 나 여호와의 가슴이 얼마나
아프고 저린지 너희들은 알아야 할
것이니,
23 나의 법전을 읽고 깨우쳐 모든 나의
백성들이 나 여호와가 너희들을 심판
대에 세우는, 그리고 너희들을 심판하
여 잘못된 죄의 대가를 치르도록 하는
이 작업을 중단할 수 있도록 하여,
24 그와 같은 나에게는 기쁨과 영광이요,
나 여호와의 마음을 너희들이 가장
행복하게 하는 그 길로 바라볼 수는
없는가, 그리고 그와 같은 역사를 이
룰 수는 없는 것인가?
25 정녕 천 년이라는 그 세월 속에 모든
악의 뿌리를 다 버리고 내가 다 뽑아
버린 다음에, 지금의 계획과 같은 그
형국으로써 이 아름다운 나의 지상이
요, 나의 지상의 성전에 사는 백성들
을 선별하는 그와 같은 아픔의 시련을
나 여호와가 천 년에 걸쳐 느껴야 되

겠는가, 천 년 동안 그 고통의 시련 속
에서 내가 견뎌야 되겠는가?
26 사랑하는 나의 백성, 너희들에게 다시
내가 전하노라.
27 이 세상의 모두는 나의 주관에 의하여
존재하며 세상에 나옴이니, 나의 법전
도 나의 뜻에 의하여 나왔다 생각하여
너희들이 정녕 이를 가슴에 안고 정
독하여 깨우치는 그 변화의 역사를 이
룰 수는 없는 것인가?
28 그것이 하늘에 오르는 길이요, 구원의
길이라 내가 이리 너희들에게 애절하
게 하늘의 비밀을 가르쳐 줌이니, 한
번 정도는 나의 법전을 봐 구원의 길
을 얻도록 그리하라.

3,986 번째 하나님 말씀

2002년 11월 20일 06시 48분

1 사랑하는 나의 아들아!
2 "네, 아버님! 말씀하옵소서."
3 너희들이 그리도 믿고 그것만이 하늘
에 오른다는 그 성서에 나의 새로운
성경이 세상에 나오며 나의 뜻을 세
상에 전하는 자가 올 것이며 새로운
말씀이 세상에 온다는 것을 이미 기록
하여 너희들이 그를 부인할 수 없는
그와 같은 구절이 기록되어 있음이니
라.
4 그러나 그를 믿지 아니하며 그를 인정
하지 아니하며 그를 덮어 두는 것이
너희들이니라.
5 지금 지도자들이 저희들이 가르치는
방법이요, 저희들이 가르치는 성경만
이 위대한 것이며, 그 이외의 것들은
다 사탄이요, 이단이라 그리 몰아붙임
으로 인하여 나의 피조물 만백성이 저
희들을 따르며 다른 생각을 할 수 없
도록 그리 옭아매 놓고 있는 것이 지
금 그들이 얼마나 큰 죄인지 알아야
할 것이니라.
6 한 자도 빼서는 안 되며 더해서도 안
되며 하나도 더 가르쳐서도 안 되며
빼서도 안 된다는 그 성서에 새로운
성경이 내려오며 새로운 말씀이요, 새
로운 역사의 시대가 내려온다는 것을
기록하여 있음을 너희들이 알면서도
그를 가르치지 아니한 죄가 얼마나 크
며,
7 나의 사랑하는 피조물 만백성을 죽음
의 길이요, 지옥으로 인도하는 기본이
요, 너희들이 가장 사악한 자임을 알
게 될 것이니라.
8 내가 오늘 나의 아들을 통하여 너희들
에게 전함이니, 나의 법전이요, 새로
운 성경의 말씀이 세상에 나온다는 것
을, 그와 같이 성서에 기록해 놓은 것
을 너희들이 믿지 아니할 것을 대비하
여
9 내가 사랑하는 나의 백성 중에서 직접
간접으로 그들에게 나의 성령이 세상
에 나오며 새로운 나의 역사의 시대가
이루어진다는 것을 깨우쳐 준 것이 있
으니,
10 여기에 1999년 7월부터 새로운 왕이
세상에 내려온다 그와 같이 예언한
자가 있음이니, 바로 너희들이 몇백
년 전에 예언한 자가 있음을 알라.
11 나의 아들을 통하여 나의 법전이요,
나의 성령이 내려오기 시작한 것이

1999년 7월서부터 시작하였다 하면,
과연 이것이 몇백 년 전에 오늘에 이
룰 것을 어찌 알았겠는가?
12 너희들은 지금의 나의 아들이 그것에
맞추어 그 날짜요, 그 달에서부터 나
의 성령을 받기 시작하여 나의 법전을
기록하기 시작하였다 그리 생각할 것
이니라.
13 그리고 나의 아들이 그와 같은 것을
미리 알고 있었기에 그때 맞추어서 그
리 시작하였다 생각할 것이니라.
14 그러나 나의 아들은 그것을 알지도
못하며, 그와 같은 것을 맞출 줄도 모
르며, 그와 같이 생각할 수도 없는 자
이니라.
15 성서에 기록되어 있는 나의 새로운 성
경이 세상에 내려온다는 것이 거기에
는 날짜와 때가 기록되지 아니하였으
나,
16 올 때가 가까워진 몇백 년 전에 1999
년 7월이라는 그 시점서부터 새로운
왕이 세상에 내려온다 하였음이니, 그
왕이란 바로 무엇이더냐?
17 너희들을 가르치고 통제하는 나의 말
씀이요, 나의 성령이 세상에 내려가는
것을 예언하였음이니, 이를 맞춰 돌이
켜 봐도 그 무서움을 알 것이거늘,
18 그러나 너희들은 나의 아들이 그와 같
이 조작하였으며 그것에 맞추어서 시
작하였으며 미리 준비된 상황에서 그
리 계획적으로 갔다 말할 것이니라.
19 그리하여 그는 사탄이요, 사악한 자
며, 나 여호와 못지않은 지혜를 가지
고 있는 자이기에 그를 맞춰 나의 법
전을 세상에 내려보냈다 그리 말할
것이니,
20 내가 두 다리를 뻗고 눈물을 흘린다
면 어찌하겠는가?
21 무엇으로써도 너희들을 다스릴 수 없
으며, 그 사악한 마음을 다스릴 수 없
는 것이 너희들이니, 이를 어찌하여야
만 되겠는가?
22 나의 아들이 세상에 오며, 나의 아들
을 따르는 제자들이 나의 법전을 읽고
깨우쳐 그 새로운 시대의 역사의 기
초를 다지는 너희들이 올 것을 내가
미리 알아 준비시켰음을 너희들은 여
기서 알아야 할 것이며,
23 그와 같은 뜻에 너희 마음이 흔들려서
는 아니 됨을 알아야 할 것이니라.
24 지금 모든 종교 지도자들이요, 또 그
곳에서 배우는 백성, 저희들이 이 역
사의 권능 속에서 저희만이 깨달음을
얻은 자요, 구원의 길이요, 하늘의 뜻
을 아는 것처럼 오만에 차 있으니,
25 그들은 진정한 나의 성경의 뜻이요,
나의 법전을 보지 못하고 있음이니라.
26 이제 내가 하늘의 비밀을 너희들에게
알려 주었음이니라.
27 몇백 년 전에 1999년이라는 그 숫자
에 맞춰 7월이라는 그달에 의하여 나
의 법전이 세상에 내려와 전해지며,
그리고 왕이 세상에 내려온다 하였음
이니,
28 그는 나의 성령이 내려왔음이니, 너희
들이 믿든 믿지 아니하든 나의 아들이
이를 알고 미리 조작하여 그 시기를
맞춰 나의 법전을 세상에 나오도록 시
작한 것은 아님을 알아야 할 것이며,
29 나의 아들을 너희들이 분석해 볼 때

그는 그와 같은 것을 알지 못함을 알
게 될 것이니라.
30 그렇다 하면 이와 같은 이치 하나를
보더라도 오늘의 나의 성령이 나의 뜻
이요, 미리 예언자가 와서 그가 올 것
을 예언하였다는 것을 알 것이니,
31 너희들이 이를 믿지 못한다 하는 것은
곧 무엇이더냐?
32 내가 직접 내려가 너희들을 구원한다
해도 믿지 못할 것이며, 나의 아들이
재림하여 너희들에게 내려가 너희를
구원한다 하여도 믿지 못하는 그와 같
은 형국이 되어 있음이니라.
33 이는 바로 무엇이더냐?
34 너희들은 지금의 그림이 그려진 나의
예수의 모습으로써 너희들 머릿속에
젖어 있음이니, 그와 같은 형국이 나
의 아들의 형체가 아니라면 과연 어찌
하겠는가?
35 그와 같은 자가 나의 아들 예수라 하
여 내려가 너희들을 깨우쳤을 때, 너
희들은 더 왕사탄이요, 사악한 자라
그리 말할 것이니, 내가 지금 이와 같
은 내용을 너희들에게 기록함을 알아
야 할 것이니라.
36 과연 나의 아들 예수의 모형의 그림이
정녕 나의 아들의 형체의 그림이었는
가 생각해 봐야 할 것이니라.
37 그것은 이 세상을 지배하는 종교 집단
이요, 무력이요, 힘으로 지배하는 국
가의 그 힘에 의하여, 너희들의 국가
의 집단과 종교의 집단에 의하여 그려
지고 다듬어진 그와 같은 모습으로써
지금 그려졌음이니,
38 이건 강대국의 그 민족성을 나타내는
것이 아닌가 하는 것 또한 너희들은
생각해 봐야 할 것이니라.
39 오늘부터 너희들은 나의 아들 예수가
과연 어떤 형체로써 어떤 모습의 사
람이었는가 그를 기도하는 마음으로
써 나로부터 응답을 받는 그와 같은
기도를 드려 보도록 하라.
40 그러면 너희들이 지금 나의 아들을
통하여 내가 너희들에게 전하는 이 뜻
을 알게 될 것이니 그리 알라.

3,987 번째 하나님 말씀

2002년 11월 20일 08시 49분

1 사랑하는 나의 아들아!
2 "네, 아버님! 말씀하옵소서."
3 지금까지 수천 년 동안에 그 수많은
나의 피조물 만백성이 저희들이 구원
의 길이요, 천국의 문에 들어설 수 있
는 자격을 받은 자라 믿다가 와서 심
판을 받음이니,
4 저희들이 지금까지 살아온 그것이 잘
못된 삶이며, 그 삶을 돌이켜 나에게
용서를 구할 수 있는 그와 같은 처지
도 되지 못함이니, 그때 그들이 얼마
나 당황하며 당혹스러움을 느끼겠는
가?
5 내가 너희들에게 뭐라 말하였느냐?
6 이 세상에 생명을 가지고 육으로 태어
난 자, 너희들에게 내가 한 번의 기회
를 더 주어, 너희들이 세상에 나가서
지고 온 죄를 사하며 아름답게 살며
천사보다 더 곱고 아름다운 그와 같
은 삶을 살라 하여 너희들에게 한 번
의 기회를 주었음이니,

7 그게 바로 내가 너희들의 육에 성령을 부어 이 세상에 태어나게 한 축복이라 하였음이니라.

8 너희들이 죽어 나에게 와 심판대에 섰을 때, 너희들이 지옥 불이요, 그 험악한 고통의 세계로 가야 할 때, 너희들에게 한 번의 기회를 더 주어, 너희가 지은 죄를 용서 빌며 그 죄의 대가를 갚아 아름다운 삶을 살고 나에게 돌아오라 하여 한 번의 그 기회를 더 주었음이니,

9 너희들은 그 기회가 얼마나 영광되고 축복된 것이며, 너희들이 얼마나 애절히 소원한 마지막 부탁이었는지 아는가?

10 너희들이 지금 하늘에 오르고자 하는 그와 같은 믿음의 길을 가는 마음보다도 더 애절한 마음이 그때의 상황이었으며, 더 조급한 마음이 그때의 상황이었음을 어찌 생각지 못하는가?

11 그리하여 너희들이 한 번의 기회를 얻어 세상에 나왔으니, 너희들이 지은 죄의 용서를 빌 수 있는 기회를 받아 세상에 나왔거늘, 너희들이 과연 지금의 살아가는 삶이 어떠하던가?

12 이와 같은 이치 하나만 깨닫는다 하여도, 감히 너희들이 남의 흉을 보며 남의 허물을 보며 세상사 이웃을 시기하고 질투하는 그와 같은 마음을 갖고 살아갈 수 있겠는가?

13 너는 이제 너의 제자들에게 이를 심어주어야 할 것이니라.

14 너희들이 세상에 나와 지금 하나의 생명으로 유지하는 것은 너희들이 지난날 지은 죄가 너무나 많기에 그를 용서받을 수 있는 기회를 준 것이니,

15 오늘의 삶이 춥고 배고프고 어렵고 힘들다 하여 그를 원망하지 말며 불평하지 말라 그리 이르라.

16 너희들이 죄를 회개하며 아름답게 사는 것만이 나의 은혜에 보답하는 길이니, 그 무엇도 너희들에게 더 소중함이 없거늘

17 어찌하여 그리도 나에 대한 감사함을 모르며 너희들이 세상에 태어난 그 이치도 모르고 살아가는가?

18 정녕 지옥 불로 갈 수밖에 없는 그와 같은 죄를 짓고 살다 나에게 와 심판을 받은 너희들에게 내가 한 번의 기회를 더 주었으니,

19 너희들이 그리도 애걸복걸하기에 그 기회를 준 자들이 너희들이니라.

20 그리하여 세상에 나온 너희들이 너희 임의로 태어난 줄 알며, 너희들이 스스로 태어나는 그 이치에 따라 순리적으로 세상에 나왔으며, 나 여호와요, 창조주와는 아무런 관계도 없는 그와 같은 것으로써 너희들이 세상에 태어났다 생각하며,

21 오늘의 삶을 살다 그저 너희들이 죽어와 나에게 심판을 받는 그 심판대에 서면 되는 것이라 그리 생각하며, 지금 너희들이 육에서 짓고 있는 그 죄에 대한 심판만을 받으면 된다 생각하니, 너희들이 그 착각에서 깨어나야 할 것이니라.

22 너희들은 죄를 짓고 온 자이기에 그 죄를 용서받을 수 있는 기회를 한 번 달라 애걸복걸하며 너희들이 죽기 살기로 나에게 소원하여, 너희들이 그

죄목에 해당되기에 내가 다시 한 번 인간으로 세상에 내려보내 너희들이 지은 죄를 다 열배 백배 갚고 오라 하였거늘,

23 그를 갚는 것은 생각지도 아니하며 지금의 육의 생활에서도 사악한 죄를 수없이 짓고 살아가는 것이 너희들이니, 그 죄의 대가를 배로 너희들이 치러야 하는 그 무서움이 있음을 알아야 할 것이니라.

24 이제는 너의 제자들에게 깨우쳐 주라.

25 너희들이 세상에 나온 것은, 죄를 짓고 온 너희들에게 한 번을 용서하여 기회를 주어 세상에 나왔음이니, 너희들이 얼마나 아름답고 곱게 살아야 하는가?

26 천사보다도 더 곱고 아름다운 마음으로 살아가야 하는 것이 너희들이라는 것을 잊지 말라 그리 깨우쳐 주라, 사랑하는 나의 아들아!

3,988 번째 하나님 말씀

2002년 11월 20일 09시 01분

1 사랑하는 나의 아들아!

2 "네, 아버님! 말씀하옵소서."

3 아브라함에게 늦게 얻은 그 자식을 나에게 제물로 바치라 그리하였으니, 그는 그 자식을 나에게 제물로 바치고자 하여 칼을 들어 죽이려 할 때 나 여호와가 그를 중단시켰으며 내가 그를 그리 행하지 못하도록 하였음이니,

4 나 여호와를 그가 믿고 순종함이, 그 마음가짐이 나 여호와의 마음을 기쁘게 함이니, 그 마음 자세를 너희들은 과연 알겠는가?

5 그와 같은 아브라함의 마음을 너희들은 정녕 알겠는가?

6 이는 즉, 너희가 믿음을 그와 같이 갖는 기본이 되라 하여 너희들에게 깨우쳐 주는 것이건만 너희들은 지금 과연 어떠한 마음의 자세로 가고 있는가?

7 지금 정녕 하늘에 오르는 길이요, 구원을 받았다 말하는 자, 내가 너희들에게 그와 같이 너희 자식을 나에게 바치라 할 때 과연 너희들은 바칠 수 있는 믿음으로 갈 수 있는가?

8 그와 같은 믿음으로 갈 수 있게 하기 위하여 본보기로 그와 같은 역사의 한 구절을 만들었음이니, 너희들이 정녕 너희들의 지금의 믿음을 한번 되새겨 봐야 함을 알아야 할 것이니라.

9 너희들이 그와 같은 믿음을 갖지 못할 때, 너희들은 나 여호와가 존재함조차 의심하는 것이며, 그를 믿지 못하는 것이 너희들의 마음속에 있음이니라.

10 너희들이 정녕 한 점의 의심함이 없이 그를 믿고 내가 존재함을 안다 하면, 과연 너희들이 그와 같은 행위를 하지 못하겠는가?

11 너희들은 내가 존재함을 믿지 못하기에 그와 같이 행하지 못하는 것이니,

12 그와 같이 행하지 못하는 것은 나를 의심하는 것이며, 나를 의심하는 속에서 너희들이 가는 그 믿음은 진정한 믿음이 아님을 알아야 할 것이니라.

13 지금 내가 제3의 시대에 나의 법전을 통하여 만백성 너희들을 심판하고자 하는 것이니, 바로 너희들을 심판하는 기준은 그와 같은 믿음의 자세가 어

떠한가에 따른 것이며,
14 너희들의 마음 자세가 어떠한 것인가에 따라서 너희들이 심판을 받는 그와 같은 기준의 한 장이 되는 것을 잊어서는 아니 될 것이니라.
15 너희들이 과연 어떠한 마음으로 믿는가?
16 늦게 얻은 자식을 바칠 수 있는 아브라함의 그 믿음에 너희들이 과연 어디쯤 가 있는가?
17 그리하여 너희들이 그와 같은 믿음으로 갈 수 없다 하면, 정녕 지금 너희들 자신이 어디에 있는가를 깨우쳐 봐야 할 것이며, 너희들의 믿음의 깊이와 한계를 한번 되돌아 봐야 할 것이니라.
18 너희들이 그와 같은 마음으로 갈 수 있도록 깨우치고 가르치지 못한 지금의 종교 지도자들의 책임이요, 또한 너희들이 그리 갈 수 있는 마음의 자세가 되어 있지 아니하다면, 너희들은 지금 믿음이 잘못되어 있는 것을 알아야 할 것이니라.
19 그와 같은 마음의 자세로써 너희들이 믿음의 길을 갈 때, 하늘에 오르는 길을 볼 수 있으며 그 반석 위에 서서 하늘에 오르는 찬란한 영광의 빛을 보아 그 빛을 따라 구원을 받을 수 있는 것이거늘, 정녕 너희들의 그 믿음을 진단해 봐야 할 것임을 잊지 말라.

3,989 번째 하나님 말씀

2002년 11월 20일 14시 14분

1 사랑하는 나의 아들아!
2 "네, 아버님! 말씀하옵소서."
3 너희들이 살아가면서 가장 소중한 것이 무엇이냐 묻는다면, 너희들은 지금 육의 삶에 그 생명을 연장하는 것보다도 영원히 사는 나의 나라에 구원을 받는 것이 더 소중하며 더 귀하다 그리 생각할 것이니라.
4 정녕 나 여호와가 존재하며 너희들이 영원히 사는 나라에 올라올 수 있다 하면, 그보다 더 소중하고 더 바라며 소원하는 것이 없을 것이니라.
5 그러나 너희들이 개인의 삶을 구원하고 구원받지 못하는 그 소중하고 귀한 믿음의 길을 지금 어찌 가고 있는가?
6 지금 나의 피조물 만백성을 구원한다는 종교 지도자들이요, 그를 가르치는 자들이요, 또한 그를 보고 배우는 너희들은 정녕 하늘에 오르는 참진리요, 나의 신앙의 뜻에 의하여 내가 원하는 참진리를 깨달아 하늘에 오르는 길을 오는 것이 아니라,
7 육의 금화와 은화를 모으는 것에 역점을 두어 삶의 모든 것을 다 맞춰 가며 그와 같이 행하고, 너희들의 지금의 믿음이요, 가르치는 교육 기관도 육의 삶에 대한 그곳에 초점을 맞춰 지도자들을 육성하는 그와 같은 형국으로 변질되고 타락되었음이니,
8 정녕 너희들은 일반 나의 피조물 만백성이 자기의 지식을 높이기 위하여 학문을 탐구하고 연구하는 그와 같은 형국으로 종교의 믿음이요, 깨우침이 전락되어 있음이니, 이것이 바로 지금 너희들이 가고 있는 형국임이니라.
9 인간사 학문을 깨우치고 깨달음을 위

하여 너희들이 공부하고 연구하듯이,
지금 신앙의 길이요, 구원의 길을 가
르치는 종교 지도자들이 너희 인간 세
상의 이해관계요, 저희들의 권위와
삶의 안락을 위하여 너희들이 바치는
그 모두에 대하여 가르치는 그와 같
은 형국으로 깨우쳐 가며,
10 그 속에서 구원의 길이요, 구원의 길
을 안내한다 하며, 나의 뜻에 의하여
행하며 살아간다 그리 말하고 있음이
니,
11 종교 집단의 종교 지도자를 육성하는
것이 너희들 일반 사회의 학문의 수준
으로 타락하였으며 전락하였음이니,
그 속에서 나와 가르치는 너희 지도
자들이 과연 나의 피조물 만백성을 어
찌 구원하며 구제할 수 있다 생각하는
가?
12 이제 너희들이 그와 같은 학문 속에서
그와 같이 나와 가르치는 자 속에 진
정한 믿음의 깨달음이 아니요, 구원을
받는다는 그 목적을 놓고 그 목적을
위하여 신앙생활을 하고 있음이며,
13 지금은 너희들이 구원을 받기 위하여
어떠한 길을 가야 하며 어떤 고충과
어떤 시련을 겪고 가야 하는가 그와
같은 것은 무시하는 믿음에서, 오로지
구원이라는 그 목적 하나만을 위하여
달려가는 지금의 형국이 되어 있음이
니,
14 얼마나 계산적이며 얼마나 무서운 믿
음의 길을 가고 있는가 너희들 스스로
깨우쳐야 할 것이니라.
15 그리하여 너희들이 말하기를, 나 여호
와요, 나의 아들 예수를 믿고 너희 손
으로 지은 성전에 가 나를 찾음으로
인하여 구원을 받았다는 착각 속에 가
고 있는 그와 같은 형국의 믿음이 형
성되어 있음이니,
16 이를 갖고 너희들이 정녕 구원의 길을
오를 수 없음을 알아야 할 것이니라.

3,990 번째 하나님 말씀

2002년 11월 20일 14시 25분

1 사랑하는 나의 아들아!
2 "네, 아버님! 말씀하옵소서."
3 너희들 인간 속에 살아가면서 이와
같은 너희들이 하는 말이 있지 않더냐?
4 양달쪽 굴에서 겨울잠을 잔 곰이 먼
저 봄이 옴을 알고 나오느냐, 그렇지
않으면 응달쪽에서 겨울잠을 잔 곰이
먼저 봄이 온 소식을 알고 나오느냐
하는 그와 같은 질문이 있음이니라.
5 이는 바로 무엇을 말하더냐?
6 응달쪽에 있는 곰이 양달쪽에 있는
것을 보고 먼저 나옴이요, 양달쪽에
있는 곰은 제 쪽에는 봄이 왔으니 미
리 나와야 하나 앞산에 보이는 눈을
보고 그 곰이 나오지 못한다는, 너희
들이 하나의 농담으로써 하는 그와
같은 이야기가 너희들 세상에 있지 아
니하던가?
7 그러나 너희들은 여기서 하나를 깨우
치며 너희들에게 가르침을 알아야 할
것이니라.
8 정녕 깨끗하게 살며 저 자신이 깨끗
하게 사는 자는 남도 그런 줄 알며, 그
러기에 남의 허물을 볼 수 없으며, 남
의 잘못하는 것을 탓하지 아니하는 자

가 되게 되어 있음이니라.
9 그러나 제가 깨끗지 못하게 살아가는
자는 남도 저와 같이 그리 살아간다
생각하여 남을 시기하고 음해하고 질
투하는 그와 같은 마음으로 살아가는
것이 너희들 마음의 형국이니라.
10 저 자신이 깨끗지 못한 자가 남이 깨
끗지 못한 줄 알고 그와 같이 살아가
는 것이니라.
11 그리하여 제가 깨끗한 자는 남의 깨
끗함을 알 수 있으며, 저 스스로 깨끗
하게 변한 자는 남을 깨끗하게 볼 수
있는 그와 같은 눈이 뜨이게 됨이니
라.
12 너희들이 남을 깨끗하게 보며 남의
허물을 사랑으로 볼 수 있는 그와 같
은 변화가 진정한 나의 뜻에 의하여
변화되는 것임을 알아야 할 것이니라.
13 그리하여 너희들 말에 전하는 말이 있
지 않더냐?
14 '까마귀 노는 곳에 백로야 가지 마라.'
하는 뜻이 있음이니, 너희들 자신이
어떠한 삶을 살아야 하겠는가?
15 너희들 자신이 까마귀와 같은 삶을 살
아야 하겠는가, 그렇지 않으면 백로와
같은 삶을 살아야 하겠는가?
16 까마귀가 사는 곳에 하얀 백로에게
가지 말라 하였음이니, 너희들은 과연
어떠한 삶을 살고 있는 것인가?
17 지금의 깨우침의 길을 달려가는 너희
들은 과연 까마귀가 아닌가 한번 생
각해 봐야 할 때가 되었음을 알아야
할 것이니라.
18 지금 너희들이 너무나도 잘못되었으
며 너무나도 썩어져 있으며 너무나도
부패해져 있으며, 그리하여 그를 내가
볼 수 없어 나의 성령을 나의 아들을
통하여 기록하여 너희들에게 전함이
니,
19 이게 바로 까마귀가 노는 속에 백로
가 가는 것과 같음이니, 이를 어찌하
여야 다스려 나갈 수 있단 말이던가?
20 지금 내가 나의 성령이요, 나의 법전
을 나의 아들을 통하여 너희들에게 이
와 같이 내려보내며 너희들을 깨우치
고자 함은, 너희들이 너무나도 까맣게
썩어져 있기에,
21 이젠 정녕 세월이 흐른다면 그를 다스
릴 수 있는 기회가 없으며 그 역사를
이룰 수가 없기에 지금 나의 아들을
통하여 밤과 낮을 가리지 아니하고 나
의 성령을 내려보내 대장정의 160권
을 기록하여 내려보내는 것이니 그리
하여 시간이 없다 하였으며,
22 너희들이 지금 나의 아들이 사는 이
세상에서 나의 법전이 세상에 나가는
그 시대에 같이 사는 것이 얼마나 크
나큰 영광이며, 나의 법전을 접하는
것이 얼마나 위대한 영광과 축복을
받는 것인가를 알 날이 있음이라 내가
전하였음이니라.
23 이제 너희들이 나의 법전이 얼마나 소
중한 것이며, 나의 법전이 썩어져 가
는 것을 치료하며 병든 자를 치료하며
죽어 가는 생명의 빛이요, 생명의 구
원의 길이라는 것을 알게 될 날이 머
지아니하였음이니,
24 내가 나의 아들을 통하여 나의 법전만
이 너희들이 죽어 가는 것을 살리며
썩어 가는 것을 살릴 수 있다, 치료할

수 있다 그리 가르치고 또 전하나, 이
를 듣지 아니하는 것이 너희들이니라.
25 내가 너희들에게 듣고 깨우쳐 하늘에
오르는 길을 바로 보라 한 만큼 너희
들의 그 죄의 무거움을 알아야 할 것
이니 그리 알라.

3,991 번째 하나님 말씀

2002년 11월 20일 14시 34분

1 사랑하는 나의 아들아!
2 성서가 귀중한 것이며 너희들의 생명
을 구원의 길로 인도하는 보배라 너희
들이 말함이니, 이는 곧 나의 성령을
기록하여 전하게 하였으며 나의 뜻을
너희들에게 전하게 하였음이니라.
3 그러나 이 성경이 또한 누구에 의하
여 만들어졌으며 누구를 통하여 전해
졌는가 너희들은 지금 한 번 짚고 갈
때가 되었음을 알아야 할 것이니라.
4 나의 아들을 따르는 제자 너희들은,
이 성경이 만들어진 것은 인간을 통하
여 만들어졌으며 인간의 구전을 통하
여 전하여졌음을 알아야 할 것이니라.
5 그리하여 수많은 세월 속에서 인간의
형태에서 이를 만들고 가꾸는 백성들
이 저희들의 계명에 맞도록 수정하고
고쳤으며,
6 또한 그리하여 저희들이 꿈에 본 것이
요, 환상에 들은 그와 같은 것들을 저
희들이 잘 기억하지 못하는 부분과
잘 이해하지 못하는 것들을 그리 기
록하여 전하게 되었음이니,
7 그리하여 지금의 나의 성서가 세월이
흐름에 따라서 변질되고 변화되었다
내가 너희들에게 말함이니라.
8 인간으로서 만들어졌기에, 많은 인간
들로서 그를 취합하여 만든 성서이기
에 내가 원하는 뜻이 그대로 전해지지
아니하였으며 변화되고 변질된 부분
이 있다 함을 너희들은 여기서 알아야
할 것이니라.
9 더욱이 그와 같이 변질된 성서를 가지
고 가르치는 너희들이 또 어떠한 방향
으로 가르쳤던가?
10 너희들 또한 가르치는 자가 오늘의 가
르침과 내일의 가르침이요, 이곳에서
가르치는 자와 저곳에서 가르치는 자
의 그 방향과 가르침이 다 달랐음이
니,
11 성서를 기록하는 중에서 변질되었으
며, 너희들이 가르치는 과정에서 수없
이 변질되어 거듭나는 그와 같은 모습
으로써 전해지고 지금에 흘러온 것이
너희들의 믿음의 근본적인 방향이니
라.
12 그리하여 너희들이 나와 관계없다 하
였으며, 나의 뜻과는 전혀 관계없는
방법으로써 너희들 인간의 뜻에 따라
모두를 너희들의 취향에 맞춰 이끌어
가는 그와 같은 형국으로 변해져 있음
을 너희들은 이제는 더 이상 거부하지
아니하며 시인할 때가 왔음을 알아야
할 것이니라.
13 이를 너희들이 거부하고 시인하지 아
니할 때, 이에 대한 질문을 하는 자,
이에 대해 어떠한 육하원칙에 의해서
따지는 자, 이를 가지고 부인하는 자
들이 수없이 세상에 나와 너희들을 핍
박할 것이니,

14 그때 너희들은 정녕 대답할 수 있는
자료요, 근거가 없음을 알아야 할 것
이니라.
15 그리하여 말씀으로 전하는 그 자체가
변질되었으며 너희들이 가르치는 방
법이 또한 변질되어 나와는 아무런 관
계가 없는 그와 같은 지금의 믿음의
길로 흘러가기에,
16 내가 이를 바로잡기 위하여 제3의 시
대에 나의 음성이요, 나의 성령을 직
접 인간 너희들의 지혜로 만든 그 기
계에 담아 세상에 택한 나의 백성들
에게 이를 전하고자 하는 것이 나의
뜻임이니라.
17 그리하여 기계에 기록되어 있는 나의
음성을 그대로 너희들이 기록하여 책
으로 만들어 '하늘에 오르는 길'이요,
나의 법전이라 하여 세상에 전함이니,
18 이것만이 진정한 나의 참뜻이요, 내가
이루고자 하는 역사요, 너희들이 하늘
에 오르는 길의 참진리가 여기에 있음
을 알아야 할 것이니라.
19 내가 수백 번 수천 번 나의 법전만이
너희들을 심판하는 것이며 참진리의
가르침이라 한 것이 여기에 있음을
너희들이 알아 행하도록 하여, 너희
것으로 만들어 구원을 받도록 그리하
여야 할 것임을 잊지 말라.

3,992 번째 하나님 말씀

2002년 11월 20일 14시 46분

1 사랑하는 나의 아들아!
2 "네, 아버님! 말씀하옵소서."
3 너희들이 지금 구원의 길이요, 천국에
가는 길이라 하여 너희 손으로 지은
성전에 모여 눈물의 광란의 짓을 하며
울고불고 기도하며 온갖 재물과 시간
을 다 바치는 그와 같은 행위를 하고
있음이나,
4 지금 너희들의 종교 집단의 그 교회
요, 성전이라 명하여 너희들이 찾아가
는 그곳은 너희들을 정녕 구원해 주
며 너희들이 천국의 문을 들어설 수
있는 그와 같은 역사를 이루어 주는
곳이 아님을 알아야 할 것이니라.
5 그곳은 너희들이 정녕 구원의 길을 위
한 장소로 만들어진 것이 아니며, 구
원의 길의 장소가 아님을 알아야 할
것이며, 그와는 무관한 것임을 알아야
할 것이니라.
6 너희들이 구원을 받는 것은 곧 나의
뜻이요, 나의 성령이요, 내가 너희들
에게 말하여 내리는 그 깨달음만이 너
희들이 구원을 받는 것임을 알아야 할
것이니라.
7 말씀으로써 너희들이 구원을 받으며
나의 성령으로써 구원을 받는다는 것
은 너희들 스스로 너무나도 잘 알고
있으면서도,
8 너희들은 어찌하여 너희 손으로 지은,
나의 성전에 두꺼비 집같이 죄의 온
상을 만든 너희들의 그 성전이라는
곳에 가기만 하면 구원을 받으며 천
국의 문에 들어서는 그와 같은 곳으
로 착각하고 있는가?
9 그곳에서는 너희들에게 구원의 길을
안내할 수 없다는 것을 알아야 함이
니라.
10 너희들은 성서의 율법과 십계명대로

살면 구원받는다는 것을, 그리 가르치
며 깨우치지를 아니함이니라.
11 너희들은 나의 성서요, 나의 율법대
로, 나의 십계명대로 생활하며 가르친
다면 그 속에서 구원을 받는다는 것을
잊어서는 아니 될 것이니라.
12 너희가 종교 집단에 가서 모이는 곳
은 정녕 너희들에게 곧바로 구원의
길을 이루어 주는 장소가 아니며,
13 그곳에서 가르치는 자, 너희들에게 계
명이요, 또는 설교요, 율법을 가르치
며 나의 성서에 따라 살아간다 가르치
는 그 지도자들의 곧고 바른 행위요,
계명에 따라 살며 나의 율법에 따라
실천하고 살아가는 그들의 생활 모습
을 보고
14 그곳에서 너희들이 깨우침을 얻으며
변화의 역사를 얻도록 하는 것이 그와
같은 장소에서 너희들이 활용하고 사
용할 수 있는 것임을 알아야 할 것이
니라.
15 지금 나의 아들이 나의 백성을 구원하
기 위하여 가르치는 나의 이 성전에
서도 정녕 너희들이 이 성전에 옴으로
인하여 구원을 받는 것이라는 착각을
하지 말며, 너희들이 구원받는 장소라
그리 생각하지 말라.
16 그와 같은 생각부터 버려야 함을 알
아야 할 것이니라.
17 나의 성령이요, 나의 뜻은 너희들이
읽어서 스스로 깨우치면 될 것이며,
18 나의 성전에 와 너희들이 원하는 것
은, 내가 그를 통하여 나의 뜻을 가르
치는 나의 아들이, 너희들이 보기에
십계명을 지키며 살고 너희들이 살아
갈 수 없는 곱고 바른 삶을 살아가는
그의 생활하는 것을 너희들이 보고 느
껴 스스로 깨우치는 그와 같은 지도자
의 모습을 보기 위하여 너희들이 이곳
성전에 오게 되는 것임을 알아야 할
것이니라.
19 그리하여 그 속에서 그가 전하는 성령
의 깨달음을 얻어 너희들의 양식으로
삼는 것이지, 성전에 옴으로 인하여
구원을 받는다는 그와 같은 착각을 해
서는 아니 됨을 알아야 할 것이니라.
20 너희들이 어찌 행하며 사느냐에 따라
서 구원을 얻고 못 얻음이 거기에 달
렸음을 알아야 할 것이니라.
21 그러나 너희들은 지도자의 행위는 관
계없이 오로지 성서의 말씀만을 듣고
성령의 뜻만 들으면 구원을 받는다 그
리 말함이니, 이는 잘못되어 있음이니
라.
22 성서요, 나의 법전이요, 나의 깨달음
은 너희들 스스로 읽어 깨달을 수 있
으며,
23 너희들이 모여서 가르치는 자의 음성
을 들으며 가르치는 자의 진리의 뜻을
듣는 것은,
24 그 가르치는 자가 얼마나 곱고 바르게
나의 계명이요, 십계명대로 살며 나의
율법대로 삶을 사는가 그를 너희 눈으
로 직접 보고 현실을 봄으로써 깨달
음을 얻고 반성하며 회개할 수 있는
그와 같은 지도자를 보기 위하여 너희
들이 모여야 된다는 생각을 잊어서는
아니 될 것이니라.
25 나의 아들 예수의 살아가는 모습을 보
고 너희들이 깨우쳤듯이, 그와 같이

바르고 고운 모습으로써 살아가는 그
종교 지도자의 가르침을 듣기 위해 너
희들이 오는 것임을 잊어서는 아니 되
느니라.
26 그리하여 그 지도자가 소중하며, 지도
자는 한 치의 허술함이 있어서도 아니
되며, 거울로 비춰 봐 한 점의 부끄러
움이 있어서는 안 된다 내가 너희들
에게 말하였음이니라.
27 너희들은 재물만 바치면 구원을 받는
다는 그와 같은 착각에서 벗어나야 하
는 것처럼,
28 지금 너희들이 손으로 지은 성전에 들
어가 기도하고 광란의 눈물로써 찬송
부른다 하여 너희들을 구원해 주는
곳이요, 구원을 받는 장소라 생각하지
말라.
29 너희들이 구원을 받는 장소는 내가 만
든 이 성전이요, 이 지상의 어느 곳에
서나 너희들이 기도하고 경배하면 되
는 것이요,
30 나로부터 나의 뜻이요, 나의 음성을
받아 가르치는 자가 과연 율법대로 살
며 나의 법전대로 살아가는가 그것을
보고,
31 인간이 그와 같이 초월하는 삶을 사는
모습을 보고 너희 스스로 반성하고 깨
우쳐 너희들이 그와 같은 삶을 살아
갈 수 있는 모범된 지도자를 보러 가
는 것이 너희들이 모임의 집단에 가서
듣고 보는 것임을 알아야 할 것이니,
이 뜻을 깊이 깨우쳐 행하도록 그리하
라.

3,993 번째 하나님 말씀

2002년 11월 20일 14시 51분

1 사랑하는 나의 아들아!
2 "네, 아버님! 말씀하옵소서."
3 지금의 믿음의 역사를 오는 백성들이
잘못 흘러왔으며 잘못 깨우쳐 왔다 말
하였으니, 진정 나의 참진리요, 나의
성령을 직접 들으며 나의 법전을 읽고
깨우치는 백성 너희들은 과연 어떤 삶
을 살아가야 하는가?
4 너희들은 제가 듣기 싫은 소리, 제가
원하지 않는 일, 제가 하고 싶지 않은
일, 제가 하기 싫은 일, 그와 같이 제
가 하기 싫은 것을 남에게 강요하며
남에게 억압적으로 시키는 행위를 하
지 아니하고 사는 그와 같은 삶을 사
는 것이 바로 너희들이 가야 할 길임
을 알아야 할 것이니라.
5 제가 듣기 싫은 소리를 남에게 들려
주는 그와 같은 행위를 해서는 아니
됨이니라.
6 그가 듣기 싫어하며 그가 하기 싫어
하는 일을 그에게 강요하며 남에게
행하기를 원하는 그와 같은 삶을 살아
가서는 아니 됨을 알아야 할 것이니
라.
7 너 스스로 네가 그와 같은 상대방의
반대 입장에 서 있음을 항상 생각해서,
8 남이 듣기 싫어하는 이야기, 하기 싫
어하는 그와 같은 일들을 그에게 강
요하며 살아가는 자가 되어서는 아니
된다는 것을 알아야 할 것이니라.
9 너희는 좋든 나쁘든, 작든 크든 어떠
한 일을 반복하여 자꾸 듣고 남이 너

희에게 들려줄 때, 자신도 모르게 그 듣고 듣는 속에서 그와 같은 것을 인정하며 변화되는 나약한 심성을 가지고 있는 것이 너희들이기에,

10 아무리 좋은 일이든 나쁜 일이든 반복해서 너희들에게 주입시켰을 때, 너희들은 그러려니 하고 그를 믿게 되며 그를 따르게 되니,

11 그와 같은 것이 인간 너희들의 그 나약한 심성임을 알아야 할 것이니라.

12 그리하여 내가 나의 법전을 읽는 나의 백성, 선택된 너희들에게도 나의 법전을 반복하여 계속 읽으라 하며, 계속 반복되는 공부를 하도록 내가 너희들에게 명한 것이며,

13 나의 아들에게 나의 법전을 받아 기록할 때 십계명을 암송하도록 하며, 너희들 또한 계속 나의 십계명을 암송함으로써 너희들이 암송하는 속에서 그와 같이 살고자 노력하는 것이 너희 스스로 자신도 모르게 변해져 가기 때문임을 알아야 할 것이니라.

14 내가 너희들에게 나의 법전을 반복하고 반복하여 공부하고 읽으라 하는 것은, 너희들이 그를 읽고 정독할 때 스스로 자신도 모르게 그리 변해져 가며,

15 너희들이 변하여 나의 뜻이 무엇인가를 깨달아 그리 스스로 행하게 되는 그와 같은 자연스런 삶을 살도록 하고자 하는 것이 나의 뜻임을 알아야 할 것이니라.

16 너희들이 어떠한 육체의 동작도 계속 반복하고 반복함으로써 그와 같은 상황에 처했을 때, 너희도 모르는 사이에 스스로 그 행동을 하듯이,

17 너희들이 나의 십계명을 계속 반복하고 반복하며, 나의 법전을 정독하고 정독할 때,

18 너희도 모르게 스스로 그와 같은 일에 처했을 때 그와 같이 선한 행동으로써 처신하며, 너희들이 모든 정답을 찾아 행할 수 있는 그와 같은 변화되는 역사가 이루어지기에 내가 너희들에게 반복의 훈련을 계속 시킴이니라.

19 너희들은 남에게 듣기 싫은 소리, 남이 하기 싫어하는 일, 그와 같은 것을 강요하며 그들에게 시키는, 그리고 그들을 비방하며 남의 허물을 말하는 그와 같은 삶을 살지 말라 하는 것이 나 여호와의 뜻임을 깊이 깨우쳐, 이를 너희 양식으로 삼도록 그리하라.

3,994 번째 하나님 말씀

2002년 11월 20일 14시 57분

1 사랑하는 나의 아들아!

2 "네, 아버님! 말씀하옵소서."

3 너희들이 지금까지 믿어 온 그 모든 종교 집단은 뭐라 강조하며 뭐라 생각하고 믿음의 길을 가고 있는가?

4 너희 자신도 모르면서 너희들 것만이 진정한 진리요, 참된 길이요, 하늘에 오르는 길이라 주장하던 종교 집단의 시대가 지금 변성기를 지나 이제는 서서히 끝나 가고 있음을 알아야 할 것이며, 이를 인정하고 시인할 때가 되었음을 알아야 할 것이니라.

5 이는 모두 지금 지도자 너희들이 만든 결과이니라.

6 너희들이 진정한 참진리요, 진정한 나
의 뜻에 의해 만백성을 구원하는 것이
아니라,
7 너희들이 만든 너희들의 계명에 의하
여 따로 나에게 오르는, 내가 원하는
길과는 관계없으며 내가 깨우치고자
하는 그것과는 관계없는 그와 같은 믿
음의 형국으로 달려왔기에
8 이제는 너희들의 시대가 서서히 문을
내려 가고 있음을 알아야 할 것이며,
변화의 시대가 이루어지고 있음을 알
아야 할 것이니라.
9 너희들 것만이 진정한 믿음이요, 너희
들 것만이 참진리라 아우성치고 믿어
왔던 너희들이 문을 닫는 그 시대가
되었음이니,
10 그와 같이 믿음을 믿어 오는 자, 너희
들이 어떠한 믿음의 형국에 처해 있는
지 과연 그 자체를 알고 있는가?
11 너희들만이 방대한 집단이요, 그 모두
가 다 하늘에 오르는 길이라 울부짖으
며 찬송하며, 오로지 그 길만이 구원
이라 말하며,
12 다른 형제요, 이웃은 적대시하고 인간
이하의 대접을 하며, 너희들과 차별하
는 속에서 살아가는 그와 같이 믿음
을 믿어 온 너희들이 얼마나 어리석고
불쌍한 백성인가를 알아야 할 것이니
라.
13 깊고 깊은 우물에 사는 개구리는 우
물 속에 있는 그 물의 맛과 그 속에서
얻어지는 먹이 외에는 아무것도 모르
는 것이 그 개구리의 어리석음이 아니
던가?
14 그러면서 그 개구리는 세상 것이 다
제 것이며, 세상 모두가 그와 같은 역
사 속에 변화되는 것이라 그리 생각하
고 살아갈 것이니라.
15 그리하여 그 개구리는 그곳이 제가 말
하는 지상의 낙원이요, 최고의 행복이
라 그리 생각함이니,
16 지금 너희들의 믿음이 바로 그 개구리
와 같은 믿음이니라.
17 그리하여 너희들의 믿음만이 바로 구
원의 길이요, 최고의 하늘에 오르는
길이요, 빠른 길이며, 천국의 문에 들
어설 수 있는 그와 같은 것이라 그렇
게 믿고 있음이니,
18 그리하여 너희들의 어리석은 그 시대
가 이제 덮어지기 시작하였으며, 그와
같이 믿음을 믿어 온 자, 너희들이 스
스로 부끄러움을 알 때가 되었으며,
잘못되었음을 알 때가 되었음이니라.
19 지금 그와 같이 저희들만이 위대한
집단이요, 저희들만이 영원한 집단이
요, 저희만이 구원을 받는 집단이라
그리 믿어 온 그들을 이제 더 이상 내
가 돌이켜 보고 용서할 수 없기에,
20 그들을 단죄하며 그들을 다스리기 위
하여 내가 제3의 시대에 나의 법전을
내려 지금 심판의 역사가 이루어지고
있음을 너희들이 명심하여 들어야 할
것을 잊지 말라.

3,995 번째 하나님 말씀

2002년 11월 20일 15시 05분

1 사랑하는 나의 아들아!
2 "네, 아버님! 말씀하옵소서."
3 나의 법전을 읽고 깨우친 너의 제자들

과 만백성에게 나의 깊은 뜻을 전하여
그들로 하여금 바른길을 갈 수 있도록
인도함이 네가 중요하며,
4 그들의 사명이 얼마나 소중한가를 나
의 법전을 통하여 그들에게 깨우쳐 주
어야 할 것이니라.
5 나의 법전을 읽고 깨우친 백성은 바로
무엇이더냐?
6 부활의 역사를 맞은 자들임을 알아야
할 것이니라.
7 죽어 지옥으로 가면 영혼이 영원히
구원을 받지 못할 자들이 나의 성령
의 강론을 들으며 나의 법전을 읽어
새로운 생명으로서 육에서 죽은 자
가운데 다시 태어나는 그와 같은 영광
을 얻은 것이 너희들이니,
8 이와 같은 이치와 깨달음을 너희들 스
스로 알아야 할 것이며, 너희들이 정
녕 얼마나 소중한 자들인가를 알아야
할 것이니라.
9 너희들이 죽어 와 지옥으로 갈 자를
구원하여 천국으로 올렸다 하면 너희
들은 얼마나 나에게 감사하겠는가?
10 그 은혜에 모두를 다 바쳐도, 너희들
의 살을 바치고 뼈를 갈아 나에게 바
친다 하여도 부족함이 없다 할 것이
니라.
11 바로 너희들이 그와 같은 마음으로써
나를 따르며 나의 법전을 깨우치고 나
의 뜻에 따라 만백성을 구하는 역사
에 임해야 함을 알라.
12 너희들이 바로 부활한 자들이며, 너희
들이 죽은 자 가운데서 내가 구원한
자들임을 알아야 할 것이니라.
13 오늘 내가 나의 아들을 통하여 나의
뜻을 너희들에게 전함이니, 너희들이
죄를 지으며 지금까지 살아온 삶의
그 길을 간다면 너희들은 영영 지옥에
서 구원의 길을 볼 수 없을 것이니라.
14 그러나 너희들이 나의 법전을 접하여
읽으며 나의 아들을 통하여 내리는 나
의 성령의 강론을 직접 들음이니, 너
희들이 다시 태어난 사람임을 알라.
15 이는 나로부터 너희들이 받은 가장 큰
축복이요, 영광이니라.
16 이와 같이 인간이 거듭 태어나는 영광
과 축복을 받은 너희들이 어떠한 고통
과 시련인들 두려워하며 그를 마다할
수 있겠는가?
17 너희들은 어떠한 참고 견디기 어려운
시련이요, 어려운 길이라 하여도 이를
불평 불만해서는 아니 되는 것이며,
인내심을 가지고 이 길을 가야 할 것
이며,
18 인내심이 없는 너희들은 정녕 나로부
터 다시 태어난 백성으로 선택받아 만
백성을 구하는 지도자로 다시 날 수가
없음을 알아야 할 것이니라.
19 죽은 자 가운데 축복의 은혜를 받아
부활한 너희들이 만백성을 구하는 그
대업은 인간 세상에 스승이 제자를 가
르치는 그와 같은 교육 방법과는 비교
할 수 없는 것임을 알아야 할 것이니
라.
20 가장 인간의 소중한 구원의 길을 안내
하며 가르치는 선생이요, 지도자가 너
희들이니, 너희들이 그 자격이 없어서
는 아니 됨을 알아야 할 것이니라.
21 그리하여 너희 개인이 완벽한 깨우침
과 완벽히 바로 서는 그와 같은 나의

백성으로 서라 내가 너희들에게 담금
질을 하고 있음을 알아야 할 것이니
라.
22 내가 죽은 자 가운데 너희들을 다시
부활하게 하여 너희 생명을 다시 살
려 쓰고자 함이니, 너희들이 나에게
얼마나 소중한 백성인가 알아야 할
것이니라.
23 너희들은 죽어 와 영혼이 구원을 받
기 전에 육의 세상에서 이미 한 번의
구원을 받았음이니,
24 너희들이 나의 법전대로 바르고 곱게
산다면 너희들이 지상의 낙원을 떠나
하늘나라에 올 수 있는 그 구원을 또
한 번 받는 영광을 얻게 됨이니, 이는
내가 너희들을 지도자로 쓰기 위함이
니라.
25 그러니 너희들이 변해지는 것이 얼마
나 무섭도록 변해야 할 것인가?
26 너희들 자신이 무섭게 변화되어 내가
이루고자 하는 그 뜻을 따르며, 남이
너희들을 감히 견주어 볼 수 없는 그
와 같은 경지의 아름다운 삶을 살며,
27 그와 같이 높은 깨달음에서 만백성이
스스로 너희들을 보고 따라오는 그와
같은 역사를 이루지 아니한다면 너희
들은 나에게 두 번의 죄를 지음을 알
라.
28 너희들이 인간 세상에 태어난 은혜를
입었으며, 부활하여 죽은 자 가운데
다시 살아 내가 너희들에게 생명을 불
어 넣어 나의 역사를 이루도록 하였음
이니,
29 이 또한 너희들이 나를 거역하며 나에
게 순종치 아니한다면, 너희들은 두
번의 크나큰 은혜를 배신하며 나에게
죄를 지음을 알라.
30 너희들이 인간으로서 구원의 길을 받
은 자요, 구원의 생명을 다시 받아 태
어난 자임을 잊지 말라.

3,996 번째 하나님 말씀

2002년 11월 20일 15시 10분

1 사랑하는 나의 아들아!
2 "네, 아버님! 말씀하옵소서."
3 지금 나로부터 선택된 너의 제자들이
요, 내가 선택한 백성, 그들에게 네가
강력히 그들의 마음을 잡아 줘 그들이
바로 서게 할 것이며,
4 그들이 누구인가를 네가 깨우쳐 줘야
할 것이며, 그들이 살아가는 지표요,
생활의 목표가 어디에 있는가를 깨우
쳐 줘야 함을 잊지 말라.
5 지금 나로부터 선택된 백성이요, 너를
따르는 너의 제자들, 그들은 지금의
너희들의 믿음의 길이요, 구원의 길이
요, 지금 공부하며 깨우치고 있는 이
길을 떠나서는 살 수 없음을 알아야
할 것이니라.
6 진정한 참진리요, 나 여호와의 뜻을
직접 들으며 나의 법전을 읽고 깨우
친 백성, 너희들은 정녕 이곳을 떠나
서는 살 수 없는 자들이 되어 있음을
알아야 할 것이니라.
7 나의 계명이요, 나의 법전대로 살지
않음은 곧 무엇이더냐?
8 죽음이요, 지옥의 길로 달려간다는 것
을 너희들이 알고 있으며, 그를 이미
깨달아 알고 있기 때문이니라.

9 그리고 내가 죽은 자 가운데 다시 살
려 부활한 자들이요, 죽은 자 가운데
새로운 생명을 불어넣은 너희들이기
에, 나의 법전이요, 나의 성령이요, 나
의 성전에 나의 아들을 떠나서는 정
녕 살 수 없는 자들임을 알아야 할 것
이니라.
10 지금 너희들이 이곳을 떠나며 나의 품
을 떠나는 것은 죽음의 길을 가는 것
이라 하였음이니, 너희들이 이 길을
가고 싶지 아니하며, 구원의 길이 어
렵고 힘들다 하여 이 길을 가고자 아
니 한다면, 진정한 믿음의 길이 무엇
인가 너희들이 스스로 깨우쳐 알아보
도록 그리하라.
11 너희들을 가르치는 종교 집단이요, 그
수천 년 역사 동안 내려온 집단의 관
습과 지금 나의 뜻을 따라 깨우쳐 변
화되는 너희들의 삶을 견주어 볼 것
이며,
12 또한 내가 너희들을 비유하여 무어라
말하였던가? 나의 법전을 읽고 깨우
친 백성, 나로부터 선택된 백성, 너희
들에게 내가 일찍이 깨우쳐 주었음이
니라.
13 아무리 힘이 센 물고기도 육지에 나와
서는 힘을 쓰지 못한다 내가 너희들에
게 깨우쳐 주었으니,
14 정녕 물고기는 육지에서 살 수 없으며
지상의 동물 또한 물속에서 살 수 없
듯이, 나의 계명이요, 나의 법전을 벗
어나 구원의 길을 받을 수 없는 것을
알고 있는 너희들은
15 여기를 떠나며 나의 법전을 던짐으로
인하여 지옥 불로 가는 것이며, 그리
하여 너희들은 나의 성전이요, 나의
아들이요, 나의 법전을 버리고 살아갈
수 없는 자들임을 알아야 할 것이니
라.
16 너희들이 지금 나의 법전이요, 나의
성전을 떠나 살아간다는 것은 육지에
서 물고기가 산다고 억지를 쓰는 것과
마찬가지며,
17 지금 만백성을 깨우쳐 하늘에 오르는
길로 인도한다는 자, 그들 또한 무엇
인지 알겠는가?
18 지금의 형태로써 저희들이 구원을 받
으며 하늘나라에 오를 수 있다 그리
말하는 것은 그들이 육지에서 물고기
가 살 수 있으며 육지의 동물이 물속
에 가서 살 수 있다 억지를 쓰는 그와
같은 형국의 믿음을 달려가는 것이니,
19 나의 법전을 읽고 깨우친 백성, 너희
들은 정녕 그와 같이 어리석은 길이
요, 우매한 길을 가 지옥으로 가는 그
와 같은 길을 선택하지 말라.
20 나의 법전을 읽은 백성, 너희들은 이
길이 아니면 죽음이라는 것을 너희 스
스로 알아야 할 것이며, 지옥으로 감
을 알아야 할 것이니 그리 알라.
21 선택된 나의 백성, 너희들은 이 나의
법전이요, 나의 성전이요, 나의 아들
을 떠나서는 존재할 수 없다는 것을
너희들 스스로 깊이 깨우쳐 마음가짐
을 굳건히 하지 아니하면 아니 됨을
알라.

3,997 번째 하나님 말씀

2002년 11월 20일 15시 18분

1 사랑하는 나의 아들아!
2 "네, 아버님! 말씀하옵소서."
3 너희들이 말로써 구원을 받으며 말로
써 천국에 오르며 낙원의 동산에 오를
수 있다 그와 같이 말하고 지금 살아
가는 그 생활에서, 믿는 자나 믿지 않
는 자나 나의 법전을 읽고 깨우쳐 나
의 아들의 제자라 하는 너희들, 그 모
두는 알아야 할 것이 있음이니라.
4 너희들이 이 세상 인간사에 얽히고설
켜 있는 그 모두를 다 버리지 못한다
면 구원을 받을 수 없다는 것을 알아
야 할 것이니라.
5 무를 뽑아 버리듯이 너희들의 인간사
에 얽히고설킨 그 모두를 다 뽑아 버
리지 아니한다면 정녕 구원의 길을 올
수 없으며 구원을 받을 수 없는 것이
라는 이 엄연한 사실을 너희들은 인정
하고 갈 때가 되었음을 알아야 할 것
이니라.
6 하늘나라의 구원을 받는 것은 곧 무
엇이라 말하였더냐?
7 천사들이 사는 곳이요, 나 여호와가
존재하는 하늘나라의 천국에 오르고
자 한다면 너희들이 천사와 같이 살아
야 하며, 천사와 같이 변하지 아니한
다면 오를 수 없다 하였음이니라.
8 너희들이 육의 인간관계의 삶의 세속
에서 얽히고설킨 그 모두를 다 버림
은, 그 삶에서 너희들이 추운 것을 추
운 줄을 모르며, 더운 것을 덥다 생각
하지 않으며,
9 배고프고 지친 것을 지치고 배고프다
느끼지 아니하며, 즐거운 향락의 삶이
나 고달프고 슬픈 그 모든 찌꺼기를
다 너희 마음속에서 거두고 버리는 그
와 같은 삶을 살지 아니한다면 정녕
너희들이 천사와 같이 될 수 없음이니,
10 너희들의 육이 존재하는 이 세상의
삶에서 자신의 그 모두를 버리고 살
수 있는 자 과연 누가 있겠는가?
11 그와 같은 길을 가는 것만이 구원의
길이라는 것을 나의 아들을 통하여 전
하는 나 여호와의 마음이 아픔을 너희
들은 알아야 할 것이니라.
12 그러나 너희들이 그 모두를 다 버리며
모두를 비워, 그 가슴을 비우며 생각
을 다 비우며 행동을 비우며 그와 같
이 살아갈 때,
13 육의 삶에서 안고 있는 그 모두를 하
늘에 오르는 길을 위하여 다 버리고
지워 버리는 그와 같은 용단을 내리고
행할 때,
14 그곳에 나 여호와의 성령이 너희에게
희망을 주며 용기를 줌이 있으니 그를
잊지 말라.
15 너희들은 과감히 그 모두를 다 버리
며, 나의 성령으로써 너희 가슴을 채
워 주어 너희들을 이끌어 줄 수 있는
그와 같은 대전환의 역사를 이루도록
하라, 사랑하는 나의 백성들아!
16 너희들이 모두를 다 버리며, 모두를
지워 버리며, 너희 가슴속에 있는 온
갖 생각과 마음이요, 잘못된 행동이
요, 그 모두를 다 버려야만 하늘에 오
를 수 있으며 천사와 같이 하늘에 오
를 수 있다 하였거늘,

17 너희들은 인간 세상에서 살아가면서
더덕더덕 죄를 짓고 그 죄를 가슴에
안고 살며, 또한 오늘과 내일에 부끄
럽게 죄를 짓고 사는 그와 같은 삶을
살아가면서 과연 구원을 받을 수 있으
며 하늘에 오를 수 있다 생각하는가?
18 너희들은 모두를 다 버려야 하늘에
오를 수 있으며, 지워야만 하늘에 오
를 수 있다 하였음이니,
19 그와 같이 지우지도 못하는 너희들의
육의 삶에 너희들이 죄를 더덕더덕 누
더기처럼 너희 몸에 지고 가슴에 휘
어 감고 있다 하면, 과연 너희들이 그
쇠사슬을 끊고 하늘에 오를 수 있다
생각하는가?
20 사랑하는 나의 백성들아, 너희들이 여
기서 깨우쳐야 함을 잊지 말아야 할
것이니라.
21 사랑하는 나의 아들아!
22 말로써 위로하는 자, 말로써만 달래는
자, 과연 그들이 구원을 얻을 수 있다
말할 수 있겠는가?
23 너희들이 가진 그 모두를 던져 주는
것이 구원의 길에 오를 수 있음이니
라.
24 너희들의 가장 소중한 것을 던져 주
는 것이니, 배고픈 자에게 말로만 천
금과 같은 말을 하며 그를 위로한들
그것이 무엇이던가?
25 너희들이 가장 아끼고 소중히 하는
금화와 은화를 꺼내서 그 금화와 은
화로 그에게 대접을 함으로써, 그를
위하여 너희들이 가지고 있는 그 금화
와 은화를 쓰고 버림으로써, 너희들이
과감히 던짐으로 인하여 너희들에게
축복이 있는 것이 바로 인간사에 구원
의 길의 기초에 들어서는 것이니,
26 그와 같이 너희 모두를 다 버릴 수 있
는 마음만이 구원을 받을 수 있는 길
이라는 것을 잊지 말도록 그리하라.

3,998 번째 하나님 말씀

2002년 11월 20일 21시

(강론을 마치며)

1 사랑하는 나의 아들아!
2 "네, 아버님! 말씀하옵소서."
3 너희들의 마음속에는 선과 악이 존재
한다 하였음이니, 그러나 악을 따르며
악을 선호하며 악으로 넘어지고 쓰러
지기가 쉬운 것이 너희들의 마음임을
알아야 할 것이니라.
4 그리하여 악을 행하며 악을 따르는 것
이 즐거움으로 너희 마음이 기울어짐
이니, 선을 선택하는 마음이 어렵고
힘듦이니라.
5 그리하여 너희들이 그와 같이 악을
선호하며 악 쪽으로 기울어지는 그
마음을 바로잡을 수 있는 것이 무엇인
줄 알겠는가?
6 바로 나의 십계명을 암송함이요, 나의
법전을 정독하며 그를 듣고 깨우치며
너희 것으로 만들어 살아가는 그와 같
은 삶의 피나는 노력을 했을 때, 너희
들이 그 모두를 접어 둘 수 있음을 알
아야 할 것이니라.
7 선한 마음의 행함이 아니요, 악한 마
음을 행하는 것은 자연스럽게 너희들
이 흘러갈 수 있으며, 자신도 모르게
그 악을 죄라 생각하지 못하고 행하는

것이 너희들 인간의 마음이며, 너희들
이 사는 형태가 주를 이루고 있음을
알아야 할 것이니라.
8 그리하여 너희들이 잠시도 쉬지 아니
하고 기도하고 경배하며 나의 법전을
계속 정독하여 깨우치는 그것만이 악
을 이길 수 있으며, 선의 길을 선택할
수 있으며, 구원의 길에 올 수 있는 것
임을 알아야 할 것이니라.
9 오늘 내가 너희들의 마음을 깨우쳐
주며 너희들의 심성을 가르쳐 줌이니,
이를 너희들이 믿고 따르고자 한다면
나의 법전을 정독하는 데 게을리하지
말며, 기도하고 경배하며 십계명을 낭
독함에 게을리하지 말라.
10 그것만이 악으로 쓰러지는 마음을 다
스릴 수 있는 힘이요, 능력이며, 그를
단죄할 수 있는 것임을 잊지 말라.

3,999 번째 하나님 말씀

2002년 11월 21일 08시 45분

1 사랑하는 나의 아들아!
2 "네, 아버님! 말씀하옵소서."
3 너희들 인간이 살아가면서 하늘에 나
여호와 창조주가 존재한다 존재하지
아니한다 하며 갑론을박하는 사람들
이 있을 것이니라.
4 내가 너에게 뭐라 가르쳤는가?
5 내가 존재한다 하여 나를 믿고 따르
는 자가 따르지 아니하는 자보다 현명
하다 말하지 아니하였던가?
6 너희들이 내가 존재하지 아니한다 하
여 나를 믿지 아니하고 살다 나에게
와 심판을 받을 때,
7 정녕 창조주가 있으며 너희 생명이요,
너희들의 그 모두를 내가 주관한다는
것을 알아 그때 당혹스러우며 변명할
수 없으며 너희들이 비켜 갈 수 없는
그와 같은 운명이 되었을 때, 너희들
은 얼마나 후회하겠느냐 그리 내가
말하였느니라.
8 그러니 너희들이 내가 존재한다 믿고
나를 따르며 나의 성령에 따라 나의
뜻에 순종하며 살아가는 삶을 살다가
정말 죽어 와 하늘에 너희를 심판하
는 창조주 내가 있다 할 때, 너희들은
과연 어떠하겠는가?
9 그리하여 나 여호와가 존재하는 그것
으로써 믿으며 그 길을 가는 자가 현
명한 자라 내가 그리 말하였느니라.
10 그리고 너희들이 정녕 참진리의 길을
가는 것이요, 참진리의 지도자를 따라
가는 것이 얼마나 위대한 것인가를 알
아야 한다 가르쳤음이니라.
11 지도자는 어떠한 자라 말하였느냐?
12 너희 손으로 지은 성전에 가 구원을
받는다 생각하는 마음을 버리라 하였
음이니라.
13 그곳에 가 너희들이 설교를 듣는 것이
며 인간을 통하여 배우는 그 모두는
너희들 스스로 그를 다 터득하고 깨우
쳐 갈 수 있으며 너희들이 배워 알 수
있다 말하였느니라.
14 너희들이 보통 인간이 행하며 살아갈
수 없는 그와 같은 성령이요, 십계명
에 의하여, 나의 뜻에 의하여 살아가
는 사람의 삶을 봄으로 인하여 변화될
수 있으며,
15 그곳에서 그와 같이 살아가는 자의 모

습과 살아가는 방법과 그의 행하는 모
두를 보고 너희들이 변화될 수 있도록
정녕 그와 같은 것을 보여 주며 얻고
잃을 수 있는 것이 지도자가 가는 길
이라 그리하였음이니라.
16 사랑하는 나의 아들아!
17 이제 너는 무엇인가를 알아야 할 것
이며, 네가 행할 때가 되었음을 알아
야 할 것이니라.
18 너희들의 모든 은혜와 영광과 상을 받
는 것은 스스로 너희들이 하기에 달렸
다 하였으며, 너희들이 어떠한 길을
가느냐 가지 못하느냐 하는 것은 너희
들에게 달렸음을 알아야 할 것이니라.
19 나의 아들 예수가 2천 년 전에 와 그
가 정녕 나의 아들이요, 아니요, 갑론
을박할 때, 아니라 믿는 자들의 그 힘
에 의하여 그는 그와 같이 죽음의 길
을 선택할 수밖에 없었음이니,
20 사람을 죽여 가면서까지 나의 뜻이요,
나의 성령이 아니라 거부하는 그 백
성의 심리가 그를 죽이기 전까지 그
를 얼마나 파헤쳤으며 그의 행적을
얼마나 뒤졌겠는가?
21 나의 아들 예수가 살아감에 있어서 부
끄러운 일이요, 그리고 그를 인간으로
서 공격하여 무너트릴 수 있는 그와
같은 우를 범하며 살았다 하면,
22 그는 그리 죽음의 길을 가지 아니하
고 그곳에서 그저 멸망이요, 파멸의
길로써 모두는 다 이루어졌을 것이며,
나의 아들 예수를 그리 십자가에 못
박아 잔혹하게 죽게 하지는 않았을
것이니라.
23 그러나 나의 아들 예수를 파헤치고 뒷
조사를 하며 뒤집어 보아도 그를 탓할
것이 없으며 허물을 찾을 것이 없으며
물고 늘어질 것이 없기에,
24 극단적인 죽음으로써 그들은 모든 결
론을 내렸으며 결과를 매듭짓고자 하
였던 것이 그러한 형국이 되었음을 알
아야 할 것이니라.
25 너 또한 그러하니라.
26 나의 법전이요, 너를 이 세상에 존재
하지 못하도록 하고자 하는 그 인간들
이 너를 그와 같이 단두대에 매기 전
에 그들은 너에 대한 그 모두를 다 파
헤칠 것이니라.
27 이 무서운 결론을 네가 어찌 견디어
갈 수 있다 생각하는가?
28 네가 나의 법전을 접하기 전까지 살아
온 그 모두는 그들에게도 네가 할 말
이 있으나,
29 나의 법전을 접하며 네가 나의 법전을
기록하여 만백성을 구하는 길을 가는
지도자로 선 그 후부터 네가 잘못된
점이며 잘못 살아온 그 모두는 그들이
용서하지 않을 것이며, 하루아침에 너
를 뭉개 버릴 것이니, 너는 이와 같은
뜻을 알라.
30 너의 제자들 또한 너의 제자들로서
살아가는 그 모든 행적을 하나하나
그들이 파헤칠 것이니,
31 너희들이 나의 법전을 읽고 나의 아들
앞에 와 제자라 명한 그 순간부터 얼
마나 아름답게 살았느냐 그것이 심판
의 결과임을 알라.
32 사랑하는 나의 아들아!
33 "네, 아버님! 말씀하옵소서."
34 이 모두가 다 네가 제일 먼저 당하는

일이며, 네가 제일 먼저 겪는 일이며, 모두는 너를 놓고 파헤칠 것이니,
35 너 스스로 나로부터 내리는 그 모든 영광을 얻을 수 있는 길인가 아닌가를 선택하고 결정할 때가 이제는 왔음을 알아야 할 것이니라.

4,000 번째 하나님 말씀

2002년 11월 21일 08시 51분

1 사랑하는 나의 아들아!
2 "네, 아버님! 말씀하옵소서."
3 너희들은 세상사에 살아가면서 스스로 권위 있다 말하는 자, 그리고 직위가 있는 자, 너희들이 이름 석 자만 대면 세상 사람들이 다 알 수 있으며 기억할 수 있는 사람, 그러한 자가 말하는 것과 그들의 가르침이요, 그들이 남기는 것은 위대한 것이라 착각하며 살고 있음이니라.
4 너희들은 어떠한 자격을 갖추었으며 인간 세상의 직급이 있다 하여, 그리고 권위가 있다 하여 그가 하는 말만이 너희들에게 위대한 말이며 너희 생활에 도움이 되며 그리고 진리의 말이라 그리 생각하지 말라.
5 성령의 깨달음은 배운 자나 배우지 아니한 자나 관계없다 말하였음이니라.
6 그가 가진 마음의 자세요, 그가 하는 행동이 어찌 살아가며 자신을 지켜 가는지 그 속에, 내가 그에게 깨달음을 주고 안 주는 것이 거기에 있음이니,
7 성령의 깨달음은 너희들이 자격을 갖춘 자, 배운 자, 배우지 아니한 자의 차이가 없다 내가 너희들에게 말하였음이니라.
8 촌부요, 한 노인이 하는 한마디도 그 속에 참진리가 있으며, 인간의 사는 기본의 도리가 있으며, 그 길이 있음을 알아야 할 것이니라.
9 촌부가 흘러가듯이 한마디 하는 그 말에 너희들이 모든 자격을 갖추었다 하여 사회에서 인정하는 그와 같은 자가 가르치는 것보다도 더 아름답고 순수한 참진리가 있음을 너희들은 알아야 할 것이니라.
10 어린아이들이 놀며 생활하는 속에서도 얼마나 지혜가 있으며 참진리가 있는지를 너희들은 알 수 있는 것이니라.
11 아이들의 지혜요, 아이들이 노는 속에서 얻어지는 그 지혜가 얼마나 위대한 것인가를 너희들은 그 속에서도 알 수 있음을 알아야 할 것이니라.
12 어린 아이들의 작은 놀이요, 그들이 힘에 부쳐 옮길 수 없는 것들, 그리고 그들로써는 해 낼 수 없는 것들을 그들은 저희들의 지혜로써 이룸이니,
13 그것이 바로 어린아이들 속에서 참진리요, 위대한 삶이 있으며, 너희들이 배우고 가르치고 따라야 할 그와 같은 것이 어린 아이들 속에서도 수없이 있다는 것을 너희들은 알아야 할 것이니라.
14 그러니 너희들은 참진리를 알 수가 없음이니라.
15 제도 속에서 인간의 생활로써 훈련된 자만이 종교 지도자요, 그들만이 너희들을 가르치는 자들이요, 그들을 따르

는 것만이 하늘에 올 자격을 얻을 수
있다는 그 착각 속에서 너희들은 이제
깨어나고 벗어날 때가 되었음을 알아
야 할 것이니라.
16 나의 법전을 읽고 접하는 만백성, 너
희들은 어떠한 기준에 의한 자만 너
희들을 가르치며 하늘에 오르는 지도
자라 그리 생각하지 말라.
17 너희들이 하늘에 오르는 영광의 축복
을 받으며 천국의 문에 들어서고 들
어서지 못하는 것은 나로부터 터치된
자만이 그 지도자로서 가르침을 할
수 있음이니,
18 그 참지도자를 찾는 데 너희들이 어리
석은 생각으로써 결단하지 말아야 할
것이니라.
19 얼마나 너희들이 넓고 높은 눈으로써
그리고 생각과 판단의 사고력으로써
그를 구분해야 하는 것인가?
20 너희 자신의 틀 속에서 얽매어 사는
지금의 삶을 벗어나지 아니한다면 그
를 볼 수 없는 것이 너희들임을 알아
야 할 것이니라.
21 너희들은 온상에서 곱고 화려하게 핀
꽃의 향기보다도 들에서 핀 꽃향기의
감미로움이 얼마나 아름다운 것이며,
그리고 그 향기가 얼마나 깊은가를 모
르는 것이니라.
22 그를 너희들이 깨달았을 때, 참진리라
는 것은 잘 갖추어진 인간 세속의 자
격 기준을 갖춘 자만이 전하고 너희
들을 구원한다 그리 생각하지 말라.
23 그와 같은 생각 속에서 벗어나지 못하
는 자, 참진리의 뜻을 알 수 없으며 나
여호와가 추구하는 그 길을 알 수 없
음이니, 너희들은 이제 그 어리석은
삶에서 벗어날 때가 되었음을 알아야
할 것이니라.
24 그를 벗어나지 아니하는 자, 진정한
하늘에 오르는 참진리의 뜻을 볼 수
없음을 내가 나의 아들을 통하여 나의
책에 이리 기록하여 전함이니, 이를
보고 깨우쳐 너희들이 현명한 길을 선
택하도록 그리하라.

4,001 번째 하나님 말씀

2002년 11월 21일 08시 55분

1 사랑하는 나의 아들아!
2 "네, 아버님! 말씀하옵소서."
3 창조주 나 여호와가 너희들에게 생명
을 주었으며 세상에 태어나는 것을 주
었으며 그리고 너희들이 살아갈 수 있
는 그 모두를 다 준비하여 준 것은,
4 너희들이 선과 악의 싸움에서 내가
내려 준 선을 선택하여 악을 이기는
삶을 살라 함이니,
5 그와 같이 싸워서 이길 수 있고 견딜
수 있는 판단력을 준 것은 너희들이
이 세상에 어떠한 보석보다도 가장
값진 것을 내가 너희들에게 내려 주었
으며 너희들의 가슴에 심어 주었음이
거늘,
6 너희들은 이를 관리하고 지키고 사는
데 게으르며 안일한 그와 같은 삶을
살아감이니라.
7 그 보석보다 소중한, 선을 바라볼 수
있으며 선을 선택할 수 있으며 악을
싸워 이길 수 있는 그와 같은 너희들
의 그 위대한 보석을 가슴속에 깊이

내가 심어 주었거늘,
8 너희들은 그를 닦고 관리하며 그를 씀
에 게으른 삶을 살아, 너희 스스로 악
으로부터 악의 생활에 즐거워하는 그
와 같은 삶에 젖어 있는 것이니라.
9 너희들이 그리하여 나에게 오르고자
하는 것은 너희들이 입으로써만 말하
며, 진정 악과 싸워 선으로 이기는 그
와 같은 행함은 하지 아니하고 있음이
니,
10 너희들은 창조주 나의 뜻은 행하지
아니하고 살면서 지금 구원을 받고자
그리 말하며 그리 기대하고 사는 것이
니라.
11 내가 너희들의 가슴에 악을 이길 수
있는 선한 생각의 귀한 보석을 심어
주었으니, 그를 갈고 닦고 잘 관리하
지 못한 너희들은 그 죄의 대가를 치
르는 것이 남아 있음을 알아야 할 것
이니라.
12 진심으로 회개하며 이름답게 살지 않
는 자, 나의 그 귀하고도 귀한 보석을
너희들의 가슴에 심어 주었거늘, 그를
관리하지 아니하고 그를 잘 닦아 빛
을 발하도록 하지 아니하였음이니,
13 너희들은 그를 가지고 있을 자격이 없
기에 너희 가슴에 심어 준, 아름다운
보석보다도 귀하고 귀한 그 선의 나
의 성령을 내가 이제 거둬들이고자 하
는 것이니라.
14 그러한 자에게는 그 보석이 있을 가
치가 없기에 그를 내가 거둬들임이니,
바로 그것이 무엇인 줄 알겠는가?
15 너희들이 지금 심판을 받음이니라.
16 그를 거둬들인 자, 그 심판에서 너희
들이 어떠한 길을 선택하며 어찌 가는
것인가를 알아야 할 것이니라.
17 심판의 그날에 너희들이 선택함이 없
으며 너희들이 변화할 수가 없는 것
이며, 후회해도 돌이킬 수 없는 심판
의 그날이 다가왔음을, 심판을 받는
것이라는 것을 잊지 말라.

4,002 번째 하나님 말씀

2002년 11월 21일 09시 02분

1 사랑하는 나의 아들아!
2 "네, 아버님! 말씀하옵소서."
3 너희들이 지금 믿음의 길을 가며 너
희 손으로 만들어 지은 그 성전이 과
연 나의 은혜와 축복 속에서 그리 이
루어졌다 생각하는가?
4 정녕 너희들이 그를 이루고 만든 그
과정이 얼마나 추하고 더러웠는가?
5 너희들이 얼마나 사악한 방법으로써
그 성전을 이루었으며 너희 손으로 지
은 그 성전을 만들었는가?
6 그러하니 너희들이 그와 같이 추악한
모습으로 간교한 방법으로 만들어 놓
은 그 성전에, 과연 그곳에 가야만 구
원을 받을 수 있으며 거기에서 구원의
빛이 있다 생각하는가?
7 그는 너희들이 간교하고 추한 방법으
로써 만든 성전이며, 그를 이루기 위
하여 너희들이 어떠한 방법으로써 그
벽돌 한 장 한 장을 쌓았으며 그를 만
들었는가 너희 스스로 한번 돌이켜 봐
야 할 것이니라.
8 종교 지도자 너희들도 깨우쳐야 할
것이며, 그를 바쳐 역사한 너희들도

한번 돌이켜 볼 때가 왔음이니라.
9 너희들은 그곳에 가 정녕 구원을 받
는다는 생각을 버려야 할 것이니라.
10 너희들은 착각 속에 있음이니라.
11 그곳이 나의 아름다운 이 지상을 오염
시키는 하나의 흉물스런 건물로 남는
것이며, 모든 죄의 온상이 되어 있음
을 너희들은 알아야 할 것이니라.
12 성역화시켜 놓은 그 속에서 너희들은
죄를 자행함이니, 그를 외부의 사람이
감히 알 수 없으며 너희들만이 알고
있는 그 모든 죄를 짓고, 그 속에서 너
희들이 구원을 받을 것이라 하여 나
의 백성들을 그리 끌어들이는 사악한
짓을 지금도 하고 있음이니,
13 정녕 가르치는 자, 그리고 배우는 자,
너희들이 거기에서 구원을 받을 수
있는가 생각해 보라.
14 정녕 너희들이 그와 같이 손으로 지
은 그 흉물스런 사악한 집단 속에 가
구원을 받는 것인가?
15 대자연이요, 나 여호와가 만들어 놓은
이 자연의 성전에서 나의 계명에 따라
살며 회개하고 반성하며 아름답게 사
랑을 베풀며 사는 그와 같은 삶을 사
는 자들이 정녕 구원을 받을 수 있지
않겠는가? 그들에게 과연 구원의 길
이 없겠는가 너희들은 생각해 봐야
할 것이니라.
16 너희들은 말하느니라.
17 너희 손으로 지은 그 죄의 온상인 성
전에 오지 않는 자 구원을 받을 수 없
으며, 아무리 선하고 선한 행위를 해
도 그는 구원을 받을 수 없다 말함이
니,
18 오늘 내가 나의 아들을 통하여 나의
법전에 기록하여 너희들에게 전함이
니라.
19 너희들은 나로부터 선택된 나의 아들
딸이요, 내가 만들어 놓은 성전에서
공부하고 깨우치는 나의 백성들이니
라.
20 그리하여 너희들이 나를 찾지 아니하
며 나의 아들 예수를 부르지 아니하며
성서의 한 구절을 읽지 아니한다 해
도, 너희들이 선하고 아름답게 살며
사랑을 베풀며 나 여호와가 내린 그
계명에 따라 하나하나 그와 같은 삶을
산다 하면,
21 계명을 외우는 자만이 그 위대함을 아
는 것이 아니요, 계명을 외우는 자만
이 그와 같은 삶을 살았을 때 구원을
받는 것이 아니라는 것을 너희들은 알
아야 할 것이니라.
22 나의 십계명을 외우지 아니하며 나의
법전을 읽지 아니한다 하여도 너희들
이 나의 십계명대로 살며 나의 법전대
로 살아간다 하면 이는 곧 무엇이더냐?
23 내가 만든 성전에서 그를 암송하지
아니하며 읽지 아니하여도 그대로 살
아가는 삶을 살아가니, 읽고서 깨우쳐
지키고 살아가는 자와 읽지 않고 지
키고 살아가는 자와의 차이가 무엇이
있는가?
24 너희들이 다 구원을 받을 수 있음을
알라.
25 이 세상에 내가 만든 성전에서 살아가
는 너희들이 성경을 읽지 아니하여도,
나의 법전을 읽지 아니하여도, 나의
십계명을 암송하지 아니하여도, 그대

로 살아가는 삶을 사는 자는 구원을
받을 수 있음을 알라.
26 읽고 깨우쳐서 행하는 자와 읽고 깨우
치지 아니하고도 행하는 자, 다 똑같
이 나의 아들딸이니,
27 그저 나의 계명대로 행하고 사는 그것
이면 너희들이 구원을 받는다는 것을
나의 피조물 만백성들에게 깨우쳐 주
어,
28 그들을 억압하며 쇠사슬로 묶어 놓으
며 저희들이 지은 성전에서 재물과
금화를 거두어들이는 사악한 자들이
더 이상 뿌리를 내리지 못하도록 너희
들이 깨우쳐 주어야 할 것이니 그리
알라.
29 이 아름다운 자연의 세상이 나의 성
전이니라.
30 내가 만든 이 성전보다 더 아름다운
성전이 있거든 말하라.
31 모든 동식물이 얽히고설키며 살아가
는 그 오묘함이요, 계절에 따라서 피
는 꽃이요, 계절에 따라서 지는 꽃이
요, 그리고 날짐승의 아름다운 목소리
요, 짐승들의 그 아름다운 노랫소리
를 과연 너희들이 만들고 창조해 낼
수 있겠는가?
32 그들끼리 서로 통하며 그들끼리 교류
하고 살아가는 그 모든 역사를 너희
손으로 지은 성전 안에서 과연 만들
수 있겠는가?
33 너희 손으로 지은 성전이 내가 만든
이 지상의 성전보다 위대하며, 그곳에
서 구원을 받는다 말하는 너희들이 그
속에서 아름다운 새들의 울음소리를
만들어 낼 수 있으며, 짐승들이 서로
교류하는 것을 만들 수 있으며, 계절
에 따라서 예쁘게 피었다 지는 꽃의
모습을 피고 지게 할 수 있는 것인가?
34 이 사악한 무리들아! 너희들이 그러
고도 그곳이 내가 지은 성전보다 더
아름답다 말함이니,
35 거기에 와서 기도하고 경배하며, 도적
질했든 간악하게 벌었든 거짓 해서
벌었든 너희들에게 재물을 많이 바쳐
너희들이 따뜻하게 살아갈 수 있는 그
와 같은 것에 이용되는 사람들만이,
순종하는 자들만이 위대한 백성이요,
구원을 받는다 그리 말하지 말라.
36 성서를 읽지 아니하였으며 나의 십계
명을 암송하지 아니하였으며 나의 법
전을 접하지 않은 백성이 그와 같이
내 뜻에 따라 살아간다면 그가 더 위
대하고 훌륭한 사람이니,
37 그는 원심이요, 근본의 마음이 천사
와 같은 자이기에 내가 그를 더 기억
하며 내가 그를 더 사랑함을 그리 알
라.
38 내가 매질하고 가르치고 달구어 깨달
아서 오는 그 자식이요, 나의 아들딸
보다도, 스스로 행하여 오는 그 자식
이 더 소중함을 너희들은 알아야 할
것이니라.

4,003 번째 하나님 말씀

2002년 11월 21일 09시 09분

1 사랑하는 나의 아들아!
2 "네, 아버님! 말씀하옵소서."
3 나 여호와 창조주가 하늘에서 듣는 소
리 중에 가장 괴로우며 가장 듣기 싫

어하는 소리가 무엇인 줄 아는가?
4 나의 아들 예수의 보혈로써 모든 죄
사함을 받았으며, 저희들의 손으로 지
은 성전에 가 기도하고 경배하면 나
의 아들이 모든 그 죄를 지고 갔기에
용서받는다 그리 말하는 자들의 그
울부짖음이니라.
5 그를 듣는 나 여호와의 가슴이 아프
며, 찢어지는 그 아픔을 너희들은 아
는가?
6 정녕 너희들이 나의 아들의 보혈로써
구원을 받았다 하면, 그가 그와 같이
고통스럽게 간 죽음의 의미를 되새겨
너희들이 선하고 선한 백성으로 살아
가고자 노력하는 것이 그에 보답하는
길이며, 그를 생각하며 기리는 마음이
거늘,
7 너희들은 정녕 말로써만 그리하고 행
동으로써는 추하고 더러운 모습으로
살아가고 있음이니,
8 그와 같은 너희들의 말로써만 하는
그 모습이 나 여호와가 보기에 가장
가슴 아픔을 너희들은 알아야 할 것
이니라.
9 너희들의 육의 세상에서 부모가 죽어
갈 때 자식에게 유언이라는 것을 남
기지 아니하는가?
10 그 자식에게 어찌 살아 달라는 그 부
모의 마지막 소원이 얼마나 소중하고
애절한 것이면 너희들은 그 부모의
유언만큼은 지키려 하겠는가?
11 그러나 그 부모가 자식을 위하여 남긴
그 유언을 자식이 지키지 아니하고
그가 내려 준 재산만 탕진하며 그것이
유언을 지키는 길이라 생각하고 산다
면, 과연 그 부모의 마음은 어떠하겠
는가?
12 내가 너희들을 구원하고자 하며 나의
아들이 너희들을 구원하고자 그와 같
이 고통스런 죽음을 선택하였음이니
라.
13 육의 세상에 너희들이 살다 그 명이
다하여 노쇠하여 스스로 죽어 가는 그
죽음을 맞이하면서 유언을 남기는 것
도 아니요, 가장 젊은 33세의 그 모습
으로써 한창 일할 수 있는 청년 시절
에 죽어 가는 그 죽음이 얼마나 비통
하고 애통했으며 그 자신이 괴로웠겠
는가?
14 너희들은 그런 뜻을 음미하며 선하고
아름답게 살아가는 것이 그 예수의
죽음에 보답하며, 아들을 죽여 너희들
을 구원하고자 했던 나의 뜻에 보답하
는 것이거늘,
15 너희들은 그와 같은 진정한 깨달음을
원하는 것이 아니요, 그저 나의 아들
예수의 보혈로써 구원을 받았다 그리
말함이니라.
16 부모가 죽으며 유언을 남긴 것을, 유
언은 지키지 아니하고 그가 남겨 준
재산을 탕진하고 살아가면서 그것이
유언을 따르는 길이요, 부모를 위하는
길이라 그리 말하는 자,
17 저 자신이 방탕한 생활을 하면서 그
모두에게 부끄럽고 창피한 그가 말하
기를 '나의 아버지가 유언으로써 이리
살라 남겼다.' 그리 말함이니,
18 그 유언을 저버림은 물론이요, 아버지
까지 욕되게 하는 그와 같은 삶을 사
는 자식이 과연 부모의 뜻에 사는 자

며, 그가 부모 앞에 가 당당한 모습으
로써 대할 수 있다 생각하는가?
19 바로 이와 같은 이치 하나도 깨닫지
못하며 이 하나도 너희들이 모르고 살
아가는 것이니,
20 나의 아들 예수의 보혈로써 구원을
받았으며 너희 손으로 지은 죄의 온상
인 성전에 가 기도하고 울며불며 광란
의 짓을 하면 구원을 받는다 하는 그
와 같은 소리를 내가 듣기가 얼마나
역겨우며 나의 가슴이 아픈 것인가를
너희들은 한번 생각해 봐야 할 것이
니라.
21 그러한 형태는 나와는 관계없는 것이
며 나의 아들과 관계없는 것이기에,
너희들은 정녕 구원의 길이 아니요,
지옥으로 달려가는 그 역사를 하나하
나 이루어 가고 있다는 것을 알아야
할 것이니라.

4,004 번째 하나님 말씀

2002년 11월 21일 09시 17분

1 사랑하는 나의 아들아!
2 "네, 아버님! 말씀하옵소서."
3 이 세상 자연의 모두를 너희들이 취
하고 살 수 있도록 내려 준 나 여호와
에게 너희들이 진심으로 감사하며 진
정으로 감사하는 마음으로 산다 하면,
4 너희들이 오늘과 같이 사악한 종말의
시대요, 너희 스스로 말하는 도둑이
우글거리는 이와 같은 세상은 되지 않
았을 것이니라.
5 도둑이 우글거리는 세상이라 말하는
너희 자신 또한 도둑이 아니라 누가
장담할 수 있으며, 너희 자신이 그리
말할 수 있는가?
6 너희들이 내가 내려 준 이 자연의 아
름다움에 감사하며 그 자연의 뜻에 순
응하며 살아가는 그와 같은 삶을 살
았다 하면 오늘과 같이 험악한 삶은
이루어지지 아니하였음을 알아야 할
것이니라.
7 지금 내가 너희들에게 내려 준 자연의
아름다움이요, 그 오묘함이 과연 너희
들의 과학의 능력이요, 너희들의 지혜
의 능력으로써 그를 따를 수 있다 하
는가?
8 너희들이 아무리 연습하여 부르는 그
노랫소리도 자연에서 울려오는 그 짐
승의 소리요, 부는 바람의 멜로디만도
못한 것이며,
9 너희들이 아무리 좋은 음악으로써 그
소리를 내며 음률을 탄다 하여도 자
연에서 들리는 그 음률의 아름다운
것은 너희들이 만들 수도 없으며 상상
할 수도 없는 것이 그 위대한 나의 성
전이니라.
10 이와 같이 너희들 인간으로서 도저히
상상할 수 없게 만들어진 이 아름다
운 자연의 나의 성전에서 너희들이 살
아가는 것이 얼마나 위대하고 감사한
것인가를 그 뜻 하나만 안다 해도 너
희들은 나의 위대함을 알 것이며, 창
조주의 전지전능함을 알 것이며, 그
속에서 너희들이 자연히 경배하는 마
음이 우러날 것이거늘,
11 내가 너희들에게 내려 준 그 모두에
감사함 자체를 모르고 거역하며 그를
거부하며 살아가는 것이 지금 너희들

이니라.
12 내가 나의 아들을 통하여 너희들에게
뭐라 말하였는가?
13 너희들은 산소라는 공기를 몇 분만
마시지 아니하여도 너희 생명이 졸도
하여 죽게 되어 있으며, 너희들이 물
을 마시지 아니하여도 죽게 되어 있다
하였음이니,
14 너희들이 지탱할 수 있도록 내가 모
두를 무상으로 내려 준 그것에 대해
얼마나 감사하며, 진실한 그 감사의
마음을 너희들은 얼마나 생각하며 어
디까지 느끼고 사는가?
15 거기에 대한 감사함을 느끼고 사는
자, 그리고 그 감사함에 애절한 기도
를 드리는 자, 그와 같은 자는 정녕 나
의 법전이요, 나의 성령이요, 나의 십
계명을 모르며 그를 들여다보지 못하
는 촌부의 삶을 산다 해도, 그가 진정
얼마나 아름다운 자인가를 너희들은
알아야 할 것이니라.
16 자연의 아름다움이요, 내가 내려 준
그 모두에 감사하는 마음으로 사는 자
는 사악해질 수 없으며, 악해질 수 없
으며, 사탄이 될 수 없음이니라.
17 바로 그것이 선한 마음의 근본이요,
선한 마음을 이루는 기초이기 때문이
니라.
18 너희들이 그와 같이 모든 내가 내려
준 자연에 대하여 감사하는 마음, 그
리고 자연의 얽히고설켜 살아가는 그
오묘함과 그 속에서 이루어지는 자연
의 음악이요, 자연의 멜로디요, 그들
이 또 교류하며 살아가는 그 아름다운
모습들을 들여다볼 때, 너희들은 전지
전능한 나 여호와의 위대함을 알게 될
것이며,
19 그와 같은 것을 깨닫는 자, 전지전능
한 나 여호와요, 하나님 아버지라 부
를 자격이 있음을 알라.
20 그와 같이 자연의 위대함이요, 너희들
이 살아갈 수 있도록 내가 내려 준 그
모두에 감사하는 것도 모르는 자, 너
희들은 돌과 같은 자이며, 돌과 같은
마음으로 살아가는 자이니라.
21 자연의 내가 내려 준 그 유하고 부드
러우며 그 위대함 속의 오묘함을 깨
닫지 못하고 그를 보지 못하며
22 그저 전지전능한 여호와 하나님이요,
복을 주십사 비는 너희들은 돌보다도
더 굳어진 자들이며, 돌보다도 더 단
단한 그와 같은 심성이요, 마음으로
살아가는 어리석은 자들이니라.
23 돌보다 더 굳어져 있는 것이 지금 너
희들이니, 너희들의 돌보다 더 굳어진
마음을, 자연의 위대함이요, 오묘함으
로써 너희들의 그 마음을 풀었을 때,
너희들이 진정한 하늘에 오르는 길이
무엇인지 알며 참진리의 빛을 얻게 됨
을 잊어서는 아니 될 것이니라.
24 그와 같이 변하지 아니하는 자, 돌처
럼 경직된 자, 그리고 돌과 같이 찬 마
음으로 살아가는 자, 그는 정녕 구원
의 빛을 볼 수도 없음이니,
25 너희들이 자연의 부드러움과 거기에
순응하여 같이 가는 유하고 부드러운
마음 자세로 변함이 소중함을 알라.

4,005 번째 하나님 말씀

2002년 11월 21일 11시 46분

1 사랑하는 나의 아들아!
2 "네, 아버님! 말씀하옵소서."
3 내가 지금 말하였느니라.
4 하나의 획을 그을 것인가 긋지 않을
것인가는 네가 선택할 길이라 하였음
이니, 이제 네가 하나의 획을 그어야
만 할 때가 되었음을 알아야 할 것이
니라.
5 이제는 네가 정녕 바로 서야 함이니,
내가 나의 성령의 나의 법전에 너의
사진이요, 네 모양을 넣으라는 것이
얼마나 무서운 결단이며 얼마나 무서
운 시행인지 알겠는가?
6 나 여호와 창조주가 내리는 나의 성령
이요, 나의 가르침이요, 나의 뜻이요,
만백성을 구원의 길로 인도하는 나의
법전에 사랑하는 나의 아들, 너의 사
진을 넣으라 하였음이니,
7 이를 보고 사람들은 인간 세속에서
너 자신을 띄우기 위하여, 네가 무엇
인가를 나타내기 위하여 그와 같이 넣
었다 하며 더군다나 이 법전을 믿지
아니할 것이니라.
8 인간 저 자신이 영웅이 되고 싶어 하
며 제가 인간으로서 군림하는 자가 되
고 싶어 하기에, 그는 그와 같은 사악
한 마음이요, 욕심을 가진 자로서 그
사진을 넣었다 그리 그들이 말할 것
이며,
9 종교 지도자요, 믿음의 길을 가는 자
들이 너의 사진이 들어 있는 것을 보
고 믿지 않을 것이니라.
10 성서의 어떠한 구절에도 사진이 없으
며, 또한 예수의 모형이 없으며, 모세
의 모형이 없음이니, 그들은 당연히
그리 말할 것이니라.
11 그러나 이제 오늘 내가 너를 통하여
기록함이니, 내가 나 창조주의 그 소
중한 성령이요, 만백성을 구하는 법전
에 나의 아들의 사진을 넣으라 함은,
12 나의 아들이 하얀 눈이요, 천사와 같
은 마음이 되었을 때 그 사진 속의 그
의 눈에서 광채가 남이니라.
13 너희들이 나의 법전을 다 읽기 전에
나의 첫 페이지를 펼 때 나의 아들의
눈에서 광채가 남은, 나 여호와가 같
이 존재하며, 내가 와 있으며, 이는 나
여호와의 뜻이요, 내가 이루는 역사라
는 것을 너희들이 알 수 있도록 하기
위하여 그 사진을 넣었음이니,
14 이를 가지고 시시비비하는 만백성은
두 번 다시 이에 대해 입을 열지 말아
야 할 것이며,
15 시시비비하는 것에 너희들이 답하지
말며 그들의 갑론을박에 응답하지 말
라.
16 이제는 나의 아들 너에게 선택의 기
로만 남아 있음이니라.
17 너희가 말하기를 '닭이 먼저냐, 계란
이 먼저냐?' 하는 그와 같은 시시비비
가 아직도 답이 없듯이,
18 네가 먼저 변하여 가는 것이 구원의
길이요, 그리 네가 역사할 것인가, 네
가 이를 버리고 포기하며 저절로 나의
성령으로써 너를 일깨워 주기를 바랄
것인가?
19 이제는 네가 선택하는 길밖에 없음이

니라.
20 네가 모두를 다 저버리고 이 성전을
뛰쳐나가 네 인간의 원래의 모습으로
살아가는 것을 선택하든,
21 네가 이제는 한 점 부끄러움이 없이
무지개와 같은 가벼운 너로서 만백성
이 너를 볼 때 정녕 이는 나 여호와의
아들이라 하며, 책의 표지에 그려진
네 모습을 보면서 거기서 나는 광채
를 그들이 느낄 수 있는 네가 되든,
22 나 여호와의 간절히 소망하는 이 뜻
을 이루고 안 이루는 것은 너에게 달
렸음이니라.
23 인간에게 지혜를 줌은 모두를 지킬 수
있도록 하였다 하였음이니라.
24 너희들의 마음속에 악을 버리고 선을
선택하는 싸움에서 이긴다면 모두를
이룰 수 있다 하였음이니라.
25 이제 오늘 나의 뜻을 듣는 너의 제자,
그들에게 깨우쳐 주라.
26 너희들이 천국에 오르는 길이요, 천국
의 문에 들어서며 하늘에 오르는 것
이 아무것도 아님을 알라.
27 그저 선한 것을 행하고 살면 되는 것
이며, 그저 악을 바라보지 아니하고
사는 것이 너희들이 구원을 받는 것
이니,
28 너희가 구원을 받을 수 있을 것인가
받지 못할 것인가를 오늘서부터 너의
제자, 지금 네 앞에 고개 숙인 너희들
은 그런 마음을 갖지 말라.
29 오로지 너희들이 선행을 하고 살면 하
늘에 오르는 것이니, 그저 그 답이 거
기 있음을 내가 너희들의 가슴에 심어
줌이니, 이를 명심하여 행하도록 하라.
30 하늘에 오르는 것이 먼 길이 아니요,
어려운 길이 아니요, 두려운 길이 아
님이니라.
31 너희들의 마음에 선을 선택하면 그저
하늘에 오르는 것이니, 하늘에 오르는
것이 얼마나 간단하고 쉬운 일인가?
32 이를 너희들이 알아 그리 행하라.
33 두려워하지 말라.
34 구원을 받는 것을 두려워하지 말며,
너희들이 지옥 불로 가는 것을 두려워
하지 말며, 너희들이 죗값을 치르는
것을 두려워하지 말며, 천국의 낙원
동산에 너희들이 못 올까 하는 불안한
마음을 갖지 말라.
35 간단하니라.
36 선을 행하며 살면 되는 것이요, 네 마
음속에 선으로 고쳐 주면 되는 것이니,
37 너희들이 차 한 잔 마시는 것보다도
쉽고 간단한 것이 천국에 오르는 길이
요, 내 옆에 올 수 있는 비밀이요,
38 이 깨달음을 너희들의 손에 쥐여 주니
이를 명심하여 살도록 그리하라.

4,006 번째 하나님 말씀

2002년 11월 21일 11시 56분

1 사랑하는 나의 아들아!
2 "네, 아버님! 말씀하옵소서."
3 너희들이 영원히 사는 하늘나라에 올
라와 나와 더불어 사는 것을 두려워하
지 말며 겁먹지 말라.
4 너희들이 사랑을 베풀며 나누며 살면
나에게 올 수 있는 것이거늘, 그와 같
은 삶을 살아간다면 너희들이 두려워
할 것도 없으며, 무서워할 것도 없으

며, 너희들이 죽어 와 나로부터 심판
을 받아 지옥에 가 그 죄의 대가를 치
르는 그와 같은 공포의 마음도 가질
필요가 없음이니라.

5 너희들이 사랑을 베풀며 나누며 사는
것이 나에게 오를 수 있는 길이라 내
가 모든 정답을 가르쳐 너희들이 그
답을 알고 있음이니, 너희들은 그리
살면 되는 것이니 두려워하지 말라.

6 정녕 나의 법전을 읽고 나의 성령을
들어 깨우치는 너희들이 얼마나 선택
되고 영광된 백성인가를 세월이 지난
다음에 알 수 있음을 알아야 할 것이
니라.

7 그리하여 너희들이 살아가는 자세가
다른 백성들과 차별화되는 것은, 너희
들은 모두를 다 사랑해야 함이니라.

8 이 세상에 존재 가치가 없는 것은 하
나도 없다는 것을 너희들은 알아야
할 것이니라.

9 너희들이 살아가는 곳에 모두가 다 필
요하며, 너무나 소중한 것이며, 아무
런 하잘 것 없는 것도 너희들의 생명
을 구원해 주는 위대한 것이라는 것을
알게 될 것이니라.

10 길거리에 버려진 나무줄기요, 아무도
바라보지 않는 버려진 끈이라 하여도,
너희들이 물속에 빠져 허덕일 때 죽
음 직전에 그 끈으로써 너희들을 구
원하며 그 나무의 길이로써 너희들을
구원해 준다 하면,

11 아무런 가치도 없이 너희들이 발로 차
버리고 지나갈 나무요, 버려진 그 끈
이 그 자리에 있음으로써 얼마나 소중
하고 귀한 것인가를 너희들은 알지 못
하겠느냐?

12 너희들이 물속에 빠져 허덕이다 죽어
가는 그 순간에 그 끈이 없으며 너희
손에 쥘 수 있도록 잡히는 그 나뭇가
지가 없다면 너희들은 죽어 가지 아
니하던가?

13 아무런 가치도 없으며 의미도 없으며
인연이 없는 그 나무요, 남이 가져가
다가 버린 그 끈이 너희들의 생명을
구할 수 있는 것이라면, 이 세상에 그
와 같은 것도 너희들에게 그리 소중하
게 쓰이며 소중하지 아니한 것이 없
거늘,

14 너희들이 지금 살아가면서 너희들의
형제요, 같이 나의 성령을 듣고 배우
며 공부하는 너희 형제야말로 얼마나
소중하고 값진 백성이며, 그들이 얼마
나 나로부터 필요하며 소중하면 너희
들과 더불어 같이 있게 하겠는가?

15 너희들에게 그들이 정녕 버려진 끈만
큼도 보이지 아니하는가, 그리고 버려
진 나뭇가지만큼도 보이지 아니하는
가?

16 너희들 인생에 남과 중요한 약속을
하고 너희들이 깊은 잠에서 깨어나지
못할 때, 모기가 너희 얼굴을 물어 너
희들이 잠에서 깨어나 그 약속을 지킬
수 있었다 하면, 그 미물인 모기는 얼
마나 너희들에게 소중한 것이더냐?

17 너희들의 피를 빨아먹는 모기로 하나
로만 보며 그와 같이 사악한 미물로
보며 벌레로 보면 그와 같은 것이나,
너희들을 위해서 그가 그와 같이 쓰이
며 사용될 수도 있는 것이니,

18 이 세상의 모두는 다 소중한 것이며,

나 여호와가 만들어 낸 것이며, 내가
내리는 산소와 물과 공기를 마시고 사
는 너희들이 다 내게 소중하고 사랑
한다 했듯이, 그들이 다 필요해서 있
음이니,
19 너희들은 그와 같은 마음으로 변하는
것이 나 여호와의 마음으로 변하는 길
임을 간곡히 깨우쳐 그리 살아가도록
하라, 사랑하는 나의 선택된 백성들아!

4,007 번째 하나님 말씀

2002년 11월 21일 23시 06분

1 사랑하는 나의 아들아!
2 "네, 아버님! 말씀하옵소서."
3 내가 너희들에게 말하여 이르기를, 가
장 작은 죄라 하여 행하며, 또 가장 큰
죄라 하여 그를 조심하는 그와 같은
마음의 자세로 살아가서는 아니 된다
하였음이니라.
4 아무리 작은 것도 그 원인의 결과를
너희들은 모름이니, 그가 어찌 변화되
는지는 나 여호와밖에는 아무도 알
수 없다 하였음이니라.
5 이제 너희들이 나의 법전을 읽고 깨우
쳐 선택된 백성으로서 살아감이니, 너
희는 만백성을 구원할 지도자로서 가
장 작은 실수도 용납해서는 아니 되
는 것이니라.
6 가장 작은 죄의 그 결과가 어찌 변화
될지 너희들은 모른다 하였음이니,
가장 작은 실수도 이루어서는 아니
됨을 알아야 할 것이니라.
7 그 작은 실수로 하여금 너희들이 모
두를 다 잃게 되며, 너희들이 다 쓰러
지는 그와 같은 결과를 가져올 수 있
다는 것을 알아야 할 것이니라.
8 이제 내가 너희들에게 완벽하게 가라
하였음이니, 모두는 너희들 마음속에
있음이니라.
9 너희들이 즐거우면 즐거움을, 고통스
러우면 고통스러움을 느끼는 그 모두
도 다 너희들 마음속에 있으며 너희들
마음자리에 있음이니,
10 그를 다스리고 지키는 것은 너희들이
할 수 있는 일이며, 너희들이 행하면
되는 것이니라.
11 그러기에 너희들이 어떠한 작은 것도
너희 스스로 용납해서는 아니 되며,
12 작은 것이라도 무의식중이든 알든 모
르든 그저 행하고 넘어가는 그와 같은
행위는 절대 있을 수가 없으며, 용납
될 수 없음을 알아야 할 것이니라.
13 모두를 다 놓아 버린, 가장 가볍고 가
장 편안한 모습으로써 살아가는 너희
들의 삶을 사는 데 모든 초점을 다 맞
춰 살아가도록 그리해야 할 것을 잊
지 말라.

4,008 번째 하나님 말씀

2002년 11월 21일 23시 11분

1 사랑하는 나의 아들아!
2 "네, 아버님! 말씀하옵소서."
3 너의 제자들과 만백성에게 네가 깨우
쳐 전해야 할 것이니라.
4 너희들이 어떠한 형태로 인생을 살든,
육의 삶 속에서 생활하든, 부귀와 영
화를 누리며 재물을 갖고 호의호식을
하며 살든, 어렵고 힘든 인생을 살든,

5 너희들은 그 목적지에 돌아가야 한다
는 그 의무를 잊고 살아서는 아니 됨
을 알아야 할 것이니라.
6 너희들이 나로부터 생명을 받아 세상
에 나갔음이니, 내가 너희들을 세상에
내보낼 때 생명을 주며 영혼을 불어
넣어 육과 영혼이 같이 존재하며 살아
가도록 하였으니,
7 오늘의 삶을 사는 너희들은 바로 나로
부터 세상에 나갔던 그 처음의 상태
대로 나에게 돌아와야 함을 잊어서는
아니 됨을 알아야 할 것이니라.
8 내가 너희들에게 성령을 부어 세상에
내려보낼 때는 너희들이 천사와 같은
마음 자세로 세상에 나왔음이니라.
9 천사와 같은 형태로써 내가 너희들을
세상에 내보냈음이니, 너희들이 원상
태로 그 자리로 돌아오지 아니하면
안 된다는 것을 알아야 할 것이니라.
10 그와 같이 너희들은 원 목적지에 원
상태로 돌아오는 것이 당연한 것이며,
돌아오지 않을 수 없는 것이 너희들이
니라.
11 그러니 너희들이 인간의 삶의 향락에
젖어 육의 삶을 잘못 살아가며 육의
삶의 욕심에 의해 너희들 자신이 무
너져 수많은 죄를 가슴에 안고 너희
몸에 칭칭 감고 그와 같은 형태로 살
아간다면, 너희들은 천사와 같은 마음
의 형태로써 돌아와야 할 그 목적지
에 돌아올 수 없음을 알아야 할 것이
니라.
12 너희들이 너희들의 그 목적지에 돌아
와야 할 때 그리 돌아오지 못하는 것
은 바로 너희들이 어디로 가는 것인
가?
13 너희들이야말로 지옥으로 가 너희들
이 지은 그 죄의 대가를 치르는 그와
같은 벌만이 남아 있음을 알아야 할
것이니라.
14 이제 너희들이 나의 법전을 읽고 나의
뜻을 깨달았다 하면, 너희들이 나왔던
원상태의 천사와 같은 그 마음으로
돌아올 수 있도록 얼마나 바르고 아
름답게 살아야 하겠는가?
15 너희들의 마음 자세를 다스려야 할
것이며, 그리고 너희들이 지금까지 죄
짓고 잘못 살아온 그 모두를 하나하나
너희들의 가슴에서 꺼내 그 모두를
용서 비는 그와 같은 회개하는 마음으
로 살아야 함이니,
16 너희들이 그리 살지 아니한다면 영원
히 너희들의 형태로 돌아올 수 없음이
니,
17 너희들이 나갔던 그 형태대로 너희들
이 돌아와야 할 목적지요, 너희들이
와야 할 자리에 돌아오지 못하고 지옥
으로 떨어지는 것이 얼마나 고통스러
우며 인내할 수 없으며 참고 견딜 수
없는 것인가를 너희들은 알게 될 것
이니라.
18 천사와 같은 마음으로 내가 세상에 너
희들을 내보냈듯이, 너희들이 이제 그
원상태대로 돌아오는 길만이 남았으
니, 그 모두는 너희들이 마음먹기에
달렸음을 알라.

4,009 번째 하나님 말씀

2002년 11월 21일 23시 17분

1 사랑하는 나의 아들아!

2 "네, 아버님! 말씀하옵소서."

3 모든 피조물 만백성 너희들은 나로부터 명을 받아 세상에 나왔음이니, 너희들의 육의 삶의 생활 속에서 내가 언제 너희들을 다시 부를지 모른다 하였음이니라.

4 그리하여 내가 너희들을 불렀을 때 너희들이 당황하는 그와 같은 삶을 살지 않도록 그리 준비하여 가라 하였으며, 그 모든 준비 속에서 살아가라 그리 내가 너희들에게 깨우쳐 주었음이니라.

5 내가 세상에 너희들을 내보냈음이니, 오늘의 너희들의 육의 삶 속에서 너희들을 언제 내가 부를 것인지를 나만 알며 너희들은 모른다 하였음이니라.

6 그리하여 내가 불렀을 때 너희들이 당황하지 않도록 하기 위하여 내가 너희들에게 만반의 준비를 하고 살라 그리 깨우쳐 주었음이니라.

7 그러나 너희들은 어찌 사는가?

8 너희들이 천년만년 살 것 같은 착각 속에서,

9 오늘 하루의 삶을 아름답게 사는 데 모두를 다 바치는 것이 아니요, 그저 부귀와 영화요, 육의 편안한 그 삶을 위하여 수단과 방법을 가리지 아니하고 모든 걸 취하고 얻으며 갖고자 하는 그와 같은 욕심을 버리지 못하고 사는 것이니라.

10 내가 너희들에게 얼마나 자상히 일깨워 깨우쳐 주었는가?

11 너희들의 건강이요, 너희 자신을 위하여 모든 음식을 70퍼센트 이상 취하지 말라 하였음이니,

12 항상 마음을 비워 두는 그와 같은 마음으로 사는 것이 내가 너희들을 불렀을 때 당황하지 아니하고 올 수 있는 준비된 마음의 자세임을 알아야 할 것이니라.

13 욕심이 그득하여 모두를 다 너희들 가슴에 채워야 하며, 남보다 더 아름다운 것으로 채워야 하며 더 많은 것으로 채워야 하는 그와 같은 욕심의 뿌리를 버리고 너희들이 살아야 한다 내가 그리 깨우쳐 주었건만,

14 너희들이 오늘의 삶을 어찌 사는가?

15 너희들이 지난 삶의 잘못 살아온 것을 회개하며 반성하는 그 시간도 모자라거늘, 앞으로 얼마 남지 않은 그 삶에서 바르고 천사와 같은 심성으로 살아가지 아니하며,

16 지금과 같이 그저 죄를 지으며 더덕더덕 너희들 가슴에 죄를 안고 살아가면서도 진정 그 죄가 얼마나 무서운지를 모르고 살아가는 너희들이 나에게 와 심판을 받을 때 어찌하려 그리 하는가?

17 너희들은 내가 부를 때를 모름이니라. 오로지 나 여호와만 알고 있음이니,

18 나로부터 선택된 백성, 너희들은 내가 불렀을 때 당당히 올 수 있는 그 삶을 위하여 지난 삶에 대한 회개와, 그보다 열배 백배 아름다운 선행을 하고 베풀며 오늘의 나머지 인생의 삶을

살아가도록 그리하여야 함을 잊지 말
라.

4,010 번째 하나님 말씀

2002년 11월 21일 23시 21분

1 사랑하는 나의 아들아!
2 "네, 아버님! 말씀하옵소서."
3 내가 너희들을 세상에 내보내니, 너희
들이 육으로써 세상에 나가 삶에 있
어서 너희들이 노력하는 만큼 다 취
하고 살 수 있는 그 모두를 내가 너희
들에게 주었다 하였음이니라.
4 그와 같이 모두를 너희들에게 내려 준
나 여호와가 너희들이 하늘에 오르는
길에 대한 것을 너희들에게 깨우쳐
주지 아니하고 그 정답을 내리지 아
니하였겠는가?
5 너희들은 하늘에 오르는 길이 그리
무섭고 힘들고 어려운 것이 아님을
알아야 할 것이니라.
6 너희들 스스로 다 다스리고 나갈 수
있는 그 모든 지혜와 능력을 내가 너
희들에게 주었음이니, 너희들은 이를
알아야 할 것이니라.
7 너희 인간 세상 속에서 살아가면서 너
희들이 기쁠 때 기쁨을 얻으며 슬플
때 서러워서 슬퍼 눈물을 짓는 것, 화
가 나고 무서워하고 두려워하는 것,
남을 증오하고 사랑하는 것, 그리고
질투하며 남이 너희보다 앞에 갈 때
부러워하는 것, 이 모든 마음은 다 어
디에서 나오는가?
8 너희들의 마음속에서 이루어짐이며,
너희들 마음속에서 그 모두를 느끼게
되어 있음이니라.
9 인간 너희들은 너희 자신의 마음을
스스로 조정할 수 있으며 다스릴 수
있는 그와 같은 충분한 능력을 내가
너희들에게 주어 세상에 나가 살도록
그리하였음이니라.
10 너희들이 모든 감정을 느끼는 것 또
한 너희 가슴이요, 마음에서 느끼듯이,
11 너희 마음속에 선과 악과의 싸움에서
너희들이 선을 선택하여 바르고 곧게
지켜나가는 그것도 너희 마음으로 스
스로 조정할 수 있는 것이니라.
12 너희들은 나의 십계명대로 살 수 없
다 말하느니라. 인간이기에 그 십계명
을 지킬 수 없다 그리 말하나,
13 그 어렵고 지킬 수 없다는 십계명 또
한 너희들 마음속에서 조정하기에 달
린 것이니라.
14 그러니 내가 너희들에게 그 능력과 자
질을 모두 다 주었음이니, 너희들이
어찌 지키고 살아 나에게 구원을 받고
못 받느냐 하는 것은 너희들에게 달
렸음을 알라.
15 너희들이 인간은 내가 나의 아들을
통하여 내리는 나의 법전대로 살 수
없으며 그리 행할 수 없으며, 누구라
도 그리 살 수 있다 하는 자는 나 여호
와를 기만하는 자라 말하나,
16 그 모두 또한 내가 너희들에게 스스
로 마음을 조정할 수 있는 능력을 다
부여해 주었음이니,
17 그것 또한 너희들의 선택에 달렸음이
니, 얼마나 쉽고 간단한 길인가를 너
희들이 깨우쳐 너희 것으로 만들어,
다스려 이기는 자가 되어야 함을 잊

지 말라.

4,011 번째 하나님 말씀

2002년 11월 21일 23시 26분

1 "만물의 창조주이시며 전지전능하신 아버님!

2 이 죄 많은 자식이 아버님께 눈물의 기도를 드리옵나이다.

3 정녕 제가 구름과 같은 마음으로 살 수 없으며, 무지개와 같은 마음으로 살 수 없으며, 공기와 같은 가벼운 마음으로 살아갈 길이 없사옵나이까?

4 이제 저는 아버님의 뜻을 따라 하늘에 떠 있는 하얀 구름처럼, 그리고 무지개처럼, 손으로 쥐어도 잡히지 않는 공기처럼 그와 같이 다 비운 마음으로써 살아가고자 하며, 그리 살고자 발버둥치며,

5 그 길을 가지 아니하면 아니 되는 것을 알고 있사옵나이다.

6 그러나 제 마음과 행동을 그리 다스리지 못하며 아직도 저 자신이 육의 생활에서 벗어나지 못하고 있사오니, 이 죄인의 마음을 어루만져 주옵소서.

7 아버님! 제가 정녕 이 길을 갈 수 있사옵나이까?

8 예수님께서 그 고통과 시련 속에서 갔으며 그 제자들 또한 저보다 더한 고통 속에서 그와 같은 역사를 이룬 것을 알고 있사옵나이다.

9 그 모두를 알며 그 모두를 바라볼 수 있는 제가 오늘의 이 삶에 하나의 떠가는 구름처럼 가볍게 모두를 다 덮어두고 갈 수 있는 그 마음을 가질 수 있도록 저에게 힘과 용기를 주옵소서, 아버님!

10 정녕 지금보다 더 변할 수가 없으며 지금보다 더 역사를 이룰 수 없사옵나이다.

11 앞으로 가야 할 길이 무엇이며 제가 가야 할 그 길을 보고 있사오며 제가 가야 하는 길을 알고 있사오나,

12 그 길을 밟지도 못하며 그 길을 달려 그 길 위에 일어서지를 못하고 있사옵나이다.

13 이 불쌍한 저에게 힘과 용기를 주옵소서, 아버님!

14 정녕 무엇을 달라 하고 무엇을 구원하는 기도를 드릴 수 없으며 무엇을 이루고자 하는 기도를 드릴 수 없사오나,

15 육을 가진 제 몸이 구름처럼 가볍게 뜰 수 없으며 무지개처럼 가볍게 그리 그려질 수 없으며 공기와 같은 제 육신을 만들 수가 없사옵나이다, 아버님!

16 이러한 제가 만백성을 구한다 할 수 없으며, 아버님의 귀중한 보배보다도 소중한 이 말씀을 받아 기록하나 그 뜻대로 행하지 못하며 살지 못하는 저를 다스려 주옵소서.

17 아버님! 저를 버리지 않으시려거든 저에게 용기를 주옵소서.

18 정녕 저를 버리지 않으시려거든 제가 갈 수 있는 힘과 용기를 주옵소서.

19 이 죄 많은 아버님의 아들이 아버님께 간곡히 기도드리고 드리옵나이다.

20 저를 도와주옵소서.

21 정녕 저를 버려 지옥 불에 던지지 아니하시려거든, 저를 다스려 주고 용기

와 힘을 주옵소서.
22 그리고 갈 수 있는 지혜를 주옵시며,
마음을 비울 수 있는 능력을 주옵소서.
23 간곡히 아버님께 눈물의 기도를 드리
옵나이다.
24 저에게 힘과 용기를 주옵소서."

4,012 번째 하나님 말씀

2002년 11월 22일 06시 27분

1 사랑하는 나의 아들아!
2 "네, 아버님! 말씀하옵소서."
3 세상사 너희들이 살아가면서 말로써
아무리 아름답고 진실하게 살아간다
해도,
4 그가 정녕 행동을 그와 같이 하느냐
하지 않느냐에 따라서 그 자신이 구원
의 길에 들어설 수 있고 들어서지 못
하는 것이 차이가 있음을 알아야 할
것이니라.
5 아무리 말로써 아름답게 모두를 다
주며 모든 사랑을 베풀며 사는 것같
이 해도 그 행동이 그와 같지 아니하
다면 겉과 속이 다른 자니, 그와 같은
자는 내가 용서할 수 없다 말하였음
이니라.
6 나로부터 선택된 종교 지도자, 또 나
로부터 지금 선택된 너의 제자들, 나
의 뜻을 따라 하늘에 오르는 만백성을
인도한다는 그 지도자인 너희들은 스
스로 겉과 속이 다른 사람이 되어서
는 아니 되는 것을 잊어서는 아니 됨
이니라.
7 곧 겉과 속이 같은 사람으로서 살아
가며 꾸준히 노력하는 그와 같은 마음
자세가 아니면 정녕 너희들은 하늘에
오르는 길을 올 수 없다는 것을 알아
야 할 것이니라.
8 이제 네가 바로 서며, 바로 가야 할 길
을 알고 너 자신이 다스려 나가기 시
작함이니, 모든 영광과 영화를 내가
너에게 내릴 것이며, 네가 지탱하고
갈 수 있는 그 축복을 내려 줄 것이니
라.
9 너 자신이 지금의 변화되는 마음을 그
대로 지키고 가며 바로 섰을 때, 모든
것을 내가 너에게 내릴 것이나,
10 네 마음이 흔들리며 너 자신이 무너
지는 그와 같은 행위를 했을 때, 그와
같은 마음의 생각을 했을 때, 그 모두
를 내가 너에게 내려 줄 수 없음을 알
아야 할 것이니라.
11 지금의 네 마음과 같이 너 자신을 다
스려 나갈 때, 많은 사람을 내가 너에
게 보내 네가 이루고자 하는 뜻을 이
룰 수 있도록 그리할 것이며,
12 네가 정녕 마음을 비우지 못하고, 정
녕 한 조각의 떠가는 구름처럼 모두
를 다 덮고 가벼이 살아가는 그와 같
은 사람으로 변하지 못했을 때 모든
것을 내릴 수 없음이니,
13 하나의 오물이요, 하나의 죄악을 행하
는 네가 된다면 너에게 내릴 수 없음
이니라.
14 생수에는 오물이 있으면 안 되며, 이
물질이 있어서도 안 되며, 그러기에
생수는 완전히 깨끗해야만 만백성이
먹을 수 있음이니라.
15 그 이치와 같이 네가 그와 같은 사람
으로 변하지 아니한다면, 네가 어떠한

것을 이루고자 하여도 그는 이룰 수
없을 것이니라.
16 생수 속에 기름 한 방울이 들어 있지
않고 오물이 들어 있지 않은 그와 같
은 생수로서 네가 변해야 만백성을
구할 수 있듯이,
17 네 마음이 그리 변하는 길만이 모두를
다 얻을 수 있음을 알아야 할 것이니,
너 스스로 선택의 길을 가도록 그리하
라.

4,013 번째 하나님 말씀

2002년 11월 22일 06시 31분

1 사랑하는 나의 아들아!
2 "네, 아버님! 말씀하옵소서."
3 이제 너희들 스스로 완벽히 변화되며,
나의 법전을 읽는 백성과 너의 제자
들 또한 이제는 완벽히 변하여야 할
것이며, 그리하여 만백성을 깨우치는
데 너희들이 최선을 다하여야 할 것
이니라.
4 지금 너희들이 살아가는 세상 속에서
나의 백성이 어찌 살아가는가?
5 각종 저희들이 믿는 신이라는 것에
소원을 빌며, 저희들의 뜻이 이루어지
기를 기원하며 살아가는 나의 백성이
천 갈래 만 갈래 갈라져 있는 것이니
라.
6 나 여호와 창조주가 존재하며 나 여호
와가 세상을 지배한다는 그 하나의 이
치도 깨닫지 못하고, 어찌하여 너희들
이 취하여 살아갈 수 있도록 내가 내
린 나무요, 돌멩이요, 각종 짐승들의
이름 앞에 소원을 빌며 기도를 하는가?
7 이제는 그와 같은 어리석은 행위를 하
지 말도록 너희들이 깨우쳐야 할 것이
며,
8 그들에게 나의 법전을 손에 쥐여 주
어, 정녕 창조주를 위하여, 창조주 나
여호와가 존재함을 알며 저희들을 창
조한 나 여호와의 뜻에 따라 살아갈
수 있는 그와 같은 그들의 마음의 변
화를 이루어야 할 것이니라.
9 너희들은 그 모든 나무를 존속시키는
본 몸통을 놔두고 어찌하여 곁가지를
잡고 매달리는 그와 같은 어리석은 믿
음으로 가고 있는가?
10 너희들이 믿는 온갖 종파에 소원을
비는 그 모든 것은 다 하나의 장난감
과 같은 것이거늘,
11 나뭇가지만도 못한 그곳에 너희들이
소원을 빌며 그곳에서 너희들의 뜻이
이루어진다는 그러한 생각을 이제 버
릴 때가 되었으며,
12 그와 같이 그들의 마음을 너희들이
바로잡아 주는 역사를 이룰 때가 되
었음을 알아야 할 것이니라.
13 너희들이 구원을 받는 그 자체가 얼마
나 소중하고 귀한 것인데, 너희들은
그와 같은 너희들이 취하고 먹고살고
관리하는 그곳에 너희들 자신의 개인
의 소원을 빌며, 너희들의 소모품 앞
에서 고개 숙여 기도하며 그리도 소원
을 비는가?
14 이제 너희들은 개인의 그 소중한 자신
의 구원의 길이 얼마나 위대한 것인가
를 안다면,
15 정녕 나 여호와를 향하여 기도하고
경배하며, 내가 불로 써 내린 십계명

이요, 나의 법전을 지키고 사는 그와
같은 길을 가지 아니한다면 너희들은
절대로 삶의 길에서 영원히 사는 길
을 볼 수 없으며 구원을 받을 수 없다
는 것을 알아야 할 것이니라.
16 다시 한 번 너희들에게 강조함이니,
나의 법전을 읽고 깨우쳐 너희들이 지
금 소모품과 같은 그것에 기도하고
경배하는 그와 같은 어리석은 믿음에
서 이제는 깨우쳐야 할 것이며,
17 그들을 바로 깨우치는 데 너희들이 최
선을 다해야 함을 알아야 할 것이니
라.

4,014 번째 하나님 말씀

2002년 11월 22일 06시 38분

1 사랑하는 나의 아들아!
2 너희들이 지금의 믿음의 길을 가는
백성에게 세상에 가장 소중한 것이
무엇이며 귀한 것이 무엇이냐 물으면,
지금 구원의 길을 간다 하여 너희들
이 만들어 놓은 그 성전에 가 믿음의
길을 달려가는 그 지도자요, 또한 그
곳에서 배우는 백성은 그리 말할 것이
니라.
3 성서가 귀중하며, 믿음의 길을 가는
자는 더욱더 성서의 소중함을 알며 성
서를 귀하게 생각하는 것이 저희들의
마음이라 할 것이니라.
4 성서를 너희들이 무엇보다도 귀중하
다 그리 여기나니, 종교 지도자 또한
그 성서의 내용이 정녕 얼마나 소중하
고 귀한 것인가를 수없이 말함이니라.
5 그리하여 그들은 성서를 한 자도 더해
서도 아니 되며 빼서도 아니 되며, 그
와 같이 변화가 이루어지지 아니한
것이요, 오로지 창조주 나 여호와의
뜻을 그대로 가르친 것이요, 그래서
그대로 기록된 것이요,
6 그리하여 너희들은 그대로 깨우쳐 가
르치면 되는 것이며 그리하여 그는 소
중하다 말하느니라.
7 그러나 너희들은 여기서 성서의 내용
의 중요함보다 더 중요한 것이 있음을
알아야 할 것이니라.
8 너희들은 성서의 그 기록한 내용이 과
연 나 여호와가 너희들을 깨우쳐 하늘
에 오르는 길을 안내하고자, 너희들에
게 그 길을 인도하여 주고자 내가 전
하고자 하는 그 내용이 과연 변질되지
아니하였으며, 너희들의 마음에 맞도
록 너희들의 계명대로 고쳐지며 변화
된 것이 없는가,
9 과연 내가 너희들에게 내린 그대로 기
록되어 전해져 왔느냐 하는 것이 무엇
보다 소중하고 귀함을 알아야 할 것이
니라.
10 내가 너희들을 구원하고자 내린 그 내
용이 그대로 기록되어 보존되는 것이
얼마나 소중하고 귀한 것인가를 너희
들은 알아야 할 것이니라.
11 그러나 지금 너희들이 그리 소중하고
귀하게 알고 있는 그 성서가 세월이
흘러오면서 변질되고 또 변질되어, 지
금은 나의 뜻이라 말할 수 없는 그와
같은 형국에 이르렀음이니,
12 너희들은 또한 변질되고 변화된 그 성
서의 내용을 너희 조상들의 마음에
맞도록 뜻에 맞도록 변화시키고 변질

된 그 내용을 찾는 자가 없으며, 그를
보는 자가 없으며,
13 그 성서 속에서 비유로써 가르치는
그 뜻을 정확히 알고 깨닫는 자가 지
금까지 한 사람도 없었음이니,
14 이를 바로잡아 너희들을 깨우치고자
하는 것이 나의 법전임을 알아야 할
것이니라.
15 내가 지금 나의 아들을 통하여 내리는
이 법전은 정녕 내 뜻을 그대로 기록
하여 전하는 것이며,
16 나의 법전은 너희들이 구전으로, 입에
서 입으로 전하는 것이 아니요, 너희
들이 들은 것을, 꿈으로 본 것을, 환상
으로 본 것을 모아서 만들어 기록한
것이 아니라,
17 내가 나의 아들을 통하여 너희들이 만
든 그 기계에 나의 음성이요, 나의 뜻
을 그대로 기록하도록 하여, 그리하여
내가 법전을 책으로 만들어 내는 그
역사를 이루고 있음이니,
18 이는 나의 뜻이요, 나의 생각이 변화
되지 아니하며 변질되지 아니하고 그
대로 전해지는 것이니, 오늘의 법전이
그리하여 세상에 나가는 것이며,
19 세상에 법전이 너희들을 구하는 유일
한 나의 뜻이요, 나 여호와의 말씀이
라는 것을 너희들이 알아야 할 것이니
라.
20 변질되지 아니하고 변화되지 아니한
나의 성경이요, 나의 뜻이 가장 중요
한 것이니라.
21 아무리 너희들이 책이라는 것을 소중
히 여기고, 내가 내린 뜻을 기록한 책
을 소중히 여기고 귀하게 여긴다 하
여도, 그 내용이 변질되었으며 내 뜻
대로 보존되지 아니하였다면 그는 가
치가 없음을 알라.
22 그리하여 그와 같은 것을 가지고 너희
들이 지금까지 만백성을 깨우치고자
왔기에, 제대로 가르치는 자가 없으며
제대로 그 뜻을 이해하는 자가 없어,
23 내가 나의 법전을 너희들이 누구나 다
글을 아는 자 3회 이상 읽었을 때 나
의 법전의 뜻을 알며, 성서에서 기록
된 잘못된 부분과 인간들이 기록한
부분을 찾을 수 있는 그와 같은 눈을
뜨게 해 줌이니,
24 이것이 얼마나 소중한 것이며 얼마나
귀한 것인가를 너희들이 알아야 할
것이니라.
25 인간의 손에 의하여, 인간의 생각에
의하여 변질되지 아니하며, 오로지 창
조주 나 여호와의 뜻을 그대로 기록하
여 너희들을 구원의 길로 인도하며 안
내하는 나의 법전이기에 얼마나 소중
한 것인가를 너희들이 알아야 함을 내
가 깨우쳐 줌이니 그리 알라.

부 록

【하나님께서 가르쳐 주신 운동】

천재지변이 일어날 때, 동물이나 미물들은 미리 알고 대피하지만, 인간은 알지 못하고 큰 화를 당합니다. 하나님께서 인간에게 가장 높은 지혜를 주시고 완벽하게 창조해 주셨기에 동물들보다 더 잘 알 수 있지만, 욕심으로 마음이 혼탁해져서 한 치 앞을 보지 못하는 것입니다.

마찬가지로, 인간은 누구나 스스로 필요한 운동을 해서 건강을 지킬 수 있도록 하나님께서 만들어 주셨습니다. 우리의 머리에서 우리 몸에 필요한 동작을 해 달라고 끊임없이 신호를 보내지만, 인간이 혼탁하게 살아서 그 신호를 알아채지 못합니다. 그러니 자연스럽게 자기 몸이 원하는 그 신호를 따라서 운동하는 것이 하나님께서 가르쳐 주신 운동 방법입니다. 바로, 우리의 영이 육을 이끄는 운동입니다.

▶ 하나님 운동법

1. 눈을 감고, 발을 어깨너비로 벌리고 바르게 선다.
2. 몸에 힘을 풀고, 허리를 숙이면서 손과 머리를 아래로 내린다.
3. 허리를 펴고 싶을 때, 천천히 펴면서 하고 싶은 동작을 하면 운동이 시작된다. (사람마다 다르다.)
4. 멈추지 말고, 어떤 동작이든지 자기 몸의 느낌대로 계속 이어서 한다.

▶ 참고 사항

① 눈을 감은 상태로 아무 생각 하지 않고, 자기 몸의 느낌대로 움직입니다.

② 마음을 비우고, 욕심을 버리고, 지난 날의 잘못을 반성하면서 몇 차례 시도하다 보면, 자기도 모르게 하고 싶은 동작이 끊임없이 생깁니다.

③ 운동 장소는 방 안이든 운동장이든 관계없으며, 걷거나 달리고 싶을 때는 눈을 떠도 됩니다.

④ 매일 40분 이상, 주 4회 이상, 3개월 이상 하면 음식 조절에 들어갑니다.
- 음식으로 생긴 병은 음식으로 치료하게 되며, 어떤 음식을 먹어야 하는지 스스로 알게 됩니다.
(자기 몸에 필요한 음식만 먹고 싶어집니다.)

⑤ 사랑하는 사람과 함께 운동하면 서로 치료해 주기도 합니다.

⑥ 운동을 하다가 몸의 어느 한 부분을 계속 손으로 자극한다면 그쪽에 이상이 있는 것이니, 의사에게 상담을 받고 적절한 치료를 받으면 됩니다.

⑦ 다이어트 및 기타 건강관리에 효과적입니다.

⑧ 꾸준히 운동하여 영이 맑아지면, 자신의 과거와 미래를 스스로 보게 됩니다.

누구나 스스로 하실 수 있습니다.

간행사

《새로운 성경》은:

· 새로운 성경은, 하나님께서 선량하고 선한 자를 선택하여 십계명을 암송하도록 하시고, 십계명을 암송한 다음에 음성으로써 들려주시는 말씀을 듣고 그대로 카세트테이프에 녹음해서 받아쓴 책입니다.

· 90분짜리 녹음테이프 700여 개에 달하는 말씀으로, 1999년 8월부터 2004년 7월까지 총 160권(권당 288쪽)을 완성하였으며, 그 이후에도 현재까지 계속 말씀을 내려 주고 계십니다.

· 새로운 성경은 "하늘을 두루마리 삼고 바닷물을 먹물 삼아 쓰고 써도 다 못 쓴다"는, 끝없이 방대한 하나님의 말씀이 두루마리로 직접 내려오는 것입니다. 이러한 새로운 성경은 구약과 신약을 폐하려는 것이 아니라 "인봉된 성서의 비유의 뜻"을 상세히 설명하여 완성하고자 하나님께서 직접 내려 주신 말씀입니다.

《새로운 성경》의 구성:

· 제 목: 2013년, 160권 모음집을 발간하면서, 본 도서의 제목을 "하나님! 말씀하옵소서"에서 《새로운 성경》 으로 명해 주셨습니다.

· 단행본: 각 권당 288쪽(신국판) 책이 160권까지 시리즈로 출판됩니다.
(모음집은 단행본을 16권씩 묶어서, 총 10부로 구성됩니다.)

《새로운 성경》의 성경적 근거:

· 신약 성경 [요한복음] 16장 13절에 "진리의 성령이 오시면 그가 너희를 모든 진리 가운데로 인도하시리니 그가 자의로 말하지 않고, 오직 듣는 것만을 말하며" 하신 말씀처럼 하나님의 음성을 들은 것만 기록하였으며,

· "장래 일을 너희에게 알리시리라" 하신 말씀과 같이 개인, 나라, 인류의 "장래"일을 하나님께서 알려 주시는 것만 기록하여 책으로 만들었습니다.

《새로운 성경》의 기록 방법:

· 1999년 8월부터 하나님께서 저에게 들려주시는 음성을 기록하였습니다. 처음에는 제가 들은 말씀을 불러 주면 저의 아내가 기록하여, 2000년 1월 29일에 1권 초판이 세상에 나왔습니다. 2000년 4월부터는 주시는 말씀을 받아 녹음기에 기록하여 시리즈로 출간하기 시작하였습니다.

· 녹음을 시작하면서 하나님의 말씀을 받는 데 가속도가 붙었고, 2001년 5월 3일에 1부(1~16권까지)를 인쇄하여 출판하였으며, 2004년 7월까지 총160권 분량의 말씀을 받아 기록하였습니다.

하나님께서 저에게 주신 것은:

· 첫째, 만백성을 상대로 내려 주시는 "기도", 둘째, 수시로 내려 주시는 "묵상", 셋째, 개인의 과거, 현재, 미래를 알려 주시는 "개인 기도", 넷째, 개인의 건강을 위해서 내려 주시는 "음식 처방", 다섯째, 하나님께서 가르쳐 주신 "운동"등이 있습니다. 이 중에 첫 번째, "기도"를 책으로 편찬하였습니다. 사람의 생사, 개인의 미래에 관한 천기는 수록하지 말라 하셨습니다.

강론 안내:

· 하나님께서는 지금도 매일 저에게 새로운 하늘의 비밀의 말씀을 내려 주고 계십니다. 수시로 내려 주시는 말씀을 정리해서 제자를 육성하라는 말씀에 따라 매주 강론을 하고 있습니다. 누구나 무료로 들으실 수 있습니다. (book160.com)

《새로운 성경》을 읽는 분들에게 드리는 선물:

· 개인 기도: 개인의 과거, 현재, 미래에 관하여 말씀을 내려 주십니다.

· 음식 처방: 사람은 음식을 먹고살다가 건강을 잃으니, 음식과 운동으로 건강을 되찾는 방법을 알려 드립니다. 단, 하나님이 계심을 믿고, 십계명을 지키겠다고 진실로 서약하는 분들께 알려드립니다.

《새로운 성경》의 은혜와 기적:

· 새로운 성경 전160권은 16권씩 묶어서 총 10부의 모음집으로 구성됩니다. 모음집 한 부를 읽고 깨우치는 자에게 하나님께서 다음과 같은 기적이 있다고 하셨습니다.

· "첫째, 그가 죽어 하늘에 갔을 때 그의 죄를 묻지 아니하며, 구원을 받는 위대한 은혜가 있으며, 둘째, 그의 소원과 소망이 이루어지고, 셋째, 죽은 자(부모, 형제, 자식, 사랑하고 은혜 입은 분)의 이름으로 구입한 책을 읽고 누군가 한 사람이 깨우칠 때, 그 죽은 자가 지옥에서 천국으로 구원을 받게 되며, 넷째, 유산, 중절 수술 등으로 태어나지 못한 아이를 위하여 구입한 책을 보고 한 명이 깨우쳤을 때, 그 아이가 사람으로 다시 한 번 태어나는 은혜를 받는다."

· "새로운 성경"을 3회 이상 정성을 다해 정독하는 자, 성서의 비밀을 알게 되고, 세상의 이치를 알게 되며, 세상을 지배하고 통제할 수 있는 지혜를 다 얻게 된다고 하셨습니다. 이 책은 만백성이 정독하고 이웃에게 전하여, 평생 가슴에 묻은 슬픔과 고통의 짐을 벗고 미래를 위한 힘찬 삶을 살아가도록 하는 책입니다.

끝으로

· 하나님께서는 흰 눈이 세상을 덮듯이 새로운 성경을 온 세상에 전하라고 하셨습니다. 《새로운 성경》을 각국어로 번역해서 온 인류에게 구원의 길을 깨우쳐 주고, 그 수익으로 가난하고 어려운 백성을 구제하여, 만백성의 영과 육을 함께 구원하는 선지자의 임무를 수행하라고 저에게 명하셨습니다.

· 하늘에서 내려 주신 말씀의 보화를 만백성에게 나누어 주는 것이 선지자의 임무라고 하셨습니다. 새로운 성경을 통해서 얻는 재물을 사용할 곳도 하나님께서 일일이 명해 주십니다. 모든 재물은 저의 자의로 쓸 수 없고, 하나님께서 명하시는 대로만 쓰여집니다.

· 어떤 명분으로든 십일조나 각종 헌금을 거두어들이지 말라 하셨으며, 국내뿐 아니라 각국에 성전과 단독 서점을 운영하며, 한국의 많은 젊은이들을 전 세계에 지도자로 내보내라고 하셨습니다.

· 우리는 세계적으로 새로운 성경을 보급하며 어려운 이들을 돕는 역사를 해 나갈 것입니다. 지금까지 비록 몇 명 안 되는 제자들과 함께 이러한 일을 역사했지만, 앞으로도 계속 하나님께서 기뻐하시는 일들을 해 나갈 것입니다. 부족한 저희에게 여러분들의 지혜와 성원을 보내 주시기를 바랍니다. 많은 분들의 참여와 도움을 간절히 기다립니다. 감사합니다.

한국어로 내려온 《새로운 성경》 단행본을 출간하며
2016년 4월 10일

발행인 **김 용 철**

한국어로 내려온

새로운 **성 경** · 4부 · 제54권

지은이 하나님 말씀
대역자 김용철

초판인쇄 1쇄 2017년 4월 3일

펴낸 곳 도서출판 하얀마음
등록번호 제 10-2107호 (2001년 2월 14일)
주소 서울시 노원구 덕릉로86길5, 2층
전화번호 02) 313-1114
팩스 02) 393-5554
전자우편 book160@hanmail.net
편집위원 조나영 김미향 이석교
제작지원 김서영 이상빈 김정기 이병우 이순남 서성자 이규숙

도서상담 1600-7527
ISBN 978-89-5875-154-0 (04230)
978-89-5875-100-7 (세 트)

값 10,000원
잘못된 책은 구입하신 곳에서 바꾸어 드립니다.

※이 책은 10부로 제작되며, 각 부 16권씩 총160권으로 구성됩니다.※

1부	2부	3부	**4부**	5부	6부	7부	8부	9부	10부
1권	17권	33권	49권	65권	81권	97권	113권	129권	145권
2권	18권	34권	50권	66권	82권	98권	114권	130권	146권
3권	19권	35권	51권	67권	83권	99권	115권	131권	147권
4권	20권	36권	52권	68권	84권	100권	116권	132권	148권
5권	21권	37권	53권	69권	85권	101권	117권	133권	149권
6권	22권	38권	54권	70권	86권	102권	118권	134권	150권
7권	23권	39권	55권	71권	87권	103권	119권	135권	151권
8권	24권	40권	56권	72권	88권	104권	120권	136권	152권
9권	25권	41권	57권	73권	89권	105권	121권	137권	153권
10권	26권	42권	58권	74권	90권	106권	122권	138권	154권
11권	27권	43권	59권	75권	91권	107권	123권	139권	155권
12권	28권	44권	60권	76권	92권	108권	124권	140권	156권
13권	29권	45권	61권	77권	93권	109권	125권	141권	157권
14권	30권	46권	62권	78권	94권	110권	126권	142권	158권
15권	31권	47권	63권	79권	95권	111권	127권	143권	159권
16권	32권	48권	64권	80권	96권	112권	128권	144권	160권